# 본능적 연출

시선·감정·몰입의 연출심리학

# 본능적 연출
## 시선·감정·몰입의 연출심리학

**초판 1쇄 발행** 2025년 11월 14일

**지은이** 정영택
**펴낸곳** 다이브캐스트
**출판등록** 제2024-0000-22호
**메일** divecast.book@gmail.com

**디자인·편집** Leafff
**인쇄** 용성프린팅

ISBN 979-11-990639-2-1(03680)
값 19,800원

시선
감정
몰입의
연출심리학
본능적
연출
정영택 지음
왜 그렇게 찍고 붙여야 하는가,
심리학으로 풀어낸 영상 연출의 원리
콘텐츠 제작자를 위한 심리학 기반 연출 지침서
"왜 그렇게 찍고 붙여야 하는가"
지각심리학, 인지심리학, 진화심리학, 신경과학까지—
DIVECAST

# 저자의 변

내게도 이 책을 쓰게 된 숭고하고 멋진 이유가 있었다면 좋았겠다. 하지만 나를 움직이게 한 태반의 일들은 동기가 불순하다. 이 책 역시 그렇게 시작됐다. 2005년 방송 일을 시작하면서부터, 처음으로 타인의 평가를 받는 영상들을 만들게 됐다. 어떻게 더 재미있는 영상을 만들지 고민하며 몰두했던 밤들은 나쁘지 않았다. 오히려 즐거웠다. 그러나 이어지는 '시사'라는 과정은 달랐다. 함께 모여 앉아 더 나은 영상을 위해 의견을 나눠야 할 시간은, 내 경우엔 어찌 된 일인지 지시와 명령으로 채워졌다. 그리고 하나같이 "쳐지니까.", "지루하니까.", "재미없으니까."라는 이유로 며칠 밤을 새워 고민했던 결과들을 난도질했다. 화가 났다. 언제나 그런 건 아니었지만, 대부분 제대로 된 설명도 없이 자신들만의 '감'을 밀어붙인다는 것. 그 '감'이란 것도 도통 기준이 없어 사람마다 모두 다르다는 것. 결국엔 자리가 깡패고 목소리 큰 사람이 이겨, 그들의 지시대로 납득하지도 못한 채 뜯어고치게 된다는 것. 그렇게 나를 침식해 가는 무력감과 좌절감. 그 모든 것들에 화가 났다. 이 분노를 누그러뜨리고 나를 방어하기 위해 내게 필요한 건 '감'이 아니었다. 그렇게 만든 이유를 대면 이러쿵저러쿵 떠들어대지 않고 모두가 수긍할 보편적인 '기준', 흔들리지 않는 '진리'가 필요했다. 결국, 연출자로 상처받지 않으려는 개인적인 이유로 연출 기법이 아닌 진리를 고민하기 시작했다. 그리고 결론은 '사람'이었다.

'시청視聽' 즉, 영상을 보고 듣는 시청자는 결국 '인간'이다. 영상을 만드는 연출자도 '인간'이다. 이 사실은 변하지 않는 진리다. 따라서 모두가 수긍할 보편적인 '기준' 역시 인간에게 있을 것이다. 만약 인간에게 그런 기준이 있다면 — 즉, 인간에게 세상을 보는 공통된 원리나 방식이 있다면, 이를 활용해 시선을 끄는 영상을 만들 수 있다. 인간에게 감정을 느끼는 공통된 원리나 방식이 있다면, 이를 바탕으로 의도한 감정을 불러일으킬 수 있다. 인간을 집중시키는 보편적인 이야기 구조가 있다면, 이를 활용해 몰입을 이끄는 영상을 만들 수 있다. 결국, 영상을 만드는 사람은 '인간'을 알아야 한다. 다행히 인간에 대한 탐구는 언제나 학문의 가장 중요한 주제 중 하나였다. 인간의 보편적 기준에 관한 연구는 오래전부터 동서양을 막론하고 꾸준히 발전해 왔고, 하나의 학문 체계로 자리 잡았다. 인간이 세상을 어떻게 보고 느끼는지는 지각심리학과 신경과학이 설명하고, 세상을 어떻게 이해하는지는 인지심리학이, 왜 그런 방식으로 생각하게 되었는지는 진화심리학이 밝혀 준다. 정신분석학은 자신도 잘 모르는 보편적인 마음의 기준까지 알려준다. 이미 인간의 본능을 활용해 보편적인 반응을 끌어낼 데이터가 충분히 쌓여있는 것이다. 그런데…. 희한하게도 이런 유용한 학문들을 영상 연출에 접목한 책은 찾아보기 힘들다. 원리를 알아야 응용도 할 수 있다는 사실은 모두가 아는데, 서점에 꽂혀있는 영상 연출에 관한 책들은 대개 응용에만 초점을 두고 있다. 하지만 단언컨대, 수많은 연출 이론과 기법, 영상 문법은 결국 '인간의 본능'을 보기 좋게 정리한 것들일 뿐이다. 그래서 본능에 대한 원리와 그 기원을 알게 되면, 사실 그런 것들은 하나하나 외울 필요가 없다. 아는 것을 넘어 이해하는 차원에 들어서기 때문이다. 개개인마다 다르다 여겨졌던 '감'이란 것도 결국 인간의 본능이기에 '왠지 그런 것 같아.'가 아니라, 확실한 이유를 알게 된다. 그래서 막연하기

　　본능적 연출 ｜ 시선·감정·몰입의 연출심리학

만 했던 감이 명확해진다. '감이 없음'을 자책하며 실체도 없는 감을 키우려 애쓰고 있었다면, 인간의 본능을 이해하는 것이 가장 성능 확실한 길이다.

내가 겪었던 시행착오를 피할 수 있도록, 심리학이란 거인의 어깨에 올라타서, 20년 현장을 경험한 PD의 눈으로 '심리학 연출론'을 정리했다. 딱딱한 글은 좋아하지 않지만, 학문을 다루다 보니 본의 아니게 글이 조금 무겁다. 그래도 예능 PD 출신이라 최대한 쉽게 풀려고 애썼다. 예시로 든 작품들도 두 번 이상 찾아볼 만큼 즐겁게 본 영상들이다. 대부분 넷플릭스 등 OTT에서 쉽게 찾을 수 있고, 바로 확인할 수 있도록 타임코드를 기재했다. 또한 유튜브 채널 [다이브캐스트]에도 참고할 만한 관련 영상들을 모아두었다. 작품 스틸컷을 쓸 수 있었다면 참 좋았겠지만, 저작권 문제로 다른 사진들로 대체했으니 양해 부탁드린다. 이 책을 통해 연출자든 시청자든, '영상을 이렇게도 접근할 수 있구나!' 란 생각이 든다면, 그제야 기쁘게 말할 수 있을 것 같다. PD로서의 삶, '나쁘지 않았다'고.

# 차례

CHAPTER 3

# 감정 구현

# 본능적 연출의
대전제

## 1. 연출 원리의 기원은 생존이다.

인간은 수십만 년 동안 포식자를 피하고 먹이를 찾으며, 동료와 협력해 살아
남아야 했다. 그 과정에서 시각·청각·감정 체계는 모두 '생존을 위해' 작동하
도록 진화했다. 그리고 연출 원리는 이 생존 체계에서 파생됐다. 어떤 원리가
왜 그렇게 작동하는지 궁금하다면, 그 답은 언제나 '생존'이다.

## 2. 각 원리에는 생존에 유리했던 기본값이 있다.

뇌는 특정한 자극을 만나면 자동으로 반응한다. 움직임은 곧 '위협 혹은 기
회'로, 가까운 얼굴은 '접촉과 친밀'로 인식된다. 이것이 뇌가 설정한 기본값이
다. 이 기본값은 생존에 가장 유리했던 반응 패턴이며, 이후 감정이 형성되는
토대가 된다.

## 3. 맥락이 기본값을 변형해 최종적인 감정이 된다.

그러나 기본값은 상황과 맥락에 따라 전혀 다르게 변주된다. 같은 움직임이
라도 연인이라면 '기대와 설렘'을, 맹수라면 '압박과 공포'를 일으킨다. 같은 클
로즈업이라도 웃는 얼굴은 '친밀과 안정'을 주지만, 우는 얼굴은 '불안과 긴장'
을 불러낸다. 결국 연출의 원리는 기본값에서 출발하지만 맥락 속에서 변형
되며, 시청자는 그것을 특정한 감정으로 체험한다.

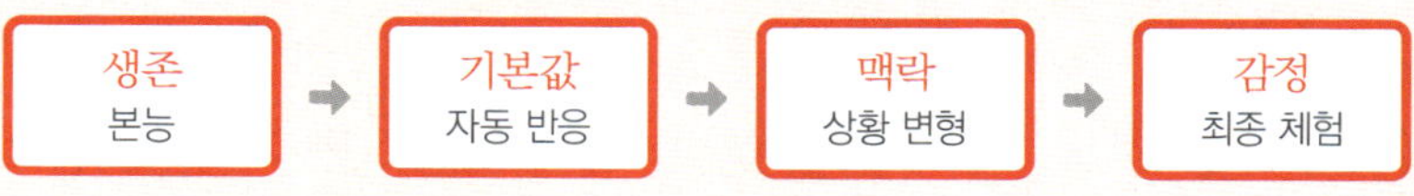

# 스토리텔링

# 왜 같은 이야기에 꽂히는가

*"누군가가 어떤 일을 하려고 대단히 노력하는데*
*그것을 성취하기는 매우 어렵다."*

프랭크 대니얼 : D.하워드·E.마블리, 《시나리오 가이드》, 심산 옮김, 한겨레출판, 1999, p.43

《단군 신화》에서 곰과 호랑이는 사람이 되려고 100일 동안 쑥과 마늘만 먹는다. 《그리스·로마 신화》에서 헤라클레스는 죄를 씻기 위해 난이도 극악인 12 과업을 수행한다. 《선녀와 나무꾼》의 선녀는 하늘로 돌아가려고 애를 둘이나 낳고, 《춘향전》의 춘향은 사랑을 지키기 위해 옥에 갇힌다. 목표를 이루기까지의 여정이 이렇게나 험난하다. 지금은 어떨까?

영화 〈반지의 제왕〉과 〈해리포터〉의 주인공들은 세상의 멸망을 막기 위해, 너무나 거대해서 밸붕이 돼버린 절대 악과 싸운다. 애니메이션 〈진격의 거인〉, 〈귀멸의 칼날〉, 〈주술회전〉의 주인공들은 언제나 죽기 직전까지 싸우며, 심지어는 죽었다 살아나기도 한다. 드라마 〈선재 업고 튀어〉의 임솔 역시 사랑하는 선재를 지켜내기 위해 온갖 고난을 겪는다. 이제는 사랑을 지키는 것도 '험난'의 정도를 아득히 넘어섰다. 어쨌든, 동서양을 막론하고 신화에서 영화까지 강렬한 이야기 대부분은 이 구조를 따른다. '누군가가 어떤 일을 하려고 대단히 노력하는데 그것을 성취하기는 매우 어렵다.' 단순하지만 강력한 이 공식은 시대와 장르를 넘어, 인류가 반복해서 몰입해 온 이야기의 뼈대다. 도대체 인간은 왜 이런 이야기 구조에 반복해서 꽂히게 된 걸까?

## 생존의 패턴

'살아남기 위해서'다. 원시 환경 속 인류는 끊임없이 위험에 직면했다. 맹수에게 쫓기고, 먹이를 사냥하며, 부족 간 경쟁에서 살아남아야 하는 상황은 언제나 '험난하지만, 반드시 이겨내야 할 미션'이었다. 이런 경험이 세대를 거듭해 누적되면서, 인간의 뇌 속에는 자연스레 위기-노력-결과라는 패턴이 새겨졌다. 그리고 미션 성공을 위한 인간의 행동 본능으로 자리 잡았다. 하지만 좋은 결과를 얻는 방법은 오직 경험을 통해서만 배울 수 있었고, 모든 사람이 직접 위험을 겪을 수는 없었다. 그래서 인류는 서로 정보를 교환하기 시작했다.

*"호랑이를 만나면 불을 써야 살 수 있다."*

하지만 이런 짤막한 정보는 금세 잊혔다. 인간은 맥락 없는 정보보다 원인과 결과로 이어진 이야기를 훨씬 선명하게 기억하기 때문이다 (Schank & Abelson, 1977). 그래서 이야기가 등장했다.

*"예전에 족장님이 숲에서 호랑이를 만났지(위기). 처음엔 창으로 싸우려 했지만, 그건 너무 위험했어(노력). 대신 불탄 나뭇가지를 흔들었더니,*

호랑이가 겁을 먹고 달아났단다(결과). 기억해라, 호랑이를 만나면 불을 쓰는 거야. 그게 살길이다."*

이렇게 인과 구조를 갖춘 이야기, 특히 위기(발단)-노력(전개)-결과(결말)로 이어지는 이야기는 오래도록 기억에 남았다. 이 패턴이 감정을 불러일으켰기 때문이다. 신경과학 연구에 따르면, 감정을 동반한 경험은 그렇지 않은 경험보다 훨씬 선명하고 오래 기억된다(Cahill & McGaugh, 1995).

특히 이야기의 결과에 대한 예측이 맞아떨어지면 도파민이 분비되어 학습 효과까지 강화된다. 즉, 이야기를 듣는다는 건 학습과 쾌감이 동시에 일어나는 복합적 경험을 하는 것이다. 이것이 '위기-노력-결과' 패턴에 인간이 반복적으로 끌리는 근본적인 이유다. 〈진격의 거인〉에서 거인이 벽을 무너뜨리는 순간, 〈귀멸의 칼날〉에서 쓰러진 탄지로가 다시 일어서는 순간, 〈슬램덩크〉에서 마지막 슛이 림을 통과하는 순간, 시청자는 '위기-노력-결과' 구조가 주는 쾌감에 전율하며, 생존 전략을 학습한다. 그리고 이 구조는 프랭크 대니얼이 정리한 단 한 문장으로 귀결된다.

**누군가가 어떤 일을 하려고 대단히 노력하는데 그것을 성취하기는 매우 어렵다.**

인지 고고학 연구는 인류가 언어로 이야기를 나누기 시작한 시점을 수만 년 전으로 추정한다(Mithen, 1996). 그만큼 오랜 세월 동안 '위기-노력-결과'라는 패턴은 이야기 속에 반복적으로 새겨질 수 있었다. 그래서 오늘날에도 우리는 이 구조에 본능처럼 마음을 빼앗긴다.

◆◆◆

하지만 같은 구조라 해도 세상에 쏟아지는 이야기들은 모두 다르다. 뼈대가 같아도 체형이 제각각인 것처럼, '위기-노력-결과'라는 뼈대 위에 어떤 살이 어떻게 붙느냐에 따라 전혀 다른 이야기가 된다. 그렇다면 인류는 이 뼈대 위에 어떤 인물과 사건을 쌓아왔을까? 다음 장에서는 인류가 수천 년 동안 이야기 속에 반복해온 '집단 무의식'과 '원형'에 대해 살펴보겠다.

---

**3줄 요약**

인간은 본능적으로 '위기-노력-결과' 구조에 끌린다. 이 서사 구조는 생존 경험이 각인된 결과이며, 감정과 보상을 통해 학습 효과를 높여 오늘날까지 강력한 힘을 발휘한다.

2

# 어떤 이야기에 꽂혀왔는가

'위기-노력-결과'라는 이야기 구조가 아무리 매혹적이라 해도, 그것만으로 사람들을 사로잡을 순 없다. 인류는 언제나 이 틀 위에 특정한 인물과 사건을 반복적으로 덧붙여 왔다. 이는 우연이 아니다. 집단 무의식 collective unconscious 속에 새겨진 원형archetype의 반복이다. 그래서 장르가 달라도 우리는 같은 얼굴, 같은 이야기를 다시 만나며 똑같이 열광한다. 이제, 집단 무의식과 원형이 무엇인지부터 살펴보자.

## 집단 무의식과 원형

정신분석학자 카를 구스타프 융Carl Gustav Jung은 '집단 무의식'을 인류 전체가 공유하는 기억이라고 설명했다. 사람이 모두 다른데, 어떻게 같은 기억을 공유하며 태어난단 말인가? 뭔 소린가 싶겠지만, 사실 별게 아니다. 예를 들어, 어린아이는 뱀을 본 적 없어도 움찔하며 두려워한다. 캄캄한 방에 혼자 있으면 울음을 터뜨리고, 따뜻한 품에 안기면 곧바로 안정을 찾는다. 이런 반응은 배워서 생긴 것이 아니다.

원시 시대의 인류는 어둠 속 포식자에게 수없이 위협받았고, 뱀의 공격을 피하며 살아남아야 했다. 반대로 어머니의 품은 가장 안전한 피난

처였다. 이런 생존 경험이 세대를 거듭하며 반복적으로 쌓였고, 결국 본능적 반응으로 자리 잡은 것이다. 집단 무의식은 곧 수십만 년 동안 쌓인 생존의 기억을 담은 거대한 도서관과 같다. 사람들은 이 도서관을 통해 각자의 경험과 상관없이 같은 기억을 공유한다. 그 서가에는 '어둠은 위협, 어머니는 보호' 같은 반복된 경험이 책처럼 기록되어 있는데, 그 책들이 바로 '원형'이다. 이렇게 쌓인 생존의 기억이 워낙 방대하다 보니, 그만큼 원형의 유형도 다양하다. 드라마 〈오징어 게임〉을 통해 원형의 유형을 구체적으로 살펴보자.

## 인물 원형

〈오징어 게임〉은 한국 드라마지만, 전 세계 시청자가 즉각 이해하고 몰입했다. 이유는 단순하다. 이 작품의 인물들이 집단 무의식 속 '인물 원형' 그 자체이기 때문이다. 이야기 속에는 '영웅, 멘토, 그림자, 트릭스터' 같은 인물 원형이 등장하고, 이들이 나아갈 때마다 시청자는 특정한 감정을 경험하며, 동시에 생존 전략을 배우게 된다.

### 1 영웅 | 기훈

사회의 낙오자인 기훈은 처음엔 무책임하고 나약한 인물로 그려진다. 그러나 잔인한 게임을 끝까지 버텨내며 영웅의 길을 걷는다. 영웅 원형은 언제나 '약자가 시련 속에서 점차 강해지는 과정'을 보여준다. 기훈은 이 과정을 따라가며, '위기-노력-결과' 구조를 충실히 구현한다. 시청자는 그의 시련을 보며 긴장과 불안을 느끼는 동시에, '내가 저 자리에 있다면 버텨낼 수 있을까?'라는 질문을 던진다. 그리고 그 답을 찾는 과정에서 약자도 끝내 살아남을 수 있다는 희망을 발견한다. 더 나아가 기훈의 선택과 행동을 지켜보며 '위기 속에서 살아남으려면 어떤 판단과 전략이 필요한지' 배우게 된다. 그래서 이런 영웅 원형은 수많은 이야기 속에서 되풀이된다.

· **애니메이션 〈진격의 거인〉** ｜ 에렌

에렌은 거인이라는 절망적인 시련 속에서 점차 강해지며 영웅으로 성장한다.

· **애니메이션 〈귀멸의 칼날〉** ｜ 탄지로

탄지로는 가족을 잃은 깊은 상처를 안고도 희망을 잃지 않고 혈귀와 싸워나간다.

· **애니메이션 〈원피스〉** ｜ 루피

루피는 해적왕이라는 무모한 목표를 향해 끊임없이 도전하며, 동료들과 함께 앞으로 나아간다.

· **영화 〈반지의 제왕〉** ｜ 프로도

프로도는 평범한 호빗이지만, 세상을 구하는 무거운 운명을 짊어지고 끝까지 여정을 완수한다.

〈오징어 게임〉의 빌런은 가면을 쓴 게임 관리자들과 VIP들이다. 이들은 인간의 존엄을 철저히 무시하고, 오직 쾌락을 위해 사람을 소비한다. 이런 빌런을 융의 용어로 그림자라 부른다. 〈오징어 게임〉에서 그림자 원형은 단순한 악역이 아니다. 억압과 파괴를 상징하는 집단적 힘이다. 시청자는 이들을 보며 단순히 나쁜 놈들이라 느끼기보다, 그 뒤에 숨어 있는 사회의 탐욕과 폭력성을 함께 떠올린다. 그래서 이들을 마주할 때 본능적으로 공포·혐오·분노 같은 감정을 경험한다. 동시에 '이런 힘 앞에서 나는 어떻게 저항하고 살아남을 수 있을까?'라는 질문을 떠올리며, 생존 전략을 모색하게 된다. 그림자는 언제나 영웅에게 시련을 안겨 주는 역할을 한다. 그래서 영웅 원형이 되풀이되듯, 그림자 원형도 다양한 작품 속에서 끊임없이 변주된다.

· **드라마 〈워킹 데드〉** │ 좀비
이름조차 없이 몰려오는 좀비 떼들은 인간의 생존 자체를 위협한다.

· **드라마 〈왕좌의 게임〉** │ 나이트 킹·화이트 워커
북부 장벽 너머에서 몰려오는 나이트 킹과 화이트 워커는 멸망의 공포를 상징한다.

· **애니메이션 〈몬스터〉** │ 요한
요한은 이유 없는 살인과 조종, 파괴를 일삼으며, 그 존재 자체가 '순수악'이다.

· **애니메이션 〈체인소 맨〉** | 마키마

마키마는 매혹적이지만, 그 매혹을 무기로 사람을 지배하는 악마다.


**3 멘토** | 오일남


오일남은 그저 약해 보이는 노인일 뿐이다. 그러나 그는 기훈 곁에서 따뜻한 조언을 건네고, 때로는 기지를 발휘해 함께 위기를 넘긴다. 시청자는 자연스럽게 그를 지혜로운 멘토이자 보호자로 받아들이며 신뢰하게 된다. 하지만 후반부에 드러나는 그의 정체는 충격적이다.[1] 존경과 신뢰는 곧 배신감과 분노로 뒤집히고, 시청자는 멘토라는 원형이 얼마나 쉽게 그림자로 전환될 수 있는지를 목격한다. 이 과정을 통해 시청자는 '누구를 믿을 것인가? 언제 어떻게 경계해야 하는가?'라는 인간관계의 생존 전략을 배우게 된다. 이처럼 멘토 원형은 고정된 존재가 아니다. 상황과 선택에 따라 끝까지 영웅의 조력자로 남기도 하고, 〈오징어 게임〉의 오일남처럼 그림자로 변하기도 한다. 멘토 원형의 매력은 이런 양면성에 있다.


· **영화 〈해리포터〉** | 덤블도어

끝까지 해리 곁에 남아 지혜를 전하고 길을 밝혀준다. 그의 존재는 시청자에게 '믿을 수 있는 어른'이라는 안정감을 준다.


---

1   드라마 〈오징어 게임〉 시즌1, 9화 : 약 29분 20초경 장면

· **애니메이션 〈귀멸의 칼날〉** ┃ 우로코다키 사콘지

탄지로를 혹독하게 훈련시키지만, 동시에 그들 남매를 따뜻하게 보살핀다.

· **드라마 〈브레이킹 배드〉** ┃ 월터 화이트

제시의 스승으로 등장하지만, 점차 권력과 욕망에 휘둘려 스스로 그림자가 되어 추락한다.

**4 트릭스터** ┃ 상우·새벽·덕수

트릭스터는 '속임수꾼'이라고도 한다. 속임수와 기묘한 선택으로 질서를 흔들고, 예측을 깨뜨리는 인물이다. 상우는 동료를 배신함으로써 '우정과 신뢰'라는 규칙을 무너뜨리고, 새벽은 누구도 예상치 못한 선택을 한다. 덕수는 폭력으로 게임 자체를 혼란에 빠뜨린다. 이들은 모두 시청자에게 불안과 긴장을 안기지만, 동시에 이야기를 예측할 수 없게 만들어 이야기에 몰입시킨다. 시청자는 이들을 미워하면서도, 그들이 만든 혼돈 속에서 '위험한 상황에서 어떤 변수가 생길 수 있는지, 그 변수에 어떻게 대응해야 하는지'를 배우게 된다. 때로는 속임수조차도 생존 전략이 될 수 있음을 깨닫는다.

· **애니메이션 〈주술회전〉** ┃ 료멘스쿠나

료멘스쿠나는 혼돈과 위협의 화신이다. 그는 언제나 주인공 이타도리의 내면을 흔들며, 언제 폭주할지 모르는 불안 요소로 긴장을 만들어낸다.

· 드라마 〈브레이킹 배드〉 ┃ 제시

제시는 월터의 제자지만, 예기치 않게 그의 계획을 끊임없이 어그러뜨리는
변수다.


· 드라마 〈더 라스트 오브 어스〉 ┃ 조엘

조엘은 영웅과 트릭스터의 경계를 넘나들며, 엘리를 지키는 보호자이면서도
동시에 이기적인 선택으로 이야기를 뒤흔든다.


---| **Comment** |---

예능과 교양에서 흔히 '케미가 맞는 출연자'를 섭외했다고 말한다. 이때의 '케미'는 단순히 서로의 친밀함을 뜻하는 게 아니라, 인물들의 캐릭터가 서로 맞물려 이야기를 앞으로 나아가게 하는 힘이다. 융이 말한 '영웅, 그림자, 멘토, 트릭스터' 같은 인물 원형은 수천 년 동안 그 케미를 입증해왔다. 그래서 출연자 섭외와 프로그램 포맷 설계에서 원형은 강력한 기준이 된다. 예를 들어 〈프로듀스 101〉이나 〈스트릿 우먼 파이터〉 같은 오디션 프로그램에는 언제나 시련 속에서 점차 강해지는 '영웅' 원형이 존재하며, 그들이 시청자 투표 1위를 차지한다. 또한, 특정 출연자를 대놓고 욕받이로 만들 수는 없기 때문에 '그림자' 원형 대신 '트릭스터' 원형을 활용한다. 트릭스터가 주는 혼란만으로 시청자는 출연자를 '빌런'으로 인식한다. 여기에 출연자를 이끄는 심사위원은 '멘토' 원형을 담당한다. 최근 〈나는 솔로〉 같은 연애 프로그램에서는 출연자를 주로 '트릭스터'로 채운다. 그러면 시청자는 욕하면서도 시청을 멈추지 못하고, 동시에 '나는 어떻게 연애해야 할지' 생존 전략도 배우게 된다.

〈오징어 게임〉에서는 이야기 속에서 되풀이되어 온 '여정, 죽음과 재생, 희생과 구원, 배신과 복수' 같은 사건들이 매 라운드마다 선명하게 드러난다. 시청자는 이러한 사건들을 통해 불안과 기대, 슬픔과 희망, 감동과 분노를 강렬히 경험하며, 생존 전략을 배우게 된다.

## 1 여정 | 게임 재참여

〈오징어 게임〉에서 기훈은 한 차례 게임을 포기하고 살아남지만, 곧 현실의 삶이 더 절망적이라는 사실을 깨닫는다. 그리고 스스로 죽음의 게임에 다시 발을 들여놓는다.[2] 평범한 인물이 자발적으로 시련을 향해 걸어 들어가는 이 순간, 여정이란 사건 원형이 시작된다. 시청자는 불안과 두려움을 느끼면서도, 동시에 새로운 가능성에 대한 묘한 기대를 품는다. 이런 감정 속에서 시청자는 '위험을 감수해야만 새로운 기회가 열린다'는 생존 전략을 무의식적으로 학습한다. 여정 원형은 고전적인 영웅의 모험처럼 전형적으로 쓰이기도 하지만, 작품에 따라 다양한 방식으로 변주된다.

### · 드라마 〈브레이킹 배드〉 | 추락의 여정

월터는 마약 제조와 범죄의 세계로 들어서며 점차 타락의 길을 걷는다. 그의 여정은 성장과 구원이 아닌, 추락의 여정이다.

---

2  드라마 〈오징어 게임〉 시즌1, 2화 : 약 55분 30초경 장면

· **애니메이션 〈진격의 거인〉** ｜ 복수의 여정

에렌의 출발은 인류를 구하기 위한 영웅의 여정이지만, 결국 다른 세계를 몰살시키려는 복수와 파괴의 여정으로 폭주한다.

· **드라마 〈더 라스트 오브 어스〉** ｜ 강제된 여정[3]

조엘과 엘리는 어쩔 수 없이 함께 여정을 떠나지만, 조엘은 인류의 구원이 아닌 개인적 집착을 선택하며 여정을 바꿔 버린다.

이처럼 여정 원형은 성장의 길이 되기도 하고, 타락·복수·집착의 길로 바뀌기도 한다. 하지만 방향이 어떻게 달라지든, 여정은 늘 인간이 극한의 상황에서 어떤 길을 택하는지를 드러내는 강력한 사건 원형이다.

## 2 죽음과 재생 ｜ 기훈의 각성

기훈은 끝내 우승자로 살아남지만, 그것이 곧 구원을 뜻하지는 않았다. 그는 동료들을 모두 잃은 죄책감과 허무 속에서, 게임에 참여하기 전보다 더 깊은 절망에 빠진다. 붉은 머리로 염색한 모습은 재탄생의 상징처럼 보이지만, 동시에 지워지지 않는 죽음의 흔적이기도 하다. 시청자는 그의 모습을 보며 희망과 절망이 교차하는 복합적인 감정을 경험한다. 하지만 마지막 장면에서 기훈은 출국 직전 비행기 탑승을 앞두고 발길을 돌린다.[4] 이 선택은 그의 이야기가 끝이 아니라 또 다른 시작임을 암시하며, 시청자는 새로운 여정에 대한 기대를 품게 된다. 그리고

---

3　드라마 〈더 라스트 오브 어스〉 시즌1, 9화 : 약 31분 40초경 장면
4　드라마 〈오징어 게임〉 시즌1, 9화 : 약 50분경 장면

'완전한 회복은 없을지라도 다시 시작을 모색해야 한다'는 생존 전략을
배우게 된다.

### · 영화 〈해리포터와 죽음의 성물 - Part 2〉 | 해리[5]

해리는 볼드모트를 없애기 위해 스스로 죽음을 선택하고, 부활한다. 이 장
면은 두려움과 한계를 넘어선 완전히 새로운 존재로의 재탄생을 상징한다.

### · 드라마 〈왕좌의 게임〉 | 존 스노우[6]

존 스노우는 배신자들에 의해 잔혹하게 살해되지만, 붉은 여사제의 힘으로
다시 되살아난다. 공동체는 그의 부활을 보며 새로운 희망을 품게 되고, 그
는 자신에게 주어진 사명과 책임을 다시 짊어진다. 이 장면은 절망의 끝에
서 다시 시작되는 재생의 힘을 상징한다.

이처럼 죽음과 재생의 원형은 단순히 목숨을 되찾는 사건이 아니다.
절망을 통과한 뒤, 이전과는 다른 존재로 거듭나게 되는 새로운 시작을
의미한다.

### 3 희생과 구원 | 지영의 선택

〈오징어 게임〉에서 가장 뚜렷한 희생의 원형은 지영에게서 드러난다.
구슬 게임에서 새벽과 한 팀이 되었을 때, 지영은 자신이 살아남을 이유
가 없다며 스스로 희생을 택한다. 그리고 새벽이 다음 라운드로 나가도

---

5 　영화 〈해리포터와 죽음의 성물 - Part 2〉 : 약 1시간 30분경 장면
6 　드라마 〈왕좌의 게임〉 시즌6, 2화 : 약 52분경 장면

록 구원한다.[7] 시청자는 이 장면에서 깊은 슬픔과 함께 진정한 감동을 경험한다. 타인의 삶을 위해 자신을 내어주는 선택이 어떤 의미인지를 보여주기 때문이다. 여기서 드러나는 생존 전략은 분명하다. '개인의 생존을 넘어, 타인의 삶을 지켜내는 희생이 공동체를 이어가게 한다.'

　반면 알리와 새벽의 죽음은 조금 다르다. 알리는 상우의 배신에 속아 탈락했고, 새벽은 부상과 상우의 폭력으로 목숨을 잃었다. 이들은 자발적 희생이 아니라 강제된 희생자다. 그럼에도 이들의 죽음은 강력한 의미를 남긴다. 알리의 죽음은 신뢰와 배신의 잔혹함을 드러내고, 새벽의 죽음은 기훈에게 분노와 책임감을 남겨 그를 앞으로 나아가게 한다. 시청자는 이 과정을 통해 '맹목적 신뢰는 생존에 치명적이다.', '혼자만의 생존은 공허하다.'라는 생존 전략을 배우게 된다.


### · 애니메이션 〈극장판 귀멸의 칼날: 무한열차편〉 ｜ 렌고쿠[8]

렌고쿠는 혈귀와 맞서 싸우며 자신의 목숨을 내놓는 한이 있더라도 동료들을 지키겠다는 의지를 보여준다. 결국 쓰러지지만, 그 희생 덕분에 동료들은 살아남아 앞으로 나아갈 수 있게 된다.


### · 드라마 〈왕좌의 게임〉 ｜ 호도르[9]

호도르는 화이트 워커 무리에 쫓기는 브랜과 일행을 탈출시키기 위해 스스로 문을 잡고 버틴다. "Hold the door!"라는 외침 속에 일행은 살아남지만, 호도르는 결국 목숨을 잃는다.

---

[7] 드라마 〈오징어 게임〉 시즌1, 6화 : 약 48분 30초경 장면
[8] 애니메이션 〈극장판 귀멸의 칼날: 무한열차편〉 : 약 1시간 42분경 장면
[9] 드라마 〈왕좌의 게임〉 시즌6, 5화 : 약 53분경 장면

· **드라마 〈더 라스트 오브 어스〉** ┊ 테스[10]

테스는 조엘과 함께 엘리를 안전하게 데려가는 임무를 맡는다. 그리고 감염자들이 들이닥쳐 자신이 살아남을 수 없음을 알면서도, 조엘과 엘리가 도망칠 수 있도록 마지막까지 감염자들을 막아선다.

이처럼 희생의 원형에서 인물들은 자신의 생명을 내어주지만, 그 죽음은 그저 끝이 아니라 타인을 살리고 이야기를 이어가는 구원의 힘으로 변한다.

**4 배신과 복수** ┊ 상우의 배신

〈오징어 게임〉에서 가장 충격적인 순간 중 하나는 상우가 알리를 배신하는 장면이다. 구슬 게임에서 두 사람은 한 팀이 되어 함께 살아남자고 약속하며 신뢰를 쌓는다. 그러나 게임이 막바지에 이르자 상우는 규칙을 교묘히 이용해 알리를 속이고, 끝까지 그를 믿었던 알리는 결국 목숨을 잃는다.[11] 시청자는 단순한 놀람을 넘어 깊은 분노와 충격을 경험한다. 집단에서의 신뢰를 무너뜨리는 배신은 생존 자체를 위협하기 때문이다(Tomasello, 2009). 시청자는 상우의 행동을 보며 '믿음은 언제든 깨질 수 있다'는 사실을 떠올리고, 배신에 대비해야 한다는 생존 전략을 학습한다.

동시에 배신은 언제나 복수를 불러온다. 복수는 단순한 화풀이가 아

---

10    드라마 〈더 라스트 오브 어스〉 시즌1, 2화 : 약 48분경 장면
11    드라마 〈오징어 게임〉 시즌1, 6화 : 약 32분 20초경 장면

니라, 상처를 치유하고 무너진 질서를 회복하려는 본능적 반응이다. 심리학 연구에서는 복수가 '배신은 반드시 대가를 치른다'는 신호를 집단에 남겨 협력을 회복시킨다고 본다. 또한 피해자 역시 복수를 통해 무력감을 회복할 수 있다고 설명한다(McCullough et al., 2013). 이 맥락에서 보면, 마지막에 출국 직전 발길을 돌린 기훈의 선택은 단순한 결심이 아니라 게임 시스템을 향한 복수의 예고다. 우승했음에도 여전히 절망 속에 살아가는 그는, 무너진 질서를 회복해 상처를 치유해야 한다는 메시지를 몸소 보여준다. 결국 배신과 복수의 원형은 같은 교훈을 남긴다. '생존을 위해서는 신뢰를 소중히 여기되, 그 신뢰가 언제든 무너질 수 있다는 사실을 잊지 말아야 한다.' 배신과 복수는 인간 사회를 설명하는 가장 강력한 사건 원형 중 하나로, 수많은 이야기 속에서 되풀이된다.

· **드라마 〈왕좌의 게임〉** │ 피의 결혼식[12]

결혼식은 보통 가장 안전하고 평화로운 자리다. 하지만 이 장면에서는 시청자의 신뢰가 철저히 배신당한다. 롭 스타크가 프레이 가문과의 혼인 약속을 깨면서 신뢰가 무너지고, 프레이 가문은 이 배신을 잊지 않고 복수의 칼날을 들이댄다. 결혼식 자리는 순식간에 학살의 무대로 바뀌고, 스타크 가문은 몰락한다. 시청자는 이 사건을 통해 '배신은 또 다른 배신과 복수를 부른다.', '배신은 공동체 전체의 파국으로 이어진다.'라는 사실을 절감한다.

· **드라마 〈나르코스〉** │ 파블로 에스코바르

마약왕 파블로 에스코바르는 배신이나 도전에 반드시 잔혹한 보복으로 응

---

12　드라마 〈왕좌의 게임〉 시즌3, 9화 : 약 43분 40초경 장면

수한다. 그의 복수는 개인적 감정을 넘어, '배신은 반드시 대가를 치른다.'라는 신호를 콜롬비아 전역에 새기며 권력 유지의 수단이 된다. 하지만 복수는 다시 돌아온다. 경쟁 카르텔과 경찰, 정치 세력 모두가 저마다의 복수를 위해 끝까지 그를 추적한다.

〈오징어 게임〉은 한국 사회의 현실과 놀이 문화를 전면에 내세웠지만, 그 속에는 인류가 공유하는 집단 무의식의 원형이 있다. 가면을 쓴 VIP는 거인·좀비·화이트 워커의 또 다른 얼굴이고, 기훈은 해리·프로도·탄지로처럼 '평범한 자에서 영웅으로 성장하는 인물'의 변주다. 지영의 죽음은 렌고쿠와 호도르의 희생과 겹치고, 상우의 배신은 '피의 결혼식'처럼 충격과 분노를 불러일으킨다. 모두가 공감하고 반응하는 보편적 이야기를 만들고 싶다면, 연출자는 인류가 공유하는 집단 무의식과 그 안에 새겨진 원형을 적극적으로 끌어와야 한다.

---

**Comment**

리얼리티 예능 프로그램의 기획과 편집 단계에서 사건 원형은 이야기를 구성하는 중요한 기준이 된다. 〈무한도전〉의 멤버들은 언제나 미션으로 '여정'을 시작하고, 멤버들 간 '배신과 복수', '희생과 구원'을 반복하며, 탈락하고 부활하는 '죽음과 재생'의 사건 원형을 따른다. 〈더 지니어스〉와 〈피의 게임〉 같은 서바이벌 프로그램에서는 '배신과 복수', '희생과 구원'의 원형이 반복적으로 활용된다. 〈나는 솔로〉 같은 연애 프로그램에서도 사랑과 배신, 신뢰 회복의 원형이 끊임없이 드러난다. 시청자는 이러한 구조 속에서 자신도 모르게 특정 출연자를 신뢰하거나, 배신자로 규정하며 감정적으로 몰입하게 된다.

◆◆◆

영웅, 그림자, 멘토, 트릭스터…. 원형은 단순한 캐릭터 장치가 아니라, 누구에게나 통하는 보편적 감정을 자극하는 힘이다. 그러나 그 감정은 구체적인 장면을 통해서만 완성된다. 같은 영웅이라도 어둠 속에 홀로 서 있을 때와 군중의 환호를 받을 때는 전혀 다른 감정을 불러일으킨다. 같은 그림자라 해도 카메라가 멀리서 잡을 때와 얼굴을 클로즈업할 때 긴장의 깊이가 달라진다.

즉, 지금까지 우리가 살펴본 건 '위기-노력-결과'라는 뼈대 위에 '원형'으로 살을 붙여 '이야기'라는 형체를 세우는 방법이었다. 하지만 그 형체를 살아 움직이게 하려면 감정이라는 숨을 불어넣어야 한다. 연출자의 힘은 바로 그 감정을 완성하는 장면 연출에서 드러난다. 이제 이야기를 넘어, 장면 설계라는 더 구체적인 세계로 들어가 보자.

> **⊣ 3줄 요약 ⊢**
>
> 사람들이 같은 이야기 구조에 몰입하는 이유는 집단 무의식 속 원형 때문이다. 융이 말한 영웅·그림자·멘토·트릭스터 같은 인물 원형과, 여정·희생·복수 같은 사건 원형은 시대와 문화를 넘어 반복됐다. 원형은 누구에게나 통하는 감정을 불러내며 이야기를 살아 움직이게 한다.

본능적 연출

시선·감정·몰입의 연출심리학

# 감정 설계

# 장면의 역할
## 장면 설계의 출발점

이야기가 아무리 거대하고 원형이 아무리 보편적이라 해도, 시청자는 결국 하나의 장면을 실제로 봐야지만 감정을 느낀다. 따라서 장면을 어떻게 설계하느냐가 시청자의 감정 경험을 결정한다. 하지만 본격적으로 장면 설계에 대해 논하기 전, 반드시 잊지 말아야 할 것이 있다. '대체 우리는 왜 연출을 하는가?' 물론 영상의 기획 의도를 이루기 위해서다. 전작 《방송 연출 기본기》에서 나는 연출을 이렇게 정의했다. '연출이란 하려는 이야기에 끝까지 몰입시켜 의도를 이루는 작업이다.' 이는 운동 경기와도 비슷하다.

감독은(=연출자는), 승리를 위해(=의도를 이루기 위해), 전술에(=하려는 이야기에), 선수들이 끝까지 따르도록 한다(=끝까지 몰입시킨다).

《슬램덩크》에서 산왕을 꺾기 위해 안 선생님이 짠 전술을 떠올려보자. 송태섭은 압박 수비를 뚫고, 정대만과 서태웅은 공격을 이끌며, 채치수와 강백호는 골밑과 리바운드를 장악한다. 모두가 제 역할을 다하면 20점 차라는 극악의 상황도 뒤집을 수 있지만, 단 한 명이라도 무너지면 게임은 끝이다.

연출도 그렇다. 영상의 한 장면 한 장면이 모두 '선수'다. 북산의 다섯 선수가 모여 전술을 완성하듯, 장면들이 모여 하나의 이야기를 완성한다. 그리고 북산이 그랬듯, 한 장면이라도 역할을 다하지 못하면 몰입은 깨지고 기획 의도는 전달되지 않는다. 따라서 연출자는 안 선생님처럼 각 장면에 명확한 역할을 부여해야 한다. 그리고 그 역할을 완수하려면 시청자를 장면에 몰입시켜야 한다. 즉,

**장면 설계란 연출자가 설정한 장면의 역할을 완수할 수 있도록 시청자가 몰입하게 만드는 작업이다.**

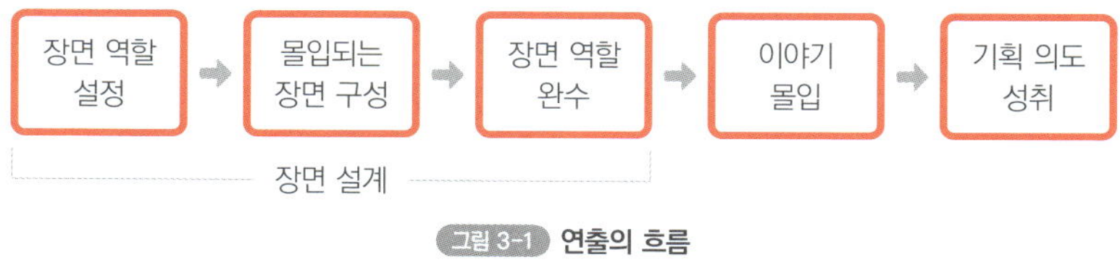


그림 3-1 연출의 흐름

## 장면의 역할

그렇다면 장면의 역할은 뭘까? 이야기에 몰입시키기 위해 장면이 달성해야 할 목표다. 전작 《방송 연출 기본기》에서 예로 들었던 《흥부전》의 한 장면을 살펴보자.

흥부가 형수에게 밥을 구걸하자, 형수는 밥 푸던 주걱으로 흥부의 뺨을 친다. 그리고 흥부는 뺨에 붙은 밥풀을 떼서 먹는다.

《흥부전》은 찢어지게 가난하지만 착한 흥부가 대박 나서, 자신을 괄시하다 패가망신한 못된 놀부마저 관대하게 용서하고 오래오래 행복하게 살았다는 권선징악의 이야기다. 이 기획 의도를 실현하려면 시청자를 이야기에 몰입시켜야 한다. 그러려면 흥부는 철저한 피해자, 놀부는 철저한 가해자가 돼야 한다. 흥부가 호되게 당할수록 시청자는 놀부가 망하기를 바라며 이야기에 더 깊이 빠져들기 때문이다. 그래서 '흥부에겐 연민을, 놀부에겐 분노를 느끼게 하라!'라는 장면의 역할이 설정됐다. 이 역할을 완수하기 위해 선택된 행동이 바로 '주걱 싸대기'다. 이로써 몰입감 있는 장면이 완성됐다. 이렇게 성공적인 장면 설계를 위해 던져야 할 첫 질문은 이것이다.

**이 장면은 이야기의 몰입을 위해 어떤 역할을 해야 할까?**

이 질문을 던질 수 있다면, 당신은 칭찬받아 마땅하다. 프로든 아마추어든 많은 연출자들이 첫 질문을 이렇게 시작한다. '뭘 찍지?', '어떻게 찍을까?', '뭐부터 붙이지?' 하지만 그들을 기다리는 건 대개 재촬영이나 재편집이다. 이를 피하려면 먼저 장면의 역할을 분명히 해야 한다. 그 방법은 스스로에게 다음의 질문을 던지는 것이다.

- 이 장면은 시청자를 느끼게 해야 해?
- 이 장면은 시청자를 생각하게 해야 해?
- 이 장면은 인물을 이해시켜야 해?
- 이 장면은 시청자를 즉각 반응하게 해야 해?

이런 고민을 거치면 장면의 역할이 명확해진다. 다음 단계는 비교적 간단하다. 시청자가 몰입할 수 있도록 장면을 구성하고, 그것을 효과적으로 구현할 촬영과 편집 방식을 정하면 된다. 그러면 각 장면의 역할이 도미노처럼 차례로 완수되고, 그 결과 전체 이야기에 몰입하게 되며, 마지막 도미노가 쓰러질 때 기획 의도가 선명하게 드러난다. 이것이 바로 성공한 연출이다. 물론 이 과정에 정답이나 공식은 없다. 다만 현장에서 자주 쓰이는 몰입 전략들은 있다. 이 전략들은 장면의 역할을 완수할 때도, 이야기 구조를 설계할 때도 유용하다. 구체적인 예시와 함께 그 전략들을 하나씩 살펴보자.

## 몰입 전략

### 1 감정적 몰입 | "저 감정! 나도 느껴!"

장면을 본 시청자가 인물과 같은 감정을 느끼길 원한다면, 감정적 몰입이다. 정서적 공감을 유도하는 방식으로, 거의 모든 장르에서 쓰이는 기본 전략이다. 장면 설계 과정을 영화 〈글래디에이터〉의 명장면을 통해 살펴보자.[1] "My name is Maximus."라는 대사와 함께, 가족을 살해한 황제에게 복수를 선언하는 장면이다. 시청자는 막시무스가 되어 그 분노를 고스란히 느끼고, 당황한 황제를 보며 통쾌함마저 맛보게 된다.

---

1 영화 〈글래디에이터〉 : 약 1시간 22분경 장면

· **1단계** ｜ 감정 설정

먼저, 장면에서 시청자가 어떤 감정을 느끼게 할지를 확실히 정한다. 〈글래디에이터〉의 이 장면은 막시무스의 분노를 핵심 감정으로 설정했다.

· **2단계** ｜ 감정 흐름 설계

이어서, 그 감정이 언제, 어떻게 커지고, 터지고, 가라앉을지를 설계한다. 정체를 감췄던 막시무스가 투구를 벗고 이름을 밝힌다(*긴장*).→황제에게 복수를 선언한다(*폭발*).→황제가 도망치듯 자리를 뜬다(*해방*). '긴장→폭발→해방'의 흐름 속에 그의 분노가 극적으로 드러난다.

· **3단계** ｜ 촬영 계획

'인물의 감정 흐름'이 잘 드러나도록 언제, 어디서, 어떻게 찍어야 할지 정한다. 막시무스가 투구를 벗고 이름을 밝힐 때는 얼굴을 클로즈업해 긴장감을 최고조로 끌어올렸다. 황제에게 걸어가는 장면은 바스트 샷으로 시작해 카메라가 천천히 따라가며 분노를 고조시켰다. 복수를 선언하는 순간에는 타이트 바스트 샷으로 멈추고, 초점을 오직 그의 얼굴에 맞춰 분노를 폭발시켰다.

· **4단계** ｜ 편집 구성

'인물의 감정 흐름'이 잘 드러나도록 편집 리듬과 음향을 조절한다. 이 장면은 긴 지속시간의 컷으로 느린 리듬을 유지했다. 시청자가 막시무스의 말과 행동을 온전히 따라가야 함께 분노할 수 있기 때문이다. 음악은 투구를 벗는 순간까지 억제해 그의 행동과 표정에만 집중시켰다. 이후 막시무스의 분노와 함께 점차 고조되다가, 황제가 자리를 뜨는 순간 최고조에 이르러 감정을 해방시켰다.

**2 인지적 몰입** ｜ "어떻게 된 걸까?"

장면을 본 시청자가 스스로 생각하길 원한다면, 인지적 몰입이다. 단서를 통해 이야기의 진실이나 의미를 추리하게 함으로써 지적 긴장을 만들고, 그 긴장이 몰입을 이끈다. 주로 반전이나 미스터리 장르에서 많이 쓰인다. 영화 〈인셉션〉을 통해 그 과정을 살펴보자.

· **1단계** ｜ 개념 설정

이야기를 떠받치는 핵심 개념을 명확히 정한다. 〈인셉션〉의 핵심 개념은 '꿈은 계층 구조를 가진다.'라는 것이다. 각 단계의 꿈은 시간이 다르게 흐르고, 서로 영향을 주고받는다.

· **2단계** ｜ 정보 제공 설계

한꺼번에 많은 정보를 주면 시청자가 이해하기 벅차다. 따라서 어떤 순서로 정보를 줄지, 무엇을 드러내고 숨길지를 정해야 한다. 이 영화는 다음과 같은 단계로 정보를 제공한다.

꿈속의 꿈이 가능하다. → 꿈의 공유와 설계도 가능하다. → 꿈의 시간은 현실보다 느리게 흐른다. → 꿈은 여러 단계를 만들 수 있다.

또한 〈인셉션〉은 시청자의 이해를 돕기 위해 아리아드네를 대리 질문자로, 코브를 해설자로 설정했다. 그리고 두 인물의 대화를 통해 핵심 개념을 자연스럽게 풀어냈다. 여기에 불확실성을 더하는 장치도 배치됐다. 코브를 방해하는 맬, 꿈과 현실을 구분할 수 있는 토템 같은 요소는 정보를 흘리되 모두 드러내지 않는다. 맬이 왜 코브를 괴롭히는지는 한참 뒤에야 밝혀지고, 팽이 토템은 돌아가는 중간에 컷을 끊어버린다. 덕분에 시청자는 끊임없이 추측하며 이야기에 몰입하게 된다.

### · 3단계 ｜ 촬영 계획

복잡한 개념은 시각적으로 구분해야 이해가 빠르다. 〈인셉션〉은 꿈의 각 단계를 공간·의상·색감으로 차별화했다. 1단계는 비 오는 도시(블루), 2단계는 고급 호텔(오렌지), 3단계는 겨울 요새(화이트), 4단계는 림보(무채색). 인물들의 헤어·메이크업·의상 역시 단계마다 달리했다. 정보가 많아질수록 핵심과 무관한 정보들은 단순화해야 한다. 모든 것이 헷갈리기 시작하면 시청자는 추측을 멈추고 몰입도 깨지기 때문이다.

### · 4단계 ｜ 편집 구성

편집 리듬과 음향은 '시청자의 사고 흐름'에 맞춰 조절된다. 영화 속 시간은 꿈이 깊어질수록 느려지지만, 편집 리듬과 음악은 오히려 빨라진다. 이유는 간단하다. 시청자가 정보를 쌓아나가는 만큼 추측 속도도 점점 빨라지기 때문이다. 이미 추측을 끝냈는데도 느린 리듬이 이어지면 결과를 기다리다 집중이 끊어진다. 다만 림보 장면에서는 리듬을 과감히 늦춰 다른 단계와 대비를 줬다. 또한 모든 단계에서 꿈을 깨우는 '킥'은 같은 음악을 사용해 사건의 시간 흐름과 시청자의 사고 흐름을 동기화했다. 리듬은 달라도 결국 하나의 사건이라는 인식을 주기 위해서다.

**3** **관점 몰입** ｜ "내가 저 사람이라면…."

　장면을 본 시청자가 인물을 이해하길 원한다면, 관점 몰입이다. 감정적 몰입과 비슷해 보이지만, 목적은 다르다. 감정적 몰입이 인물에 대한 정서적 공감을 목표로 한다면, 관점 몰입은 '인지적 공감'을 목표로 한다. 즉, 인물의 감정에 대한 공감보다 그의 선택과 행동을 납득시키는 것이 1순위다. 이를 위해 연출자는 인물의 시선·감정·생각을 따라가며 관찰하도록 장면을 구성한다. 그 과정에서 시청자는 인물의 관점으로 세상을 경험하게 되고, 몰입이 일어난다. 정서적 공감까지 할지는 시청자의 자유다. 드라마 〈브레이킹 배드〉에서 마약 제조자가 되어가는 주인공 월터 화이트를 예로 살펴보자. 시청자는 그의 선택을 도덕적으로 옹호하지 않아도, 그가 왜 그렇게 행동할 수밖에 없는지를 이해하며 이야기에 끌려 들어간다.

· **1단계** ｜ 내면 설정

　인물이 자신과 세상을 어떻게 인식하며 무엇을 중시하는지를 정한다. 월터는 평범한 고등학교 화학 교사지만, 스스로를 무능한 가장이자 존중받지 못하는 사회의 실패자로 여긴다. 수치심과 분노, 무력감이 그를 짓누른다. 세상은 불공정하고 냉소적이라 믿으며, 그 속에서 무엇보다 중요한 가족을 지켜야 한다는 책임감에 또다시 압박받는다.

· **2단계** ｜ 인식역전 설정

　인물을 이해하는 가장 강력한 방법은 '그 인물이 되어보는 것'이다. 이를 위해서는 인물의 인식과 현실을 분리해 보여줄 필요가 있다. 인식이

현실을 압도하는 순간, 시청자는 판단을 멈추고 그의 입장에 서게 된다. 월터는 암 환자이자 무기력한 교사다(현실). 하지만 스스로를 마약왕 '하이젠버그'라고 믿고(인식), 위험한 협상에서 마약상에게 명령한다. "내 이름을 말해." 그리고 상대가 대답한다. "하이젠버그." 이 순간 월터의 인식은 현실을 뒤집고, '하이젠버그'라는 인물은 더 이상 그의 망상이 아니라 모두가 인정한 현실이 된다.[2] 시청자는 판단을 멈춘 채 잠시나마 월터가 되어, 인정과 존중을 얻은 그의 쾌감을 함께 느낀다. 그리고 그제야 그의 선택과 행동을 납득하게 된다.

## · **3단계** ㅣ 촬영 계획

이 장면에서는 '누구의 눈으로 세상을 보게 할지', '그 눈에는 세상이 어떻게 보일지'를 정한다. 전자는 샷 사이즈·구도·앵글·시점에, 후자는 색감·조명·분위기에 반영된다. 극 초반, 억눌린 월터는 정적이고 고정된 샷에 갇힌다. 롱 샷과 OTS 샷은 그를 왜소하게 만들고, 다운된 색감은 그의 눈에 비친 차갑고 어두운 세상을 표현한다. 하지만 마약 제조를 시작한 뒤에는 모든 것이 반대다. 이제 월터의 눈에는 '자신이 통제할 수 있는 세상'이 펼쳐진다. 생생한 색감은 자신감과 생명력을, 역동적무빙과 로우 앵글은 통제력과 권위를 드러낸다.

## · **4단계** ㅣ 편집 구성

편집 리듬과 음향은 '인물의 심리 흐름'에 맞춰 조절된다. 초반에는 긴 지속시간의 컷과 롱테이크로 인물의 무기력을 드러낸다. 하지만 마약 제

---

2  드라마 〈브레이킹 배드〉 시즌5, 7화 : 약 5분경 장면

조를 시작하면서 리듬은 점차 빨라진다.[3] 마약 제조 장면은 월터가 정체성을 되찾는 상징적 순간이기에, 빠른 컷 전환은 물론 타임랩스·몽타주·플래시컷까지 동원된다. 경쾌한 음악 비트에 맞춘 싱크 편집은 범죄라는 사실과 별개로, 그가 '살아있음을 느끼는 순간'임을 시청자에게 납득시킨다.

### 4 반응 유도형 몰입 | "앗! 깜짝이야!"

장면을 본 시청자가 반사적인 반응을 하길 원한다면, 반응 유도형 몰입이다. 괴물이 갑자기 튀어나오거나 큰 소리에 깜짝 놀라는, 이른바 '점프 스케어'가 대표적이다. 그러나 그것은 단지 '놀라게 만드는 한 방'일 뿐이다. 반응 유도형 몰입의 핵심은 '그 한 방이 언제 터질지 모른다는 긴장감'을 만드는 데 있다. 영화 〈콰이어트 플레이스〉는 이를 극대화했다. 소리를 내는 순간 괴물에게 살해당한다는 설정이, 시청자를 영화 내내 숨죽이게 만든다. 이때 시청자의 반응은 단순한 놀람을 넘어, 끊임없이 긴장하며 기다리는 몰입으로 확장된다.

· **1단계** | 유도 반응 설정

먼저, 시청자에게 어떤 신체적 반응을 끌어낼지를 정한다. 〈콰이어트 플레이스〉는 공포·불안·놀람을 자극하기 위해, '숨죽이며 긴장하는 반응'을 목표로 삼았다.

---

3  드라마 〈브레이킹 배드〉 시즌1, 1화 : 약 41분 20초경 장면

· **2단계** ｜ 감각 요소 결정

다음으로, 그 반응을 유도하기 위해 어떤 감각을 활용할지 정한다. 이 영화는 청각을 택했다. 괴물은 소리에만 반응하고, 살아남으려면 소리를 내지 말아야 한다는 설정까지 함께 만들어졌다.

· **3단계** ｜ 자극 흐름 설계

계속해서 자극을 주기만 하면 시청자는 금세 무뎌진다. 음악의 리듬처럼, 자극에도 밀당이 필요한 것이다. 〈콰이어트 플레이스〉는 이를 '긴장→정적→폭발→해소→긴장'의 패턴으로 설계했다. 욕조 출산 장면을 보자.[4] 출산이 임박한 엄마는 집 안으로 들어온 괴물을 피해 욕조에 몸을 숨긴다. 비명을 지르면 죽는다! 시청자의 긴장은 점점 고조된다*(긴장)*.→괴물이 욕실 앞까지 다가오고, 엄마는 비명을 참는다. 시청자도 호흡을 멈춘다*(정적)*.→결국 비명이 터지는 순간, 아들이 폭죽을 터뜨리고 괴물은 소리에 반응한다. 시청자는 갑작스러운 폭발음에 반사적으로 놀란다*(폭발)*.→엄마는 무사히 출산하지만, 괴물의 위협은 여전하다. 긴장은 다시 이어진다*(해소→긴장)*. 이 패턴이 반복되며 몰입이 유지된다.

· **4단계** ｜ 촬영 계획

이전까지 나온 아이디어들이 촬영을 통해 구현된다. 〈콰이어트 플레이스〉는 소리를 극도로 제한해 시청자가 숨소리 하나에도 예민해지도록 만들었다. 특히 청각장애인 딸의 시점으로 촬영된 장면에서는 소리

---

4　영화 〈콰이어트 플레이스〉 : 약 48분경 장면

가 완전히 끊겨, 무방비 상태를 직접 체험하게 된다.[5] 돌발 상황에서 오직 시각만 의지해야 한다는 설정은 시청자를 극도로 불안하게 만든다. 게다가 폐쇄된 공간과 낮은 조도를 사용해 시각 정보마저 줄였다. 괴물의 전체 모습은 끝부분에서야 드러나, 그전까지 시청자는 스스로 괴물을 상상하게 된다. 그리고 상상은 언제나 현실보다 무섭다.

· **5단계** ┆ 편집 구성

마지막으로 '자극 흐름'에 맞춰 편집 리듬과 음향을 조절한다. 〈콰이어트 플레이스〉의 자극 흐름은 '긴장→정적→폭발→해소→긴장'이다. '긴장→정적' 구간에서는 롱테이크와 긴 지속시간의 컷, 극도로 억제된 음향으로 불안을 키운다. '폭발' 순간엔 빠른 컷 전환과 함께 음향을 갑자기 터뜨려 놀람을 극대화한다. 이후 '해소→긴장' 구간에서는 다시 리듬과 음향을 낮춰, 시청자를 다음 폭발에 대비시킨다.

◆◆◆

지금까지 우리는 장면의 역할별로 다양한 몰입 전략을 살펴봤다. 하지만 이것을 공식처럼 외울 필요는 없다. 애초에 그럴 수도 없다. 다만 꼭 기억해야 할 교훈은,

**장면의 역할에 따라 몰입 전략도, 장면 설계도 달라진다.**

---

[5] 영화 〈콰이어트 플레이스〉 : 약 56분 20초경 장면

이 사실을 깨닫지 못하면, 장면의 역할을 설정하지도 않은 채 목적 없는 몰입만 좇게 된다. "몰입만 시키면 돼! 폭력적이고 선정적인 게 몰입엔 최고지!"라며 무턱대고 장면부터 만들게 되는 것이다. 하지만 그렇게 만든 장면들을 이어 붙이면 어떻게 될까? 전작에서 지적했듯, 폭력적이고 선정적인 장면을 남발해 끝까지 봤어도 내용을 모르겠는 영화 같은 것들이 만들어진다. 장면들이 이야기 몰입에 도움이 되지 않거나, 오히려 기획 의도를 방해까지 하기 때문이다. 결국 폭력적이든, 선정적이든, 애써 만든 장면들을 눈물을 머금고 날려야 하는 순간이 온다. 돈과 시간, 그리고 건강까지 잃게 되는 이런 파국을 피하려면 꼭 유념하자. 장면을 만드는 일은 장면의 역할을 정한 다음에야 시작된다는 것을.



요즘은 5분짜리 유튜브 콘텐츠를 만들더라도, 제일 앞부분에 '하이라이트'를 붙이는 것이 관행처럼 굳어졌다. 이제는 그냥 법칙처럼 기계적으로 붙인다. 하지만 그 짧은 장면에도 분명한 '역할'이 있다. 영상을 멈추지 못하도록 시청자의 시선을 붙잡는 것이다. 즉, 그 역할을 완수할 수 있는 다른 방법이 있다면 굳이 하이라이트를 붙일 필요가 없다. 시청자가 영상을 보려는 의지가 확고할 때도 마찬가지다. 예컨대 아이돌 팬들은 하이라이트가 없어도 영상을 끝까지 시청한다. 따라서 장면을 만들 때는 늘 '이 장면의 역할이 무엇인가'를 먼저 따져야 한다. 그래야 불필요한 장면을 만드는 데 에너지를 낭비하지 않는다. 안 그래도 피곤한데 그 힘을 아껴서 정말 중요한 장면을 만드는 데 집중해야 한다.

┤ **3줄 요약** ├

시청자는 장면을 통해 감정을 경험한다. 그래서 연출자는 각 장면에 명확한 역할을 부여하고 그에 맞는 몰입 전략을 적용해야 한다. 이에 감정적·인지적·관점·반응 유도형 몰입 전략 등이 활용되며, 장면의 역할을 완수해야 전체 이야기와 기획 의도가 완성된다.

4

# 몰입은 감정에서 시작된다
## 감정의 설정 1

장면의 역할을 정했다면, 이제 그 역할을 완수하도록 시청자를 몰입시켜야 한다. 우선 '몰입'이란 무엇일까? 국어사전은 몰입을 '깊이 파고들거나 빠짐'이라 정의한다. 전작 《방송 연출 기본기》에서는 이를 좀 더 구체적으로 '시청자 스스로 질문을 던지고 해답을 찾는 과정'이라 설명했다. 결국 몰입되는 장면이란, 시청자가 스스로 질문을 던지고 그 답을 찾으려는 장면이다.

그렇다면 그런 장면은 어떻게 만들어야 할까? 이미 살펴본 전략들이 있다. 시청자를 느끼게 하거나(감정적 몰입), 생각하게 하거나(인지적 몰입), 인물을 이해하게 하거나(관점 몰입), 혹은 즉각 반응하게 만드는 것이다(반응 유도형 몰입). 그리고 이 모든 전략의 출발점은 '감정'이다. 기쁨이나 슬픔이 공감을 유도하고, 호기심은 추측하게 하며, 공포와 놀람은 즉각적인 반응을 일으킨다. 즉, 감정을 먼저 자극해야 몰입이 시작된다. 따라서 시청자가 질문을 던지고 답을 찾게 만들고 싶다면, 무엇보다 먼저 그들의 감정을 건드려야 한다.

다시 《흥부전》의 '주걱 싸대기' 장면으로 돌아가 보자. 이번엔 《흥부전》을 전혀 모르는 외국인이 이 장면을 본다고 상상해 보자.

흥부가 형수에게 밥을 구걸하자, 형수는 밥 푸던 주걱으로 흥부의 뺨을 친다. 그리고 흥부는 뺨에 붙은 밥풀을 떼서 먹는다.

외국인의 머릿속은 복잡해진다. '뭐지, 이 상황은? 어떻게 주걱으로 귀싸대기를 날리지? 저 남자는 왜 화도 안 내고 밥풀을 떼먹지? 거진가? 둘은 무슨 사이지? 좀 더 지켜보자.' 그는 반사적으로 질문을 던지고 추측하며 몰입하기 시작한다. 무엇이 그를 몰입하게 했을까? 바로 놀람이라는 '감정'이다. 갑작스러운 주걱 싸대기는 그를 놀라게 했고(반응 유도형 몰입), 이어지는 낯선 상황은 호기심을 자극해 인물 관계를 추측하게 만들었다(인지적 몰입). '주걱 싸대기'란 행동을 분석하면 다음과 같다.

주걱 싸대기*(행동)* =

뜨겁다 + 아프다*(감각)* → 놀람*(감정)* → 의문*(몰입의 시작)*

뜨거운 주걱으로 싸대기를! 얼마나 아플까! 이게 뭔 일이래? 감각이 감정을, 감정이 의문을, 의문이 몰입을 만든다. 이것이 몰입의 과정이다. 따라서 장면을 설계할 때는 늘 세 가지 질문을 던져야 한다.

❶ 이 장면에서 어떤 **감정**을 유도할 것인가?

❷ 그 감정을 어떤 **행동**을 통해 표현할 것인가?

❸ 그 감정을 느끼게 할 **감각적 단서**[1]는 무엇인가?

이제 연출자의 시선으로 '주걱 싸대기' 장면을 다시 보자. 이 장면의 역할은 '흥부에겐 연민을, 놀부에겐 분노를 느끼게 하는 것'이다. 싸대기만으로도 어느 정도는 달성했지만, 더 강한 몰입을 위해서는 시청자가 흥부의 편에 서야 한다. 그러려면 흥부의 슬픔·수치심·서러움·절박함이란 '감정'을 함께 느끼게 해야 한다. 이를 위해 연출자는 밥을 구걸하고, 뺨에 붙은 밥풀까지 떼어 먹는 '행동'을 선택했다. 그리고 흥부의 궁색한 표정과 몸짓(시각), 형수의 싸늘한 말투(청각), 뜨거운 밥풀과 뺨의 통증(촉각) 같은 '감각적 단서'를 배치했다. 이 과정을 토대로 정리하면,

**장면 설계란 장면의 역할을 완수하기 위해, 시청자가 특정 감정을 느끼도록 감각적 단서를 배치해 몰입하게 만드는 작업이다.**

그 결과 연출자는 시청자를 이야기 속으로 끌어들이고, 기획 의도를 실현하며, 궁극적으로 시청자를 행동하게 만든다. 결국 연출의 성패는 장면 설계에 달려 있고, 그 출발점은 언제나 '이 장면에서 무엇을 느끼게 할 것인가?'라는 감정의 설정이다. 그래서 연출을 하려는 우리는 '감정'에 대해 좀 더 이해할 필요가 있다.

---

1  감각적 단서는 시각·촉각·후각·미각·청각과 같은 감각 자극으로, 특정 반응이나 행동을 유발할 수 있는 신호를 말한다.

편집 시 무엇을 붙여야 할지 막막하다면, 먼저 이 에피소드가 전체 이야기에서 맡을 역할을 생각하자. 예컨대 아이돌 오디션 프로그램을 편집한다고 치자. 내가 맡은 에피소드는 출연자가 실패하는 장면이고, 다른 PD가 맡은 에피소드는 출연자가 다시 연습하는 장면이다. 그렇다면 내가 맡은 장면의 역할은 '출연자의 각성'이다. 실패로 충격을 받아 각성해야, 다음 장면에서 출연자가 다시 연습하는 흐름이 자연스럽게 이어지기 때문이다.

역할이 정해졌다면, 이제 시청자가 느낄 감정을 떠올리자. 출연자를 응원하게 만들려면 시청자가 '연민'을 느껴야 한다. 이를 위해 출연자가 실제로 경험할 감정을 생각하자. 실패로 인한 '좌절감·수치심·슬픔' 같은 감정을 느껴야 시청자가 응원한다.

다음은 그 감정을 보여줄 행동을 찾는 단계다. 예컨대 촬영본에서 '밥을 먹다 눈물을 흘리는 행동'을 고른다. 그리고 그 행동 속 감각적 단서를 붙인다. 스르륵 흘러내려 식판에 떨어지는 눈물(시각), 흔들리는 어깨(시각), 작게 흐느끼는 소리(청각)…. 여기에 마지막에 눈물 쓱 닦고 뭔가 결심한 듯한 얼굴 컷까지 붙이면, 다시 열심히 연습하는 장면으로 매끄럽게 이어진다.

## 감정은 행동을 만든다

감정은 어떻게 인간의 행동을 이끌어낼까? 답은 인간의 인지 과정에 있다. 인지심리학에 따르면, 일반적인 인간의 인지 과정은 보통 다음과 같은 흐름을 따른다.

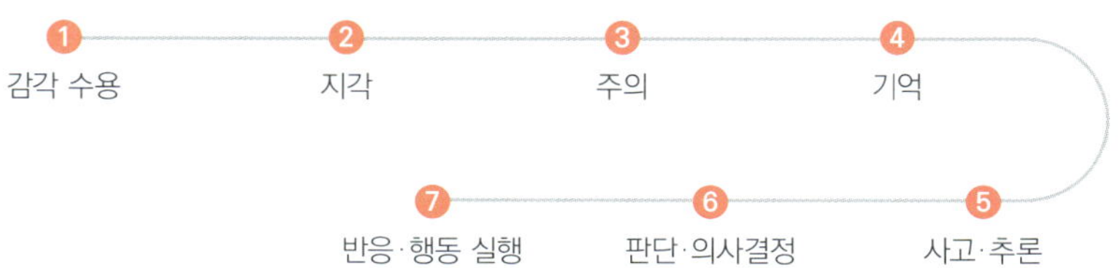

이 과정을 애니메이션 〈진격의 거인〉 속 한 장면으로 살펴보자. 에렌이 엄마를 잡아먹은 거인을 다시 마주하는 순간이다.[2] 여기서부터는 뇌의 특정 부위 이름 같은 어려운 용어들이 등장하겠지만, 외우지는 말자. 연출자가 되려는 우리가 할 일은 전체적인 흐름을 파악하는 것이다.

**1** **1단계, 감각 수용**  |  '거대한 형체'가 눈앞에 들어온다

큰 소리와 함께 거대한 형체가 에렌의 시야에 들어온다. 외부 자극(빛·소리 등)은 감각 기관(눈·귀 등)을 거쳐 신경 신호로 변환되고, 곧바로 뇌로 전달된다. 시각 자극은 '망막→시신경→외측슬상핵LGN→1차 시각피질v1'로 향한다. 이 단계에서 에렌은 그것이 무엇인지, 어떤 의미인지조차 모른다. 단지 '눈앞에 거대한 형체가 있다'는 사실만 인식할 뿐이다. 그러나 이미 그의 몸은 본능적으로 굳어간다.

· ***장면 연출 포인트***  |  ***감정＝불안·긴장***
쿵쿵 울리는 발소리와 땅의 진동, 흙먼지에 가려진 검은 실루엣을 익스트림 롱 샷으로 제시한다. 정체가 드러나지 않은 압도적인 위압감을 시각과 청각으로 동시에 전달하는 것이다.

**2** **2단계, 지각**  |  '거인이다! 그런데….'

이제 전달된 신경 신호가 해석되어 의미 있는 형태로 인식된다. 거대

---

2  애니메이션 〈진격의 거인〉 36화, 약 21분 30초경 장면; 37화, 약 3분 15초경 장면

한 형체였던 시각 자극은 시각피질V1~V5에서 '선·색·윤곽·움직임' 같은 기본 요소로 분석된다. 이어 방추형 얼굴 영역FFA이 얼굴을 감지하고, 하측두피질IT에서 정보를 통합해 비로소 '거인'이라는 의미가 완성된다. '거인이 맞구나!' 깨닫는 순간, 에렌의 몸은 공포로 굳어버린다.

**· 장면 연출 포인트** ┃ **감정＝놀람·공포**
에렌의 굳어버린 몸을 클로즈업한다. 동시에 그의 시점에서 거인의 발부터 얼굴까지 훑어 올라가는 와이드 붐업 샷을 사용한다. 이때 시청자는 에렌과 함께 거인의 압도적인 크기와 위압감을 체감하게 된다.

**3** **3단계, 주의** ┃ '위화감! 대체 뭐지?'

이어서 설명할 수 없는 혐오감이 밀려온다. 전두엽의 전대상피질ACC이 이 위화감을 감지하고 주의를 전환한다. '저 거인을 더 자세히 봐야 해!'라는 신호가 배외측 전전두피질DLPFC로 전달되며, 다시 시각피질에 집중 명령이 내려진다. 시야는 점점 좁아지고, 오직 거인의 얼굴만 선명해진다.

**· 장면 연출 포인트** ┃ **감정＝혐오·몰입**
거인의 입에서 눈까지를 천천히 훑는 타이트 클로즈업 붐업 샷으로, 거인에 대한 혐오와 집중을 동시에 유도한다.

**4** **4단계, 기억** │ '엄마를 잡아먹은 거인이다!'

집중된 시각 정보는 곧바로 과거 기억과 대조된다. 해마hippocampus가 과거 기억을 탐색해, 지금 눈앞의 얼굴이 바로 '엄마를 잡아먹은 거인'임을 확인한다. 그 순간 편도체amygdala가 반응해 '분노·절망·공포' 같은 강렬한 감정을 결합시킨다. 이 감정은 다시 해마를 자극해 기억을 더욱 생생하게 각인시키며, 단순한 정보가 아닌 감정적 기억으로 재구성된다. 이는 곧 감정 폭발의 트리거가 된다. 이어 측두연합피질temporal association cortex이 맥락을 부여한다. '저놈은 엄마를 잡아먹은 거인이다. 그날, 난 아무것도 할 수 없었지. 그 모든 감정이 되살아난다!'

· **장면 연출 포인트** │ **감정＝충격**

과거 엄마가 잡아먹혔던 순간을 플래시백으로 삽입해, 현재의 장면과 과거의 기억을 강하게 결합시킨다.

**5** **5단계, 사고·추론** │ '복수해? 도망쳐?'

강렬한 기억과 감정이 밀려들자, 에렌의 심장은 요동친다. 행동 결정을 앞둔 뇌는 곧바로 수많은 질문을 던진다. '왜 저놈이 여기 있지? 복수할까? 도망칠까?' 배외측 전전두피질DLPFC은 감각·기억·감정 정보를 통합해 행동 가능한 모든 시나리오를 머릿속에서 시뮬레이션한다. 이때 감정이 유발한 생리 반응 ― 심박수 상승, 호흡 변화, 근육 긴장 ― 이 사고의 방향을 이끈다. 분노로 심박이 치솟으면 맞서 싸우는 시나리오가, 공포로 몸이 움츠러들면 도망치는 시나리오가 먼저 떠오른다. 결국 뇌는 감정이 더 강하게 느껴지는 방향에 더 빨리, 더 깊이 몰입한다. 동시에 감정은 다시 편도체를 자극해 신체 반응을 더욱 증폭시킨다. 시나리오에 몰입할수록 에렌의 심장은 더 거세게 뛰고, 호흡은 거칠어지며, 손끝은 저릿해진다. 동시에 그의 사고는 점점 '복수'라는 시나리오를 향해 달려간다.

· **장면 연출 포인트** ｜ **감정 = 혼란·분노**

에렌의 동공 지진, 땀방울, 일그러진 얼굴을 클로즈업으로 포착해, 시청자가 그의 내적 혼란과 분노를 체감하게 한다.

**6** **6단계, 판단·의사 결정** ｜ "내가 끝장을 내야 돼!"

머릿속에서 시나리오가 정리되면, 뇌는 그중 하나를 실제 행동으로 선택한다. 복내측 전전두피질$_{vmPFC}$은 각 시나리오의 결과를 예측하고 비교해 최종 결정을 내린다. 이 판단은 단순한 이성적 계산이 아니다. 이성과 감정의 저울질이며, 대부분 감정이 우세하다. 생존이 절망적인 상황일지라도, 분노에 휩싸인 얼굴로 복수 대신 냉정한 선택을 하기는 어렵다. 이미 에렌의 신체 반응 자체가 '지금이 복수할 순간'임을 증명한다. 결국 그는 외친다. "내가 끝장을 내야 돼!"

· **장면 연출 포인트** ｜ **감정 = 분노·결의**

부릅뜬 눈, 일그러진 얼굴로 외치는 에렌을 핸드헬드 클로즈업으로 담아, 격렬한 감정을 그대로 시청자에게 전한다.

감정으로 활성화된 편도체와 자율신경계는 이미 신체를 전투 모드로 준비시켰다. 결단이 내려지는 순간, 뇌는 운동피질motor cortex로 명령을 보내 행동을 폭발시킨다. 망설임 없이 뛰쳐나간 에렌은 거인으로 변신하기 위해 자신의 손을 물어뜯는다.

· *장면 연출 포인트* | *감정=분노*

미카사가 말릴 틈도 없이 달려나가는 에렌을 미디엄 투 샷으로 잡고, 이어 손을 물어뜯는 순간에는 그의 눈과 입을 타이트 클로즈업으로 포착해 분노의 결단을 시청자가 직접 체감하게 한다.

이것이 인간의 일반적 인지 과정이다. 복잡한 뇌 용어는 잊고, 에렌에게만 집중해 보자. 그는 과정 속에서 공포·혐오·절망·분노의 감정을 느꼈다. 그 감정은 그의 몸을 굳게 만들고, 거인에 시선을 고정시키며, 맞서 싸울 의지를 끌어올렸다. 결국 에렌은 망설임 없이 복수를 선택해 행동했다. 감각 수용에서 행동 실행까지 모든 단계에 실시간으로 개입해 흐름을 바꾼 것은 무엇인가? 바로 '감정'이다. 다시 말하면,

**인간의 인지 과정은 처음부터 끝까지 감정의 영향을 받도록 설계되어 있다.**

신경과학자 안토니오 다마지오(1994)는 감정의 영향을 받지 않는 순수한 이성은 존재하지 않는다고 강조했다. 인간의 모든 인지 과정은 감정과 분리될 수 없다는 것이다. 또 다른 신경과학자 조지프 르두(1996)는 인지

과정이 모두 작동하기도 전에 감정 시스템이 먼저 개입할 수 있다고 밝혔다. 감정은 무엇보다 빠르게 작동해 사고의 방향을 바꾸고, 판단을 밀어붙이며, 근육을 움직여 행동을 이끌어내는 것이다.

그 중심에는 감정을 처리하는 핵심 뇌 구조, 편도체가 있다. 보통 시각 정보는 '망막→시신경→외측슬상핵LGN→시각피질'을 거쳐 정밀하게 처리된 뒤, 해마나 편도체와 상호작용한다. 이를 1차 시각경로primary visual pathway라 부른다. 이 경로는 시간이 걸리지만, 정교한 분석을 통해 이성적 판단을 가능하게 한다. 그러나 편도체는 이보다 훨씬 빠른 우회 경로를 갖고 있다. 바로 피질하 경로subcortical pathway다. 이 경로에서는 시각 정보가 시각피질을 경유하지 않고 곧장 편도체로 전달된다. 반응 속도는 약 0.07~0.15초, 눈 깜짝할 사이에 위협을 감지한다. 물론 이때 들어오는 정보는 정밀히 처리된 고해상도 이미지가 아니다. 에렌이 처음에 거인을 '거대한 형체'로만 인식했듯, 윤곽·명암·움직임 정도만 파악된 거친 형태일 뿐이다. 그래서 유발되는 감정도 공포·놀람·혐오처럼 제한적이다. 그럼에도 뇌는 피질하 경로를 1차 시각경로보다 먼저 진화시켰다. 이유는 단 하나. 살아남기 위해서다.

---

**3줄 요약**

몰입은 감정에서 시작된다. 감각 자극이 감정을 일으키고, 이는 인지와 행동을 움직인다. 따라서 장면 설계의 출발점은 '이 장면에서 무엇을 느끼게 할 것인가?'라는 감정의 설정이다.

5

# 어떤 감정을 설계할 것인가

감정의 설정 2

    수십만 년 전, 인류가 맨몸으로 밀림과 초원을 헤매던 시절을 떠올려 보자. 덤불 속에서 희미하게 흔들리는 형체가 있다. 그것이 굶주린 맹수인지, 바람에 흔들린 나뭇가지인지를 판단하려면 시간이 걸린다. 그러나 그 잠깐의 여유를 부린 이들은 이미 맹수의 먹잇감이 되었고, 공포에 휩싸여 곧바로 도망친 이들만 살아남았다. 결국 뇌는 '느리지만 정확한 판단'보다 '거칠지만 빠른 감정 반응'을 선택하는 쪽으로 진화했다. 그 증거가 바로 '피질하 경로'다. 편도체는 윤곽·명암·움직임 같은 거친 정보만으로도 '공포·놀람·혐오' 같은 감정을 즉각 일으켜, 몸을 전투나 도망 모드로 바꾼다. 이 과정에서 진화가 가장 먼저 발달시킨 감정들을, 이 책에서는 이해를 돕기 위해 원초적 감정primitive emotions이라고 부른다. 덕분에 인간은 흔들리는 밧줄만 봐도 뱀인 줄 알고 기겁하며 도망친다. 그리고 살아남는다.

표 5-1 **원초적 감정**

| 감정 | 행동 기본값 | 진화적 기능 |
|---|---|---|
| 공포 | 도망, 숨기, 경직 | 생존 위협 회피 |
| 분노 | 공격, 위협, 항의 | 자기 방어, 자원·지위 확보 |
| 혐오 | 회피, 구토, 경계 | 유해 물질·금기 회피 |
| 놀람 | 정지, 주의 집중, 탐색 | 자극 탐지 및 평가 |

하지만 감정은 원초적 감정만 있는 게 아니다. 심리학자 폴 에크먼(1992)은 여기에 '기쁨'과 '슬픔'을 더해, 문화와 시대를 초월해 모든 인간에게 공통적으로 나타나는 대표적인 6대 기본 감정basic emotions을 제시했다.[1]

표 5-2  6대 기본 감정

| 감정 | 행동 기본값 | 진화적 기능 |
| --- | --- | --- |
| 기쁨 | 웃음, 미소, 유대 행동 | 사회적 유대, 보상 강화 |
| 슬픔 | 울음, 위축, 의존 행동 | 사회적 보호, 상실 수용 |
| + 원초적 감정(공포, 분노, 혐오, 놀람) | | |

그리고 이러한 기본 감정들에 인물이 처한 상황이나 그에 대한 해석이 더해지면 새로운 감정이 탄생한다. 이것이 바로 복합 감정complex emotions이다. 예를 들어 '절망'은 슬픔과 공포에 '반복된 실패'라는 상황과 '이젠 끝났어…'라는 해석이 더해져 만들어진다. 마찬가지로 '질투'는 분노와 슬픔에 '상대가 내 것을 빼앗았다'는 해석이 더해져 형성된다. 이런 복합 감정은 여러 가지가 있다.

표 5-3  복합 감정

| 감정 | 감정 구성 | 유도 행동 | 진화적 기능 |
| --- | --- | --- | --- |
| 수치심 | 공포 + 혐오 + 슬픔 | 시선 회피 | 집단 질서 유지 |
| 죄책감 | 슬픔 + 분노(자기지향) | 사과, 보상, 책임 인정 | 도덕적 회복 |
| 질투 | 분노 + 슬픔 + 공포 | 소유, 감시, 경쟁 | 자원 독점 |
| 연민 | 슬픔 + 기쁨(애착) | 돌봄, 보호 | 약자 보호 |
| 당황 | 놀람 + 불안 | 멈춤, 얼굴 홍조, 위축 | 자기통제 회복 |
| 경외심 | 놀람 + 공포 + 기쁨 | 침묵, 위엄, 시선 집중 | 위대한 존재 인식 |

---

1  이후 연구에서 '경멸'을 7번째 기본 감정으로 추가했다. 이 책에서는 6대 기본 감정을 중심으로 다룬다.

표의 '진화적 기능' 항목을 살펴보면 흐름이 뚜렷하다. 원초적 감정은 개인의 생존을 지켰고, 기본·복합 감정은 사회적 관계를 형성하고 집단을 유지하는 데 유리했다(Keltner & Haidt, 1999). 이처럼 감정은 개인적·사회적 차원 모두에서 생존 확률을 높이는 핵심 요인으로 작동해 왔다. 그리고 수십만 년이 지난 지금, 감정은 연출 전략의 중심이 됐다.

## 감정의 기능

감정이 연출 전략의 중심이 된 데에는 신경과학적 근거도 있다. 대표적인 것이 거울신경mirror neuron이다. 이 신경은 내가 직접 행동할 때뿐 아니라, 다른 사람이 행동하는 걸 볼 때도 똑같이 반응한다(Rizzolatti & Craighero, 2004). 그래서 시청자는 화면 속 인물을 보기만 해도, 마치 직접 따라 하는 것처럼 공감하게 된다. 인물의 표정이나 몸짓이 곧바로 시청자의 감정 체계에 반영되는 것이다. 결국 인물의 행동을 일으키는 '감정'을 중심에 두고 장면을 설계하는 것이, 뇌의 이런 작동 방식과도 잘 맞아떨어진다. 허나 우리는 학자가 될 것도 아니니 뇌의 작동 원리는 여기까지만 알면 됐다. 감정의 분류를 하나하나 외울 필요도 없다. 중요한 것은 '이 감정들을 어떻게 연출에 활용할 것인가?'다. 이를 위해서는 먼저, 왜 이런 감정이 진화했는지 이해할 필요가 있다.

### 1 원초적 감정

공포·분노·혐오·놀람이란 감정은 포식자·적·유해 물질 같은 위협을 피하기 위해 진화했다. 이 감정들은 판단보다 빠르게 작동해 몸을 곧장 움직이게 하는, 생존을 위한 자동 반응이다. 다시 〈진격의 거인〉을 예로 들어보자. "그날 인류는 떠올렸다. 놈들에게 지배당하던 공포를."이란 명대사가 1화부터 대놓고 공포를 드러낸다. 식인이란 금기를 깨며 팔랑팔랑 쏘다니는 거인 캐릭터도 인간의 형상을 그대로 차용해 놀람과 혐오를 자극한다. 이로 인한 인물들의 분노는 끝까지 이야기를 끌고 간다. 이처럼 〈진격의 거인〉의 모든 설정과 표현은 원초적 감정을 자극한다. 그리고 이성적 판단을 거치기도 전에 시선을 강제로 끌어당긴다. 그래서 원초적 감정은 특히 도입부나 전환점에 "이것 좀 봐!" 하며 시청자의 멱살을 붙잡는 데 효과적이다.

### ② 기본 감정

기쁨·슬픔은 인간이 사회적 관계를 맺고 유지하기 위해 진화한 기본 감정이다. 웃음과 미소는 '너와 함께 있으니 좋다!'는 신호, 눈물과 한숨은 '나와 함께 있어 달라!'는 신호다. 거울신경은 이러한 신호에 즉각 반응해, 타인과 함께 울고 웃게 만든다. 따라서 인물에 대한 감정 이입을 유도하고 싶다면, 기쁨과 슬픔은 가장 직관적이고 강력한 도구다.

### ③ 복합 감정

복합 감정 역시 생존 전략의 일부다. 집단에서 살아남으려면 우선 집단의 질서가 유지돼야 한다. 하지만 법이나 규칙만으로 강제하는 데에는 한계가 있었다. 그래서 집단의 유지를 위한 도덕적 판단을 가능케 하는 복합 감정이 진화했다(Haidt, 2003). 예를 들어 복합 감정인 '죄책감'은 빵을 훔치고 싶어도 행동을 멈추게 한다. 이런 감정이 없다면 모두가 도둑놈이 돼서 집단이 무너지고, 생존도 불리해질 것이다. 하지만 이를 지켜보는 사람은 또 다른 생각을 할 수도 있다. '저렇게 배고픈데 빵 하나 훔치면 어때?', '아냐. 그래도 법은 지켜야지.', '나라면 훔쳤을까?' 이렇게 복합 감정은 시청자를 생각하게 만든다. 애초에 복합 감정이라는 게, 판단 과정에서 진화한 것이라 당연히 이런저런 생각이 드는 것이다. 게다가 서로 다른 감정이 충돌하며 만들어지기 때문에 해석의 여지가 많다. 그래서 인물을 입체적으로 이해시키거나, 이야기 끝에 여운을 남기고 싶을 때 유용하다. 이제 정리한 감정의 기능들을 실제 연출에 활용하는 방법을 알아보자.

## 감정, 연출의 전략

감정의 기능을 요약하면 이렇다. 원초적 감정은 몰입을 유도하고, 기본 감정은 감정 이입을 가능하게 하며, 복합 감정은 이해와 여운을 남긴다. 이러한 감정의 기능을 활용하는 가장 효과적인 방법 중 하나는 3막 구조에 단계적으로 배치하는 것이다. 시작-중간-끝으로 이어지는 이 구조는 다음과 같이 감정의 흐름을 설계하기에 특히 적합하다.

- **시작(기)** | '원초적 감정'으로 시청자의 시선을 단숨에 붙잡고, 몰입의
문을 연다.
- **중간(승)** | '기본 감정'으로 인물에 공감하게 하여, 이야기에 정서적으로
동참시킨다.
- **끝(전/결)** | '복합 감정'으로 인물을 이해하게 하고, 장면이 끝난 뒤에도
여운을 남긴다.

이제 이 전략이 활용된 실제 연출 사례를 살펴보자.

- **영화 〈살인의 추억〉**

*(시작)* 연쇄 살인 사건의 장면은 공포·놀람·혐오라는 '원초적 감정'을 일으켜, 시청자를 단숨에 몰입시킨다. → *(중간)* 수사에 번번이 실패하는 형사들의 분노·슬픔이라는 '기본 감정'이 이어지고, 시청자는 그들의 좌절에 정서적으로 동참한다. → *(끝)* 결국 진범을 잡지 못한 채 무너지는 형사들의 자책감·허탈감·무력감이라는 '복합 감정'을 이해하게 된다. *(마지막 장면)* 카메라를 응시하는 박두만의 표정. 그 해석을 시청자에게 맡겨 깊은 여운을 남긴다.

- **영화 〈올드보이〉**

*(시작)* 15년간의 감금은 놀람·공포·분노라는 '원초적 감정'을 일으켜 몰입을 이끈다. → *(중간)* 복수에 매달린 오대수의 분노·슬픔이라는 '기본 감정'에 시청자가 이입한다. → *(끝)* 진실을 마주한 오대수의 충격·죄책감이라는 '복합 감정'을 이해하게 된다. *(마지막 장면)* 미도에게 안긴 오대수의 표정이 해석의 여지를 남기며, 시청자의 마음을 붙잡는다.

· **영화 〈추격자〉**

**(시작)** 살인 장면이 공포·분노·혐오라는 '원초적 감정'으로 시청자를 몰입시킨다. → **(중간)** 범인에게 감금된 지영을 구하려는 엄중호의 분노·슬픔이라는 '기본 감정'에 이입한다. → **(끝)** 살해된 지영과 남겨진 지영의 딸 앞에서 느끼는 허탈·자책감이라는 '복합 감정'을 함께 체험한다. **(마지막 장면)** 도시를 비추는 롱테이크는 시청자에게 감정을 소화할 시간을 주며 여운을 남긴다.

· **영화 〈기생충〉의 생일 파티 장면[2]**

**(시작)** 가정부의 남편이 파티에 난입해 벌이는 칼부림은 놀람·공포·혐오라는 '원초적 감정'으로 몰입을 이끈다. → **(중간)** 냄새에 코를 틀어막은 박 사장을 보고 모욕감을 느껴왔던 기택이 폭발하면서, 그의 분노라는 '기본 감정'에 시청자가 이입한다. → **(끝)** 박 사장을 죽이고 지하실로 도망친 기택. "이곳에 있다 보면 모든 것이 아련해진다." 갇혀버린 기택의 좌절·무력감이라는 '복합 감정'을 이해하게 된다. **(마지막 장면)** 기택을 탈출시킬 "그날이 올 때까지 건강하세요."란 편지를 반지하 집에서 쓰는 아들. 아들과 기택은 지하에서 벗어날 수 있을지 그 해석을 시청자에게 맡겨, 긴 여운을 남긴다.

· **영화 〈악마를 보았다〉의 장경철 처형 장면[3]**

**(시작)** 김수현이 살인마 장경철을 잡았다. '장경철은 어떻게 끝장날까?'란 공포·긴장·불안이라는 '원초적 감정'이 몰입을 이끈다. → **(중간)** "넌 이미 졌어."라며 도발하는 장경철에게 "난 네가 죽은 후에도 고통스러웠으면 좋겠다."라고

---

2  영화 〈기생충〉 : 약 1시간 52분 10초경 장면
3  영화 〈악마를 보았다〉 : 약 2시간 8분경 장면

  본능적 연출 ｜ 시선·감정·몰입의 연출심리학

답하는 김수현. 그의 분노라는 '기본 감정'에 시청자가 이입한다. → *(끝)* 김수현의 계획대로 장경철은 자신의 가족에 의해 처형당하지만, 복수를 끝낸 김수현의 표정은 어둡기만 하다. 그의 허탈감·상실감이라는 '복합 감정'을 이해하게 된다. *(마지막 장면)* 울다 웃다를 반복하는 김수현의 모습이 롱테이크로 담겨, 복수의 의미를 시청자 스스로 해석하게 만든다(하지만 김수현 역의 이병헌은 치아가 많이 보였을 뿐, 웃은 건 아니었다고…).

위 예시들이 지금도 생생히 기억날 만큼 강렬한 이유는 뭘까? 몰입→공감→해소로 이어지는 3막 구조의 감정 흐름이, 보고→이해하고→반응하는 인간의 인지 과정과 정확히 맞물리기 때문이다. 다시 말해, 보는 단계에서 몰입을 유도했고, 이해하는 단계에서 공감이 일어났으며, 반응하는 단계에서 감정이 해소됐다. 본능을 거스르지 않은 것이다. 3막 구조와 인지 과정을 병치시켜 보자.

**표 5-4** 인지 과정과 3막 구조

| 인지 과정 | 3막 구조 | 기능 |
| --- | --- | --- |
| 감각 수용→지각→주의 | 1막 | 사건 발생, 몰입 유도 |
| 기억→사고·추론→판단·의사결정 | 2막 | 사건 전개, 이해와 공감 |
| 판단·의사결정→반응·행동 실행 | 3막 | 사건 해결, 감정 해소 |

'문제 인식＝사건 발생', '문제 해석＝사건 전개', '문제 해결＝사건 해결'. 인지 과정과 3막 구조는 기능적으로 동일하다. 결국 3막 구조란 인간이 세상을 이해하는 인지 과정을 이야기로 옮겨놓은 틀일 뿐이다. 5막이든 원형 구조든, 모든 스토리텔링은 결국 인지 과정에서 비롯됐다. 그리고 이미 살펴봤듯, 인간의 인지 과정은 처음부터 끝까지 감정의 영향을

받도록 설계되어 있다. 따라서 감정의 기능이 인지 과정과 정확히 맞물
릴 때, 앞서 본 영화들처럼 강렬한 몰입이 가능해진다. 즉, 핵심은 이것
이다.

**유도하려는 감정을 시청자의 인지 과정과 제대로 맞물리게 할 것.**

그래서 연출자는 스토리텔링 구조를 달달 외우는 것보다 인간의 인
지 과정을 이해해야 한다. 그 흐름을 알면, 지금의 인지 과정과 맞물리
는 감정이 무엇인지, 그 감정을 유도하기 위해 인물에게 어떤 행동을 시
킬지, 그리고 그 행동 안에 감각적 단서를 어떻게 배치할지 설계할 수
있다. 이를 모른 채 구조만 외운다는 건, '2×5=10'이란 답만 외우고, '2
를 5번 더하면 10이 된다'는 원리를 모르는 것과 같다. 그러면 '3×5', '4
×5' 같은 새로운 문제는 풀지 못한다. 익숙하지 않은 이야기, 낯선 장면
을 연출할 때 애를 먹는 이유가 바로 여기에 있다. 그렇다면 인지 과정
의 이해는 실제 연출에 어떤 도움을 줄까? 이미 우리는 〈진격의 거인〉
사례에서 그 연결을 엿본 바 있다. 이제는 연출자의 눈으로, 장면을 한
땀 한 땀 설계하는 과정을 좀 더 깊이 들여다보자.

*"에렌이 엄마를 잡아먹은 거인을 다시 마주치는 장면을 연출하라!"*

연출자에게 미션이 떨어졌다. 장면의 역할도 명확하다. '거인과의 1대1
싸움으로 에렌이 가진 힘을 깨워라.' 문제는 에렌이 지금 전투 불능 상
태라는 점이다. 맨주먹으로 거인에게 달려드는 행동을 시청자가 납득할
수 있을까? 불가능하다. 그렇다면 답은 하나다.

*'에렌을 미친놈으로 만들어야겠구나…'*

그가 정신을 놓을 정도로 분노에 휩싸여야 한다. 시청자가 그의 분노에 공감해야만, 무모한 싸움이 자연스럽게 받아들여질 것이다. 어떻게 그렇게 만들 수 있을까? 공감을 시키려면 일단 시청자가 에렌의 상황을 직접 겪는 듯 체험해야 한다. 그래서 연출자는 에렌의 감각과 감정을 시청자가 그대로 따라가도록, 인지 과정을 기준으로 장면을 설계하기로 한다.

*'근데 처음부터 분노하면 또라이처럼 보일 텐데…'*

분노가 강한 설득력을 가지려면, 그 이전에 먼저 다른 강렬한 감정이 에렌을 압도해야 한다. 분노가 그 감정을 뒤집는 순간, '에렌이 정신을 놓았구나.' 모두가 인정할 만큼 강한 감정 말이다. 거인을 발견하는 인지 단계 전반부라 시선까지 붙잡아야 하는데, 분노만큼 강하면서 '감각 수용-지각-주의' 단계와 맞물리는 감정이 뭐가 있을까? 있다! 바로 원초적 감정인 '공포'다. 에렌에게 '당장 도망쳐!'라고 외치고 싶을 만큼 절망적인 공포를 시청자도 함께 느껴야 한다. 그러려면

*'한 컷으로 공포를 표현할 순 없겠구나. 공 좀 들여야겠다.'*

이제 연출자는 에렌이 공포를 느끼는 장면을 '감각 수용-지각-주의' 단계별로 만들어 나가기 시작한다. 우선 '감각 수용' 단계는 감각만 받아들였지, 그것이 뭔지 지각하지 못한다. 그래서 거인을 흙먼지 속에서

정체 모를 거대한 검은 실루엣으로 등장시켰다. 다음, 그것이 뭔지 알게 되는 '지각' 단계에선 거인임을 알아보자마자 경직된 에렌의 몸을 표현했다. 경직은 놀람과 공포의 전형적인 반응이다. 다음, 집중해서 제대로 보게 되는 '주의' 단계에선 타이트 클로즈업으로 에렌의 좁아진 시야를 표현했다. 그것도 느리게 훑어서 거인에 대한 혐오와 공포를 강조했다. 이렇게 인지 흐름을 따라 장면을 만들면, 시청자도 에렌과 똑같이 '공포·혐오·놀람'을 겪게 된다.

*'이제 이 감정들을 분노로 바꿔야겠다.'*

하지만 가랑비에 옷 젖듯이 바꾸면 안 된다. 쓰나미가 모든 걸 휩쓸 듯, 엄청난 분노로 다른 감정들을 쓸어버려야 한다. 그래야 에렌이 정신 못 차리고 거인에게 덤벼들 수 있다. 그래서 연출자는 '기억' 단계에서 거인의 정체를 폭로하기로 한다. 그리고 기억 단계에서 지금까지 얻은 시각 정보를 과거 기억과 대조하듯, 거인이 엄마를 잡아먹는 과거의 기억을 플래시백으로 시청자에게 던져버렸다. 공포 상태에서 불시에 아픈 기억을 얻어맞은 시청자는 이제 에렌의 분노에 절절히 공감하게 된다.

이제 다음 단계들인 '사고·추론', '판단·의사 결정' 단계에서 그가 '맨몸으로 복수하겠다!'란 미친 판단을 해도 상관없게 됐다. 시청자는 이미 그의 거대한 분노에 설득당했기 때문이다. 연출자는 인지 과정과 감정이 제대로 맞물리는 연출로 장면의 역할 완수도, 시청자의 몰입도 동시에 성공했다.

이처럼 인간의 인지 과정을 이해하는 일은 감정을 어떻게 다룰지, 이야기와 장면을 어떻게 구성할지, 컷의 배열과 카메라 무빙, 오디오 처리까지 모든 연출 요소에 명확한 기준을 제공한다. 그럼에도 많은 이들이 이를 간과한다. 이유는 단순하다. 인지 과정은 너무 빠르고 자동으로 일어나서, 마치 의심할 필요 없는 본능처럼 여겨지기 때문이다.

문제는 여기서 시작된다. 본능은 누구나 갖고 있기에, 현장에서는 이를 그냥 '감'이라는 단어로 뭉뚱그려 버린다. 그리고 "감이 있네, 없네." 하는 평가질만 오갈 뿐, 정작 탐구 대상이 되지는 못한다. 실제 현장에서도 인지 과정을 고려해 장면을 설계하는 연출자는 드물다. 인지 과정 교육의 필요성을 느끼지 못하거나, "감을 무슨 수로 가르쳐? 많이 보고 찍고 붙여봐야 생기는 거지."라는 인식이 뿌리 깊기 때문이다. 연출자가 되려는 사람들까지도 당연히 그렇게 여겨, 아무런 이의 없이 실체도 없는 '감'을 키우려 애쓴다.

하지만 단언컨대, 연출에서 말하는 '감'은 인간의 인지 과정을 이해하고 적용함으로써 키울 수 있다. '사람을 관찰하라.'라는 오래된 조언도 결국, 감정이 인지 과정에 어떻게 개입하고 어떤 행동을 유도하는지를 관찰하라는 뜻이다. 그러니 '감이 없어서 힘들다.'라며 괴로워할 필요 없다.


각설하고, 이제 우리는 '장면이 어떤 목표를 성취할 것인지', 이를 위해 '어떤 감정을 느끼게 할 것인지'를 설정했다. 장면 설계에서 가장 중요한 두 가지를 마친 것이다. 이 두 가지만 제대로 기억하고 실천해도 칭찬받아 마땅하다. 그리고 이를 습관으로 만들었다면 단언컨대 A급 연출자다. 믿기 어렵겠지만, 현장에는 이렇게 하지 않는 사람이 훨씬 많다. 다음 장부터는 이렇게 설정한 감정을 실제로 시청자가 느낄 수 있게 만드는 구체적인 방법들을 살펴보겠다.

6

# 감정은 시선에서 시작된다
시선의 설계 1

장면에서 어떤 감정을 느끼게 할지 정했다면, 이제 그 감정을 실제로 체험하게 만들어야 한다. 감정은 설명만으로 전달되지 않는다. 시청자가 직접 눈으로 보고 귀로 듣는 감각적 단서를 통해서만 구체적으로 느껴진다. 그중에서도 가장 강력한 단서는 시각이다. 영상은 본질적으로 시각 정보에 의존하는 매체이기 때문이다. 따라서 우리가 해야 할 질문은 분명하다. '시각적 단서로 어떻게 감정을 설계할 것인가?' 그 출발점이 바로 시선 유도다.

## 시선, 감정의 출발점

몰입은 감정에서 시작된다. 그렇다면 감정은 어디서 시작될까? 인지심리학자 스티븐 팔머(1999)는 우리가 어디를 보느냐에 따라 무엇을 처리할지가 결정된다고 설명한다. 즉, 시선이 꽂힌 지점에서 우리는 느끼고, 생각하고, 반응하게 된다.

영화 〈죠스〉를 떠올려보자. 잔잔한 수면 위로 떠오르는 삼각 지느러미. 그 지점에 시선이 머무는 순간, 시청자는 '놀람과 공포'를 느낀다. 이어서 휴양객들의 안전을 걱정하고, 앞으로의 일을 예측하며 장면에 몰입한다. 모든 출발점은 '죠스의 지느러미'였다. 왜 하필 그곳이었을까? "잔잔한 수면에 뾰족한 뭔가가 스윽 떠올라 움직이니까! 그것도 화면 정중앙에서!" 그렇다. 그게 바로 시선 유도다. 즉, 시청자의 눈을 감정으로 이어지는 단서에 고정시키는 행위다. 시선 설계란 그 유도를 언제, 어디서, 어떻게 실행할지를 계획하는 작업이다. 여기서 반문할 수 있다.

*"저는 시청자의 자유로운 해석을 존중해요. 굳이 시선을 조종해야 하나요?"*

물론 장면 안에 다양한 단서를 심어두고, 시청자가 골라 보게 할 수도 있다. 그러나 문제는 뇌의 한계다. 심리학자 대니얼 카너먼(1973)은 사람의 주의력이 한정되어 있어서 선택적 주의selective attention를 할 수밖에 없다고 설명했다. 즉, 한 장면 안에 단서가 많아도 뇌는 그중 일부만 선택하고, 나머지는 무시한다. 더구나 영상은 정지된 그림이 아니라 시간의 흐름에 묶인 매체다. 시청자가 단서를 충분히 살펴보기도 전에 장면은 지나가 버린다. 결국 시청자는 연출자가 안내하는 시선을 따를 수밖에 없다.

연출자가 시청자의 자유로운 사고를 존중한다는 건 분명, 이야기에 대한 다양한 해석을 존중한다는 뜻이지, 이야기고 뭐고 맘대로 생각하라는 뜻은 결코 아닐 것이다. 하지만 시선 유도가 없다면 후자가 되기 십상이다. 왜냐? 시청자는 무의식적으로 가장 먼저 눈에 띄는 것에 반응하기 때문이다. 예를 들어, 실연당한 주인공이 아무리 펑펑 울어도, 뒤에서 엑스트라가 기지개를 켜는 순간 눈은 그쪽으로 간다. 그리고 연출자가 의도한 슬픔 대신 어색함을 느껴버린다. 몰입은 감정에서 시작되는데, 이렇게 시작부터 글러 먹으면 시청자는 이야기가 아니라 혼란에 빠진다. 결국, 부르짖었던 자유도 존중도 공허한 외침이 될 뿐이다. 보면 볼수록 숨겨진 의미들이 드러나 감탄을 자아내는 영상들도 있지만, 처음 봤을 때 재밌었던 영상들만 다시 볼 마음이 든다. 아무리 대단한 연출이라도 다시 보고 싶지 않다면 그게 다 무슨 소용인가. 이런 파국을 막기 위한 연출자의 무기가 바로 '시선 유도'다.

## 시선 유도

시선 유도는 왜 연출자의 무기가 될까? 시선 유도 하나만으로 시청자가 무엇을 느끼고, 어떻게 생각하며 반응할지를 결정지을 수 있기 때문이다. 인간의 인지 과정은 '보는 것'에서 출발해 '반응하는 것'으로 이어진다. 이 과정은 도미노와 같다. 첫 조각이 쓰러지면, 이후 단계들은 자동으로 차례차례 무너진다. 반대로 첫 조각이 잘못 쓰러지면, 뒤의 도미노도 모두 엉뚱한 방향으로 쓰러진다. 그렇다면 연출자는 다음 인지 단계 도미노 중 어디에 손을 대야 할까?

당연히 첫 번째 조각, 감각 수용 단계다. 여기서 무엇을 보게 하느냐에 따라 이후 단계들이 전부 달라진다. 시선 유도는 바로 이 첫 번째 조각을 쓰러뜨리는 손가락이다. 그래서 연출자의 가장 강력한 무기가 되는 것이다. 시선 유도가 시청자의 인지 과정을 어떻게 움직이는지, 실제 연출 사례를 통해 살펴보자.

### · 영화 〈인셉션〉[1]

마지막 장면, 코브가 아이들과 재회한다. 시청자는 '행복'을 느낀다. → **(감각 수용)** 책상 위의 뭔가 움직이는 것이 눈에 들어온다. → **(지각)** 그것은 팽이 토템이다. → **(주의)** 자세히 보니 멈추지 않고 계속 돌아간다. 시청자는 '놀람'을 느낀다. → **(기억)** '뭐지? 돌아간다는 건 아직 꿈이라는 뜻 아닌가?!' 감동에서 의아함으로 감정이 뒤집히고, 시청자는 '꿈과 현실 중 어느 쪽인가?'를 끝까지 해석하게 된다.

### · 영화 〈유주얼 서스펙트〉[2]

마지막 장면, 버벌 킨트가 경찰서를 나와 걷는다. 시청자의 시선은 그의 다리로 유도된다. → **(감각 수용)** 불편한 걸음걸이. → **(지각)** '그는 진짜 절름발이구나.' 시청자는 '동정'을 느낀다. → **(주의)** 그런데 자세히 보니 발걸음이 정상으로 바뀐다. 시청자는 곧바로 '놀람'을 느낀다. → **(기억)** '뭐지? 누군가 거짓말을 한 게 분명해!' 동정은 경악으로 뒤집히고, 시청자는 진실을 다시 해석하기 시작한다.

---

1  영화 〈인셉션〉 : 약 2시간 20분경 장면
2  영화 〈유주얼 서스펙트〉 : 약 1시간 41분경 장면

## · 영화 〈세븐〉[3]

마지막 장면, 형사들에게 무언가 배달된다. → *(감각 수용)* 택배 상자. → *(지각)* 상자 안에는 뭔가 끔찍한 게 있음을 암시한다. 시청자는 '공포'를 느낀다. → *(주의)* 상자를 열어본 서머셋의 표정으로 시선이 유도된다. '밀스가 봐선 안 될 것'이 들어있음을 알게 된다. → *(주의)* 다시 밀스에게로 시선이 옮겨가, 총을 겨눈 채 울부짖는 그의 행동을 지켜본다. 공포가 '분노'로 바뀐다. → *(기억)* '만약 밀스가 쏘면, 범인의 계획이 완성되는 거잖아?!' 시청자는 '긴장' 속에서 행동의 결과를 해석하며 끝까지 몰입한다.

이처럼 시선 유도로 시청자가 받아들이는 감각 정보가 달라지면, 인지 흐름 전체가 연쇄적으로 바뀐다. 특히 감정의 변화는 '주의' 단계에서 두드러진다. 신경과학자 조지프 르두(1996) 역시, 감정 반응은 무작위로 일어나는 것이 아니라, 주의가 집중된 지점과 밀접한 관련이 있다고 설명했다. 영상에서 '주의가 집중된 지점'이란 '시선이 머문 지점'이다. 따라서 영상 속에 아무리 슬픈 표정의 인물이 있어도, 시선이 닿지 않으면 시청자는 그 슬픔에 반응하지 못한다. 반대로, 그저 떨리는 손만 보여줘도 그 손에 시선이 머문다면 슬픔이나 불안을 유발할 수 있다. 즉, 시선이 머문 지점에서 감정이 발생한다. 고로 시선을 유도할 수 있다면 감정도 유도할 수 있다. 그리고 감정은 몰입의 출발점이므로, 성공적인 시선 유도는 성공적인 몰입을 가능케 하는 '신의 한 수'가 된다.

---

3  영화 〈세븐〉 : 약 1시간 55분경 장면

하지만 이 신의 한 수도 아무 때나 쓸 수 있는 건 아니다. 감정을 유도하는 무기인 만큼, 감정이 발생하는 인지 과정의 전반부 — **감각 수용-지각-주의 단계** — 에 써야 하는 것이다. 왜냐? 이후 단계부터는 연출자의 개입이 급격히 어려워지기 때문이다.

'기억' 단계에 들어서면 시청자는 장면을 의식적으로 해석하기 시작한다. 이전 장면들과 연관시키고, 자신의 경험과 대조하며 비판적으로 생각하기 시작한다는 뜻이다. 시선 유도라는 무기로 감정을 끌어내려 해도 점점 시청자에게 먹히지 않는다.

다음 단계인 '사고·추론', '판단·의사결정' 단계는 더 절망적이다. 이 단계들에서 감정을 끌어낸다는 건 '소 잃고 외양간 고치는 것'과 다름없다. 이미 장면의 해석까지 거의 끝난 상태라, 감정에 호소하면 시청자는 콧방귀만 뀔 뿐이다. 이때는 감정이 아닌 이성의 설득만이 살 길이다. 장면·인물·이야기 모두를 시청자에게 논리적으로 납득시켜야 한다는 말이다 — 그래도 될까 말까다.

마지막 단계인 '반응·행동 실행' 단계는 말 그대로 '끝'이다. 시청자는 이미 결론을 냈다. "이 장면 어이없네!", "주인공 왜 저래!", "그냥 그만 보자…." 이제 그 어떤 연출을 해도 되돌리긴 힘들다. 불가능하다고 보면 된다. 몇 가지 예를 들어보자.

### · 드라마 〈아스달 연대기〉

문명의 시작과 영웅들의 이야기를 담았지만, 극 초반에 복잡한 세계관과 종족·인물 설명을 한꺼번에 쏟아냈다. 감정이 자리 잡기도 전에 시청자는 정보 처리에 몰두하며 기억·사고 단계로 진입했다. 초반부 시선 유도가 무너진 사례다.

· **영화 〈승리호〉**

지구가 병든 미래를 배경으로 한 SF물이다. 시선 유도에는 성공했지만, 감정보다 CG·VFX에 시선을 빼앗겼다. 감정 연결이 없으니 시청자는 거리를 두고 인물과 사건을 판단하게 됐다. 기술적 요소가 감정을 압도한 경우다.

· **드라마 〈알고있지만,〉**

청춘들의 연애와 성을 다뤘다. 강렬한 애정씬과 급진적 연애관으로 시선 유도엔 성공했지만, 인물의 감정 공감이 부족했다. 시청자는 곧바로 사고·판단 단계로 넘어가 '주인공 왜 저래?!'란 생각을 하게 됐다. 감정 연결에 실패해 설득력을 잃은 사례다.

위 예시들은 모두 인지 과정의 전반부에서 시청자의 감정을 붙잡지 못한 채 이후 단계로 넘어가, 몰입이 약해진 경우다. 그래서 연출자는 반드시 감정이 발생하는 인지 과정 전반부에 약을 쳐놔야 한다. 시청자의 의식이 개입해 장면을 해석하기 전에, 인물이나 상황의 감정을 먼저 느끼게 만들어야 한다는 뜻이다. 이를 가능하게 하는 도구가 바로 시선 유도다. 다만 앞서 살펴본 사례처럼, 감정과 무관한 시선 유도는 아무 소용이 없다. 중요한 건, 시선 유도를 통해 의도한 감정을 먼저 심어두는 것이다. 그렇게만 된다면 이후의 해석과 판단은 자연스레 그 감정의 무게에 따라 기울게 된다. 신경과학자 안토니오 다마지오(1994)가 제시한 소마틱 마커 가설somatic marker hypothesis이 이를 뒷받침한다. 감정은 사고보다 먼저 작동하여, 해석과 판단의 방향을 미리 정한다는 것이다. 그래서 《슬램덩크》의 고교생들이 NBA급 덩크를 꽂아도 이미 호감이 쌓인 상태라면 뭐든 다 이해된다. 반면, 영화 〈세븐〉의 범인은 아무리 논리를 늘어놓아도, 이미 그에게 공포와 혐오를 느낀 상태라 뭐든 다 개소리로 들린다. 즉, 연출자가 의도한 감정을 시청자에게 심어놓으면 이후 장면에는 자연스럽게 개연성과 설득력이 생긴다. 영화 〈인셉션〉에서 꿈을 심어두듯이 말이다. 이렇게만 된다면 실패하는 쪽이 오히려 더 어려워진다. 그래서 연출자가 반드시 기억해야 할 것은 단 하나다.

**인지 과정 전반부에서 시선을 잡아, 의도한 감정을 먼저 심어둘 것.**

그러면 몰입은 저절로 따라온다.

---

**3줄 요약**

감정은 시선이 머무는 지점에서 시작되므로, 연출자는 반드시 시청자의 시선을 유도해야 한다. 특히 인지 과정 전반부(감각 수용–지각–주의)에 감정을 심어야 이후 시청자의 해석과 판단이 의도한 방향으로 흐른다. 따라서 성공적인 연출의 핵심은 시선 유도를 통해 감정을 먼저 심어두는 것이다.

# 어떻게 시선을 끌 것인가
## 시선의 설계 2

시선 유도라는 무기도 원리를 알아야 제대로 쓸 수 있다. 인간의 눈은 어떻게 주의를 집중할까? 답은 역시 '생존'에 있다. 원시 환경에서 살아남으려면 예측 불가능한 상황 속에서도 원하는 것을 얻어내야 했다. 예컨대, 숲속에서 잘 익은 열매를 찾고 있다가도, 번쩍이는 빛이나 바스락거리는 소리에 곧바로 주의를 돌려야만 살아남을 수 있었다. 하지만 뇌의 용량은 한정돼있다. 모든 자극에 동시에 주의를 기울일 수 없기 때문에, 뇌는 두 가지 방식을 마련했다. 하나는 예기치 못한 위험과 기회를 놓치지 않도록 자동으로 반응하는 바텀업 주의bottom-up attention. 다른 하나는 목표와 필요에 맞춰 의도적으로 정보를 찾아내는 탑다운 주의top-down attention다. 부족한 용량의 뇌는 두 주의 방식을 번갈아 사용하며 서로 보완하도록 진화했다. 덕분에 인간은 포식자를 피하면서도 식량을 채집할 수 있게 됐다. 오늘날 인지심리학과 신경과학은 이 두 가지를 주의 조절의 핵심 개념으로 다루며, 연출자가 시선을 설계할 때도 반드시 고려해야 할 원리로 본다.

| 표 7-1 | 바텀업 주의와 탑다운 주의 | |
| --- | --- | --- |
| 항목 | 바텀업 주의 | 탑다운 주의 |
| 주의 유도 방향 | 감각 → 인지 (자극 주도) | 인지 → 감각 (목표 주도) |
| 작동 방식 | 강한 감각적 자극에 반응 | 기억·목표 기반으로 특정 정보에 집중 |
| 작동 시점 | 자동적, 반사적 | 선택적, 의도적 |
| 진화적 기능 | 위험 감지 및 회피 | 문제 해결 및 사회적 협력 |
| 관련 뇌 구조 | 편도체, 피질하 경로 | 전전두엽, 상두정엽 |

## 바텀업 주의 bottom-up attention

바텀업 주의는 간단하다. 갑자기 빛이 번쩍인다.→시선이 휙 돌아간다.→그리고 인지한다. '아. 번개네!' 이런 반사적 흐름이 바텀업 주의다. 이름 그대로 감각bottom→인지up로 올라가는 과정이며, 강한 감각 자극이 의지와 상관없이 시선과 주의를 끌어당긴다.

감각 자극 중에서도 특히 시각 자극은 가장 강력한 시선 유도 수단이다. 하지만 모든 시각 자극이 같은 힘을 가진 것은 아니다. 우리의 눈은 '색·명암·크기·방향·움직임'처럼 뚜렷한 차이를 지닌 시각 요소에 훨씬 더 민감하다. 심리학 연구에서는 이런 요소를 피처feature라 부르며, 무의식적으로 자동 처리되는 기본 시각 속성으로 설명한다. 쉽게 말해, 피처는 뇌가 가장 먼저 반응하는 단서이자, 시청자의 시선을 단숨에 붙잡는 '트리거'다. 이 가운데 특히 바텀업 주의를 강하게 일으키는 시각 요소들을 이 책에서는 편의상 바텀업 피처라 부르겠다. 다음은 주요 바텀업 피처를 시선 유도 강도 순으로 정리한 것이다.

**표 7-2** 주요 바텀업 피처

| 피처 | 시선 유도 기본값 | 예시 |
|---|---|---|
| 1. 움직임 | 정적인 배경에서 움직임이 클수록 ↑ | 수풀 사이로 휙 지나가는 그림자 |
| 2. 명암 대비 | 밝기 차이가 클수록 ↑ | 어두운 배경 위 스포트라이트 |
| 3. 색 대비 | 배경과 색이 대비될수록 ↑ | 피, 숲속의 사과 |
| 4. 깜빡임 | 불규칙하게 깜빡일수록 ↑ | 고장 난 형광등, 경찰차 경광등 |
| 5. 크기 | 주변 대상보다 크거나 작을수록 ↑ | 클로즈업된 눈동자, 작은 벌레 |
| 6. 모양 | 위협적이거나 불규칙하게 보일수록 ↑ | 칼날, 뱀, 일그러진 얼굴 |
| 7. 질감 변화 | 배경과 질감이 다를수록 ↑ | 거친 바닥, 금이 간 벽 |

이 피처들은 감정을 터뜨리는 스위치처럼 작동해, 복잡한 장치 없이도 즉각적인 반응을 불러낸다. 한 번 터진 감정은 인지 과정 전체에 퍼져, 시청자를 연출자의 의도 속으로 끌어들인다. 특히, 여러 피처가 동시에 결합하면 트리거를 넘어선 주의 유도 폭탄이 된다. 다음은 그러한 결합의 대표적인 사례들이다.

· **움직임 + 크기 + 모양 + 색** ┊ 영화 〈죠스〉[1]

바다 위로 죠스의 지느러미가 미끄러지듯 등장한다**(움직임)**. 지느러미는 크고**(크기)**, 날카로운 형태를 띤다**(모양)**. 느리게 다가오며 긴장을 고조시키다**(움직임)**, 갑자기 속도를 높여 사람을 공격하고 피가 흩뿌려진다**(색)**. 긴장은 단숨에 공포로 확장된다.

· **색 + 명암 + 움직임** ┊ 영화 〈쉰들러 리스트〉[2]

흑백 화면 속**(명암)**, 단 한 소녀만 빨간 코트를 입고 걷는다**(색/움직임)**. 소

---

1 영화 〈죠스〉 : 약 1시간 1분 30초경 장면
2 영화 〈쉰들러 리스트〉 : 약 1시간 8분 10초경 장면

녀는 전쟁의 폭력 한가운데 놓인 무고한 생명으로 부각되며, 시청자의 슬픔과 절망을 자극한다.


· **움직임 + 크기 + 명암 + 색 + 깜빡임** │ 영화 〈타이타닉〉[3]

침몰하는 배 위로 사람들이 미끄러져 떨어진다(***움직임***). 거대한 선체와 대비되는 작은 사람들의 모습은 무력감을 강화한다(***크기***). 어둡고 푸른 바다 위 밝고 노란 조명이 꺼지며 배는 결국 침몰한다(***명암·색***). 이후 구명정의 플래시가 어둠을 가르며(***깜빡임***), 긴장과 안타까움을 더한다.


정리하면, 즉각적인 집중과 반응은 '바텀업 주의'가 담당한다. 하지만 장면을 깊게 이해하고 의미를 읽어내게 만드는 또 다른 방식이 있다. 바로 '탑다운 주의'다.


## 탑다운 주의 top-down attention


바텀업 주의가 강한 감각 자극에 즉각 반응하는 것이라면, 탑다운 주의는 그 반대다. 내가 보고 싶은 것, 찾고 있는 것, 기억하고 있는 것에 의도적으로 집중하는 방식이다. 영화 〈올드보이〉에서 15년 동안 군만두만 먹은 오대수가 자신이 먹었던 군만두를 찾아다닌 것처럼 말이다. 이름 그대로 인지 top → 감각 down 으로 내려가는 과정이며, 목표와 기대, 경험에 따라 시선이 선택적으로 움직인다.

---

3  영화 〈타이타닉〉 : 약 2시간 34분경 장면

이 방식 역시 원시 환경에서 중요한 기능을 했다. 사냥감을 추적할 때는 땅 위에 찍힌 발자국에 집중하게 해줬고, 과거 사과가 열렸던 나무를 기억해 수많은 나무 중에서도 그 나무만 찾아내게 해줬다. 또한 사과를 몽땅 따갔을 때 노발대발했던 이웃의 기억을 떠올리고, 그의 표정에까지 주의를 기울이게 했다. 이 과정에서 느껴진 죄책감·걱정 같은 감정은 사과를 나누는 행동으로 이어져 좋은 관계가 유지될 수 있었다. 즉, 탑다운 주의는 기억과 예측, 맥락 해석을 통해 복합 감정(죄책감·연민·경외심 등)을 일으킬 수 있다. 영상에서도 시청자를 깊이 생각하게 만드는 복합 감정 대부분은 탑다운 주의와 연결된다. 탑다운 주의는 영상 속에서 세 단계로 작동한다.

❶ **기억** ⋮ 이전 장면에서 정보를 머릿속에 축적한다.

❷ **목표·기대** ⋮ 그 정보가 다음 장면에 어떻게 이어질지 예측한다.

❸ **선택적 집중** ⋮ 관련된 단서를 찾고 해석한다.

**표 7-3** **탑다운 주의 작동(현실과 영상)**

| 작동 | 현실 | 영상 |
| --- | --- | --- |
| 기억 | 여기 어딘가 사과나무가 있었어! | 전 장면 어딘가 사과나무가 있었잖아! |
| 목표·기대 | 그걸 찾으면 배를 채울 수 있어! | 그걸 찾으면 주인공이 살아! |
| 선택적 집중 | 그 사과나무를 찾자! | 사과나무는 어느 장면에 또 나올까? |

이야기의 전개에 대한 '예측', 그 예측을 배반해 놀라게 만드는 '반전', 떡밥을 던지고 회수하는 '복선'까지, 이렇게 장면들에 심은 정보들로 시청자를 생각하게 만든다면 죄다 탑다운 주의 방식의 연출이다. 별다른 예시를 들 것도 없지만, 그래도 몇 가지를 들어보면

· **영화 〈죠스〉**

바다 위로 삼각 지느러미가 미끄러지듯 등장한다. 시청자는 그 모양을 기억하고, 이후 장면에서 삼각형이란 삼각형은 죄다 집중해서 찾기 시작한다.

· **영화 〈쉰들러 리스트〉**[4]

강제 수용소 시체 더미 속에서 빨간 코트 조각이 보인다. 시청자는 앞서 본 소녀를 기억해 내고, 그녀의 죽음을 실감하며 깊은 절망을 느낀다.

· **영화 〈타이타닉〉**[5]

어둠 속에서 플래시를 비추며 보트 한척이 다가온다. 시청자는 그것이 잭과 로즈가 그토록 기다리던 구명정이라는 걸 기억하고, 얼어붙은 바다 위에서 그들을 찾기 위해 주의를 집중한다.

바텀업 주의를 설명할 때 썼던 예시를 다시 꺼내는 이유가 있다. 이 장면들이 탑다운 주의까지 탁월하게 활용했기 때문이다. 탑다운 주의는 바텀업 주의만으로는 불가능한 복합 감정을 끌어내, 시청자의 시선을 머물게 한다. 그리고 신경과학 연구에 따르면, 두 주의 방식은 경쟁이 아니라 상호작용하며 작동한다(Corbetta & Shulman, 2002). 영상에서도 그렇다. 두 방식이 맞물릴 때 비로소 모두가 기억하는 명장면이 탄생한다. 어떻게?

---

4  영화 〈쉰들러 리스트〉: 약 2시간 15분 40초경 장면
5  영화 〈타이타닉〉: 약 2시간 52분 10초경 장면

바텀업 주의에 특정 피처들이 있듯, 탑다운 주의에도 시선을 머물게 하는 단서들이 있다. 학계에서는 이를 '의미 단서semantic features', '사회적으로 의미 있는 자극socially meaningful stimuli', '탑다운 단서top-down cues' 등으로 부르지만, 이 책에서는 편의상 탑다운 피처라고 부르겠다. 아래는 주요 탑다운 피처들을 시선 유도 강도 순으로 정리한 것이다. 이 피처들은 기억과 기대를 자극해 장면을 해석하도록 만든다.

표 7-4  주요 탑다운 피처

| 피처 | 주의 목표 기본값 | 예시 |
| --- | --- | --- |
| 1. 얼굴·눈 | 인물의 감정·의도 자동 탐지 | 울먹이는 얼굴, 눈물 |
| 2. 행동·신체 부위 | 인물의 감정·의도 해석 유도 | 시선 방향, 손짓, 제스처 |
| 3. 위협 단서 | 위험 회피 | 무기, 공격적 표정 |
| 4. 문자·기호 | 문화적 의미 해석 유도 | 자막, 경고문, 간판 |
| 5. 기억된 대상 | 과거 경험·학습된 의미 연결 유도 | 앞서 봤던 인물·사물·장소 |
| 6. 예외적 요소 | 비정상, 위화감 해석 유도 | 혼자 앉은 사람, 튀는 복장 |
| 7. 의미 중심 대상 | 장면 내 중심 인물·사물·상황 해석 | 고백하는 인물, 법정의 증인 |
| 8. 위치·동선 | 시선 흐름에 따른 집중 유도 | 정중앙 등장 인물, 카메라 무빙 |
| 9. 감정 유발 자극 | 원초적 감정 반응에 따른 주의 유도 | 시체, 피, 절규 |

다시 말하지만, 시선이 붙잡힌 곳에서 감정이 시작되고, 감정은 생각과 행동을 이끈다. 이 흐름은 시선 유도→감정 발화→인지와 행동으로 이어지는 단순하지만 핵심적인 몰입 전략이다. 연출자는 이 전략을 바탕으로 어떤 감정을 유도할지 먼저 정하고, 그 감정을 일으킬 시선의 출발점을 설계해야 한다. 이때 지금까지 살펴본 피처들이 힘을 발휘한다.

예컨대, 두려움을 유도하려면 '위협적 움직임*(바텀업 피처)*'이나 '과거의 공포 대상*(탑다운 피처)*'으로 시선을 이끌어, 그 순간 감정이 터져 나오도록 만드는 것이다. 결국 '어떤 피처를 시선의 출발점으로 삼느냐'가 시선 유도의 성패를 좌우한다. 그렇다면 시청자의 시선을 가장 강하게 사로잡는 피처는 무엇일까? 아래는 바텀업과 탑다운 피처를 통합해 정리한 시선 유도 강도 순위다.

**표 7-5** 피처별 시선 유도 강도 순위

| 순위 | 피처 | 유형 |
| --- | --- | --- |
| 1 | 움직임 | 바텀업 |
| 2 | 얼굴·눈 | 탑다운 |
| 3 | 위협 단서 | 혼합형 |
| 4 | 명암 대비 | 바텀업 |
| 5 | 색 대비 | 바텀업 |
| 6 | 행동·신체 부위 | 탑다운 |
| 7 | 위치·동선 | 탑다운 |
| 8 | 깜빡임 | 바텀업 |
| 9 | 문자·기호 | 탑다운 |
| 10 | 기억된 대상 | 탑다운 |
| 11 | 크기 | 바텀업 |
| 12 | 예외적 요소 | 탑다운 |
| 13 | 모양 | 바텀업 |
| 14 | 의미 중심 대상 | 탑다운 |
| 15 | 질감 변화 | 바텀업 |
| 16 | 감정 유발 자극 | 탑다운 |

각 피처들은 단독으로 쓰일 수도 있지만, 그보다는 서로 결합해 시청자의 시선을 이끄는 경우가 훨씬 많다. '총을 들고 노려보는 얼굴*(위협 단서+얼굴)*', '빛과 어둠 사이로 빠르게 움직이는 적*(명암 대비+움직임)*'

처럼 말이다. 강도가 센 피처들을 결합할수록 성능이 탁월해진다. 하지만 이 또한 모두 외울 필요는 없다. 하나만 기억하자.

**움직임이 가장 직관적이다*(바텀업)*. 그리고 얼굴과 눈은 의미까지 불러온다*(탑다운)*.**

따라서 두 요소가 결합할 때 시선은 가장 강력하게 끌린다. 결국 영상에서의 시선 유도, 그 왕좌는 인물이 차지한다.

---

**┤ Comment ├**

실제 연출 현장에서도 표 7-5 는 여러 상황에서 활용될 수 있다. 예를 들어 뾰족한 물건 같은 위협 단서는 시선 유도 순위 3위에 해당해 강하게 눈길을 끈다. 촬영 때 치워버리는 것이 베스트지만, 의도치 않게 찍혔다면 후반작업에서 블러로 지워버리자. 반대로 문자·기호를 의도적으로 활용할 수도 있다. 문자·기호 역시 주의를 끄는 힘이 크기 때문에, 자막의 배치만으로도 특정 지점에 시선을 모으거나 분산시킬 수 있다. 그렇다고 표를 달달 외울 필요는 없다. '시각 요소마다 시선을 끄는 강도가 다르다'는 사실만 알고 있어도, 무엇을 배치하고 어떻게 결합할지에 대한 아이디어가 샘솟을 것이다.

---

**┤ 3줄 요약 ├**

시선 유도는 두 가지 방식이 있다. 바텀업 주의는 강한 자극(움직임, 명암·색 대비 등)에 자동 반응해 즉각 몰입을 만든다. 탑다운 주의는 기억·목표·기대에 따라 의미를 찾아내며 깊은 해석과 복합 감정을 이끈다. 두 방식이 결합할 때 효과는 강력해지며, 특히 움직임과 얼굴·눈이 결합한 순간 시선은 가장 강하게 집중된다. 결국 영상에서 시선 유도의 핵심은 '인물'이다.

# 왜 인물인가
## 인물의 배치 1

다양한 피처 가운데 '시선 유도의 출발점을 하나 고르라!' 한다면, 대부분의 연출자는 인물과 관련된 피처를 택할 것이다. 이유는 간단하다. 시청자의 시선을 끌고, 감정을 자극하고, 이야기를 움직이게 하는 모든 면에서 최고의 성능을 발휘하기 때문이다. 그래서 우리는 '누구를 보게 할 것인가?' 즉, 인물 중심의 시선 설계를 이해해야 한다. 인물은 어떻게 시선 유도의 왕좌를 차지했을까?

## 얼굴과 눈

원시 인간에게 생존의 필수 조건은 '협력'이었다. 그리고 그 협력을 가능케 한 건 얼굴이다. 상대가 친구인지 적인지, 기분은 어떤지, 무엇에 관심 있는지, 믿을 수는 있는지…. 모든 단서가 얼굴에 드러났기 때문이다. 이를 읽지 못한 무딘 인간들에겐 죽음이 찾아왔고, 결국 뇌는 얼굴만 따로 처리하는 특화된 부위를 만들어냈다. 바로 'FFA방추상 얼굴 영역'다. 이 부위는 얼굴을 보는 순간, '사람인지, 누구인지, 어떤 표정인지'를 자동으로 판별한다. 이어지는 해석은 'STS상측두고랑'의 몫이다. STS는 전달된 표정과 시선을 토대로 '어떤 감정인지, 무슨 의도인지'를 읽어낸다. 요약하면, FFA가 얼굴을 식별하고 STS가 감정을 해석하는 구조다. 더불어 '얼굴·눈', '행동·신체 부위' 같은 인물 관련 탑다운 피처도 이들과 함께 진화했을 가능성이 크다(Frith & Frith, 2006). 한 마디로 인간은 살아남기 위해 본능적으로 타인의 눈치를 보는 존재가 된 것이다. 그리고 우리는 인물의 눈치를 볼 때, 일정한 순서를 따른다.

**표 8-1** 인물 파악 순서

| 피처 | 지각 대상 | 처리 목적 |
| --- | --- | --- |
| 1. 움직임·몸 | 생물적 움직임, 전체 형태·위치 | 뭔가 움직이는데? |
| 2. 얼굴 | 전체 얼굴 구조(눈·코·입) | 누구지? |
| 3. 눈 | 시선 방향, 눈동자 움직임 | 뭘 보는 거지?, 무슨 감정이지? |
| 4. 행동·신체 부위 | 손짓, 고갯짓, 제스처 | 뭘 하려는 거지?, 왜 저러지? |

화면에 무언가 등장하면, 시청자는 먼저 그것이 무엇인지 파악한다. 얼굴을 인식해 누구인지를 알아내면, 곧바로 그 인물의 감정과 의도에 집중한다. 이때 시선을 움켜쥐는 것이 바로 눈이다. 얼굴 중에서도 특히 눈은 자동적으로 주의를 끌도록 진화했다. 사회적 신호의 대부분이 눈을 통해 전달되기 때문이다. 시선 방향 또한 반사적인 주의 이동을 유발한다. 나도 모르게 자동으로 타인의 시선을 따라가게 된다는 뜻이다. 왜냐? 원시 환경에서 타인의 시선 끝에는 늘 중요한 무언가가 있었기 때문이다. 그 시선을 따라가면 호랑이를 미리 발견하거나, 나무 위의 사과를 찾을 수 있었다. 이 과정은 생존 확률을 높였고, 결국 뇌는 이를 자동 처리로 진화시켰다. 연출자가 곱씹어야 할 대목은 여기다. 눈은 연출의 '치트키'다. 인물의 눈짓 하나만으로도 시청

자의 시선을 유도할 수 있다. 어디를 보게 할지, 무엇을 느끼게 할지, 어 떤 해석으로 이끌지, 그 모든 것을 눈의 움직임만으로 설계할 수 있다는 말이다. 만약 이 본능이 없다면, 영상 연출은 자막과 내레이션으로 하나 하나 설명해야 하는 지루한 PT가 되고 말았을 것이다. 정리하자면, 눈은 얼굴 중에서도 가장 강력한 주의 유도 장치다(Langton, Watt, & Bruce, 2000).

## 행동과 신체 부위

'최소한의 정보만으로 사람의 움직임을 알아볼 수 있을까?' 심리학자 군나르 요한손(1973)은 이 의문을 검증하기 위해 독특한 실험을 했다. 사람의 관절에 센서를 붙이고, 센서만 흰 점으로 표시한 영상을 피험자 에게 보여준 것이다.

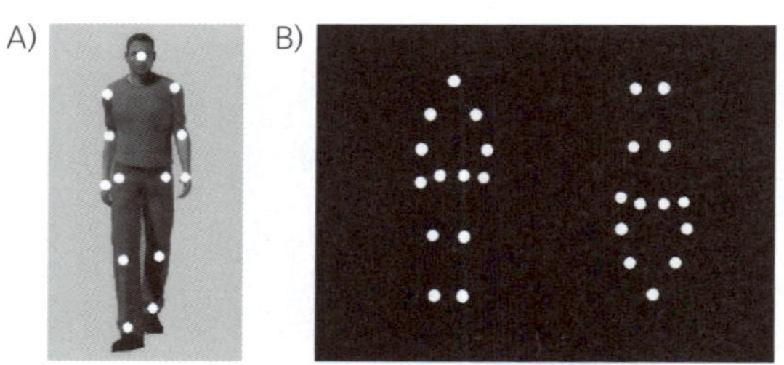



그림 8-1 Point-Light Display(PLD) 실험

놀랍게도 피험자들은 단 몇 초 만에 점들의 정체를 파악했다. 검은 배경 속 흰 점의 움직임만으로도 걷기, 달리기, 춤추기 같은 사람의 행 동을 정확히 인식한 것이다. 이는 'STS상측두고랑'의 작용 덕분이다. STS

는 사물의 단순한 움직임보다 생물적 움직임에 더 민감하다. 원시 환경에서 살아남으려면 바람에 흔들리는 나뭇가지보다 맹수나 적의 움직임에 먼저 반응해야 했기 때문이다. 또 '누가, 무엇을, 왜 하는지'를 즉각 파악해야 서로 협력이 가능했다. 그래서 STS는 얼굴과 눈뿐 아니라, 몸짓과 제스처까지 묶어 인물의 감정과 의도를 읽어내도록 진화했다. 이 과정도 거의 자동적이다. 덕분에 연출자는 인물의 얼굴이 보이지 않아도 손짓 하나만으로 시선을 붙잡을 수 있다. 인물이 무언가를 가리키면, 시청자는 마치 홀린 듯 그 방향을 따라가게 된다.

또한, 얼굴·시선·몸짓을 하나로 묶어 인물을 읽기 때문에, 이 요소들이 일관되면 평면적인 인물이 되고, 서로 어긋나면 입체적인 인물이 된다. 예컨대 숨겨진 속내를 표현하고 싶다면 표정과 몸짓은 자신감 넘치지만, 동공에 지진을 일으키면 된다. 이렇게 불일치하는 신호는 STS를 더욱 활성화시켜, 시청자가 '저 인물은 왜 저런 행동을 하지?'라는 의문을 품게 만든다. 그 답을 찾으며 시청자는 인물에게 깊이 몰입하게 된다.

## 시선 설계 순서

앞서 표 7-5 '피처별 시선 유도 강도 순위' 표를 눈여겨봤던 독자라면, 표 8-1 '인물 파악 순서'가 곧 시선 유도 강도 순위라는 것을 눈치챘을 것이다. '움직임·몸→얼굴→눈→행동·신체 부위' 순으로 시청자의 시선이 끌린다. 이 순서는 사람이 대상을 인식하고 파악하는 일반적인 인지 과정과도 일치한다. 즉, 시선이 뺏기는 대로→감각 수용→얼굴 지각→눈에 주의 집중→행동 해석으로 이어지며, 그 끝에서 감정과 의도를 읽어낸다. 정리하면,

사람은 강한 피처 순서대로 보고, 해석하고, 빠지게 된다. 따라서 연출자가 시청자의 인지 흐름을 설계하고 싶다면, 강한 피처로 시선을 붙잡은 뒤, 그다음 인지 단계와 맞는 피처를 이어서 배치하면 된다. 예를 들어, 일단 빠르게 달리는 인물로 시선을 붙잡는다(*감각 수용/움직임*). 이어서 상처 난 얼굴로 인물의 정체성을 드러낸다(*지각/얼굴*). 다음엔 분노한 눈으로 감정을 전달한다(*주의/눈*). 마지막으로 총을 든 손이나 피 묻은 옷을 보여주면(*해석/행동·신체 부위*), 시청자는 이 단서들을 종합해 '이 인물이 누군가를 쫓고 있구나.'라고 판단한다. 이것이 인지 흐름에 따른 일반적인 시선 설계다. 이를 바탕으로 인물의 시선 설계 시 고려할 것들을 정리해 보면,

**표 8-2** 인물의 시선 설계 고려 사항

| 피처 | 설계 목표 | 고려 사항 |
|---|---|---|
| 1. 움직임·몸 | 첫 번째 시선 유도 | 인물 등장 타이밍, 카메라 무빙 |
| 2. 얼굴 | 인물의 정체성 전달 | 프레임 내 위치, 조명, 샷 사이즈 |
| 3. 눈 | 감정·관심 대상 전달 | 시선 방향, 샷 사이즈 |
| 4. 행동·신체 부위 | 의도 해석 | 동작 방향·타이밍, 주변과의 상호작용 |

이 고려 사항들은 실제로 어떻게 적용됐을까? 드라마 〈브레이킹 배드〉 시즌1, 1화의 오프닝 시퀀스를 보자. 이 장면의 역할은 '이 사람은 누구인가? 왜 이런 행동을 하는가?'라는 궁금증을 불러일으키는 것이다.

· **1단계, 감각 수용** ｜ 움직임·몸

빠르게 움직이는 차 안, 방독면을 쓰고 팬티만 입은 채 운전하는 남자가 등
장한다. 카메라는 거칠게 흔들리고, 인물도 쉴 새 없이 움직인다. 얼굴은 가
려져 있지만, 비정상적 움직임만으로도 시선은 강하게 붙잡힌다. 시청자는
도대체 이게 무슨 상황인지 궁금해진다.

· **2단계, 지각** ｜ 얼굴

방독면을 벗은 남자의 얼굴은 혼란과 당황으로 일그러져 있다. 급하게 옷을
입고 차 밖으로 나와 셀프 캠을 찍기 시작한다. 화면 중앙에 클로즈업된 얼
굴은 곧바로 시청자의 시선을 유도한다. 시청자는 이 남자가 주인공인지, 그
렇다면 왜 이렇게 당황하는지 궁금해진다.

· **3단계, 주의** ｜ 눈

화면에 꽉 차는 셀프 캠 얼빡샷으로 남자의 눈에 시선이 유도된다. 울먹이
는 눈동자와 흔들리는 시선으로 인물의 혼란이 전달된다.

· **4단계, 해석** ｜ 행동·신체 부위

촬영을 마친 남자는 길 위로 걸어 나와 어딘가를 노려보며 총을 겨눈다. 그
가 겨누는 방향과 시선이 프레임 중앙에 배치되며, '도대체 무엇을 하려는
가?'라는 의문을 남긴다.


  움직임, 얼굴, 눈, 행동 피처는 자동으로 시선을 집중시킨다. 그러나 그
것만으로 충분하지 않다. 연출자는 인지 흐름과 맞아떨어지도록 언제,
어떤 피처를 배치할지 고려해야 한다. 그래야 자연스럽고 강력한 몰입

이 생기기 때문이다. 하지만 이것이 절대 법칙은 아니다. 달리는 인물부터가 아니라, 총을 든 손이나 피 묻은 옷으로 시작해도 '얼마든지 괜찮다! 전혀 상관없다!'는 말이다. 그렇다고 인지 흐름을 완전히 무시하면 어떻게 될까? 이해하다 지쳐버려 도중에 영상을 꺼버릴 확률이 매우 높아진다. 그래서 인지 흐름을 벗어난 연출을 할 때는 시청자의 뇌에 과부하가 오지 않도록, 그 순서와 정보량을 더욱 정교하게 조율해야 한다. 연출자의 그런 고민과 시도가 시청자의 새로운 몰입 경험을 만든다. 어쨌든 변하지 않는 원칙은 하나다. 시선 설계의 중심은 언제나 인물이라는 것. 인물이 없는 장면에서도 우리는 본능적으로 '누가, 무엇을 느끼고 있을까?'를 상상한다. 다시 말해, 이야기를 전진시키는 엔진은 언제나 인물이다. 그렇다면 다음 질문은 이것이다. '그 인물을 어디에, 어떻게 배치할 것인가?'

# 시선의 중심에 인물을 배치하라
## 인물의 배치 2

이번엔 질문을 바꿔보자. '시선 유도의 출발점이 아니라 장면의 중심축이 될 피처를 하나 고르라!' 대부분의 연출자는 여전히 '인물'을 택할 것이다. 주의, 감정, 해석을 이끄는 힘이 워낙 강력해 인물에 집중하는 순간 장면과 이야기가 함께 앞으로 나아가기 때문이다. 하지만 단순히 인물을 등장시킨다고 장밋빛 미래가 펼쳐지진 않는다. 관건은 시청자의 시선이 인물에 '머무르게' 하는 것이다. 이를 위해 연출자는 세 가지 전략을 사용한다.

**표 9-1 인물 배치 3대 전략**

| 전략 | 설계 초점 | 주요 설계 요소 |
| --- | --- | --- |
| 프레이밍 | 인물을 어디에 둘 것인가 | 프레임 위치, 대칭·비대칭 구도, 여백 |
| 배경 대비 | 인물을 어떻게 분리할 것인가 | 전경-배경 분리, 색·명암 대비, 조명 |
| 카메라 운용 | 인물을 어떻게 강조할 것인가 | 샷 사이즈, 앵글, 카메라 무빙 |

세 전략의 목적은 같다. '시청자의 시선을 인물에 고정시켜 감정을 정확히 전달하는 것' 이를 위해 프레이밍은 인물을 배치하고, 배경 대비는 인물을 분리하며, 카메라 운용은 인물을 강조한다. 이 원리만 이해하면 복잡한 문법을 줄줄 외울 필요 없다. 결국 실전은 이 셋을 언제, 어떻게,

어떤 조합으로 쓰느냐의 문제다.


## 프레이밍 전략 | 인물 배치

인물을 시선의 중심에 두려면 가장 먼저 고려해야 할 것은 프레이밍, 즉 '프레임 안 어디에, 어떻게 배치할 것인가'다. 우리가 다루는 프레임은 대부분 사각형이다. 시청자는 그 안에 있는 것만 볼 수 있다. 이 단순한 사실 때문에, 시청자는 프레임 안에 집중하면서 동시에 프레임 밖을 상상한다. 또한, 프레임 안에서도 시선이 먼저 가는 영역이 있다. 따라서 인물이 어디에 있느냐에 따라 시청자의 해석과 감정이 달라진다. 예를 들어,

· **중앙 배치** | 곧장 시선이 꽂히며 '이 사람이 주인공이다.'라는 메시지가 전달된다.
· **한쪽 치우침** | 인물 주변까지 함께 보며 장면 전체를 해석하게 된다.
· **시선 방향 여백** | '무언가를 보고 있다.'라는 해석과 함께, 시선 방향을 따라간다.

즉, 프레이밍은 단순한 구도의 문제가 아니다. 시선과 감정, 해석, 장면의 흐름을 좌우하는 전략이다. 12장과 13장에서 자세히 살펴보겠다.

인물을 프레임 안 어디에 둘지 정했다고 끝이 아니다. 이제는 시선을 계속 머무르게 해야 한다. 아무리 중앙에 인물을 두더라도, 배경과 색·밝기·질감이 비슷하다면 시선은 쉽게 이탈한다. 마치 보호색을 띤 카멜레온처럼, 인물이 배경에 섞여 버리는 것이다. 이를 해결하는 방법이 바로 배경 대비 전략이다.

## · 명암 대비·색 대비

이 두 요소는 표 7-5 '피처별 시선 유도 강도 순위'에서 각각 4위와 5위에 오른 강력한 바텀업 피처다. 예를 들어 어두운 독서실에서 혼자 스탠드를 켠 학생, 파란 바다 위 노란 수영복을 입은 아이처럼 밝기와 색의 차이는 시청자의 시선을 단숨에 끌어당기며 인물을 또렷하게 떼어낸다. 조명을 활용하면 명암·색 대비를 조절해 인물 분리는 물론 분위기와 감정까지 설계할 수 있다.

## · 심도 대비(포커스 아웃)

배경을 흐리게 날리고 인물만 선명하게 남기는 방식이다. 불필요한 시각 정보가 제거되면서 시선은 자연스럽게 인물에 고정되고, 감정 몰입도 강화된다. 기술적으로는 카메라 운용에 속하지만, 대부분 분리를 목적으로 쓰인다. 따라서 배경 대비 전략에 포함했다.

실제 현장에서는 이 기법들을 서로 결합해 쓴다. 14장에서 자세히 살펴보자.

시청자는 카메라가 담아낸 것만 본다. 그래서 연출자는 카메라를 알아야 한다. 기술보다는 카메라에 담긴 결과가 시청자에게 어떤 영향을 주는지를 알아야 한다는 뜻이다. 그래야 인물을 강조하고 몰입을 유도하기 위해 '어디에 카메라를 두고, 어떻게 움직일지' 설계할 수 있다. 카메라 운용의 핵심은 샷 사이즈, 카메라 앵글, 카메라 무빙 이 세 가지다.

### · 샷 사이즈

인물이 카메라에 가까워질수록(클로즈업) 시청자는 인물의 얼굴과 눈에 집중한다. 화면을 가득 채운 얼굴은 미세한 표정 변화를 드러내며, 감정을 강하게 전달한다. 반대로 멀어질수록(롱 샷) 인물은 배경 속에 놓인다. 인물이 처한 상황이 드러나며 감정이 발생한다. 예컨대, 좀비 영화 속 폐허가 된 도시를 롱 샷으로 담으면 인물은 작고 무력하게 보이고, 고립감은 극대화된다.

### · 카메라 앵글

❶ **아이 레벨** | 눈높이 시점은 감정적 해석을 배제해, 인물을 객관적으로 바라보게 한다.

❷ **하이 앵글** | 위에서 내려다보면 인물은 작고 무력하며 때로는 외로워 보인다.

❸ **로우 앵글** | 아래에서 올려다보면 인물은 크고 강인하며 때로는 위협적으로 보인다.

## · 카메라 무빙

카메라가 움직이는 방향으로 시청자의 시선도 강제된다. 음악 방송의 아이돌 원테이크 유튜브 클립을 보자. 카메라가 움직이는 대로 멤버들을 보고 있는 자신을 발견하게 될 것이다. 또한, 감정을 직접 자극하기도 한다. 서서히 다가오는 돌리 인이나 줌 인은 긴장과 압박을, 흔들리는 핸드헬드는 불안과 격정을, 고정 샷은 안정과 통제를 느끼게 한다.

이 기법들 역시 인물의 감정과 관계, 상황을 드러내기 위해 서로 결합해 쓰인다. 16장과 17장에서 자세히 살펴보겠다.

◆◆◆

인물을 시선의 중심에 두는 세 전략은 모두 강력하다. 하지만 이것만으로는 충분하지 않다. 같은 프레이밍, 같은 배경 대비, 같은 카메라 운용 전략을 쓰더라도, 시청자가 장면 속 시각 요소들을 어떻게 하나로 묶어 보느냐에 따라 전혀 다른 해석과 감정이 생기기 때문이다. 따라서 이 세 전략을 제대로 이해하고 활용하려면, 먼저 인간이 대상을 지각하는 원리를 알아야 한다. 그것이 바로 게슈탈트 원리다. 다음 장에서는 이 원리를 통해 장면을 어떻게 조직하고, 시청자의 지각을 어떻게 설계할 수 있는지를 살펴보겠다.

> **3줄 요약**
>
> 인물은 장면의 중심축이 된다. 프레이밍·배경 대비·카메라 운용은 각각 인물을 배치·분리·강조하여 인물에 시선을 고정시킨다. 이 전략들이 결합될 때 인물은 감정을 전달하고 이야기를 전진시키는 핵심 엔진이 된다.

# 무엇이 하나로 보이는가
## 게슈탈트 시지각 원리 1

*"부분이 전체를 따르는 것이 아니라, 전체가 부분의 의미를 규정한다."*

Max Wertheimer, 1923

**그림 10-1** 점인가? 사각형인가?

**그림 10-1** 을 보자. '사각형'이 보이는가? 사실 있는 건 작은 점 네 개뿐이다. 그런데도 우리는 큰 사각형이 있는 것처럼 본다. 왜 단순히 모인 점들이 전혀 다른 형태로 보이는 걸까? 100여 년 전, 독일의 심리학자들도 같은 질문을 던졌다. 그리고 깨달았다.

*'전체는 그 자체로, 부분을 넘어선 새로운 형태로 지각될 수 있구나!'*

이 깨달음에서 출발한 학문이 바로 '게슈탈트 심리학gestalt psychology'이다. 이 학문은 인간이 시각 정보를 낱낱의 요소로 따로 인식하지 않고, 의미 있는 전체적 구조로 묶어 지각한다는 점을 강조했다. 그 결과 정리된 것이 바로 게슈탈트 원리다. 이 원리들은 우리가 수많은 시각 자극 속에서 어떻게 전체를 보고, 의미를 만들어내는지를 설명한다. 그리고 연출자에게 분명한 메시지를 던진다.

**여러 시각 단서를 묶어 하나의 의미를 만들 수 있다.**

연출자가 게슈탈트 원리에 따라 화면을 구성하면, 시청자는 본능적으로 정보들을 하나로 묶어 새로운 의미를 만들어낸다. 그리고 그 순간, 몰입이 시작된다.

## 게슈탈트 원리gestalt principles

인간의 뇌는 가능한 한 '단순하고 안정적인 형태'로 세상을 보려 한다. 구체적으로 말하면, 시각 정보는 자동으로 대칭적이고, 간결하고, 완성된 형태로 처리된다는 뜻이다. 게슈탈트 심리학의 설립자인 막스 베르트하이머(1923)는 이 성향을 프레그난츠prägnanz 원리라 불렀다. 뇌는 왜 프레그난츠 원리로 세상을 보려 할까? '에너지를 아끼기 위해서'다. 시각 정보를 일일이 분석하려면 엄청난 에너지가 든다. 그래서 뇌는 지금 보이는 형태가 가장 단순하고 안정적이라면, 그냥 '그렇게 본 셈 치자!' 하고 해석을 끝내버린다. 이 효율성 덕분에 인간은 빠르게 세상을 이해하고, 생존 확률을 높일 수 있었다. 이는 연출자에게도 중요한 의미다.

**화면의 정보가 단순하고 안정적일수록, 시청자는 해석에 힘을 덜 쓰고, 그만큼 감정에 더 집중한다.**

그렇다면 '어떻게 장면을 단순하고 안정적으로 보이게 만들 것인가?' 그 답은 프레그난츠 원리에서 파생된 여러 게슈탈트 원리 속에 있다.

**표 10-1** 주요 게슈탈트 원리

| 원리 | 설명 | 예시 |
| --- | --- | --- |
| 대칭 | 대칭 구조를 하나로 본다 | 정중앙의 인물과 좌우 대칭 배경 |
| 근접성 | 가까운 것들을 하나로 본다 | 나란히 앉은 커플 |
| 유사성 | 비슷한 것들을 하나로 본다 | 같은 옷을 입은 팀원들 |
| 연속성 | 부드럽게 이어지는 방향을 따라 하나로 본다 | 이어진 발자국을 따라가는 시선 |
| 폐쇄성 | 불완전한 형태도 완성해서 본다 | 창살 너머의 얼굴 |
| 형태 불변성 | 형태가 변형돼도 같은 것으로 본다 | 반사된 얼굴 |
| 공동 영역 | 같은 경계 안에 있는 것들을 하나로 본다 | 한 소파에 앉은 가족 |
| 공동 운명 | 같은 방향으로 움직이면 하나로 본다 | 같은 방향으로 걷는 사람들 |
| 전경-배경 분리 | 눈은 전경과 배경을 자동으로 나눈다 | 어두운 배경 속 밝은 얼굴 |

**그림 10-2** 대칭 ┃ 점들이 'V'라는 하나의 형태로 보인다

시각 정보가 중심축을 기준으로 양쪽이 서로 거울처럼 대응할 때, 뇌는 그것을 하나의 형태로 묶어 인식한다. 이것이 대칭이다. 연구에 따르면, 대칭 구조는 비대칭보다 훨씬 더 쉽게 지각되고, 더 선호되는 것으로 밝혀졌다(Reber et al., 2004). 양쪽에 같은 정보가 반복되기 때문에, 한쪽만 처리해도 나머지를 예측할 수 있어서다. 즉, 정보량이 줄고 예측 가능성이 높아져 에너지가 절약된다. 이는 '질서 있고 안정적인 형태를 선호한다'는 프레그난츠 원리와 정확히 맞아떨어진다.

흥미로운 점은, 이렇게 처리하기 쉬운 자극일수록 뇌는 더 긍정적이고 매력적으로 평가한다는 사실이다(Reber et al., 2004). 쉽게 말해, 뇌가 '덜 힘드니 좋다!'라고 느끼는 순간, 그 대상 자체를 더 호감 있게 보는 것이다. 이 선호는 진화적으로도 유리했다. 자연에서는 건강한 개체일수록 신체가 좌우 대칭인 경우가 많았다. 따라서 대칭을 좋아하는 성향은 건강한 짝을 고를 확률을 높였고, 생존과 번식에 도움이 되었다. 그래서 인간은 대칭에 대한 본능적인 호감을 발달시켰다. 오늘날에도 우리는 대칭적인 얼굴을 보며 쾌감과 안정감, 신뢰감을 느낀다(Rhodes et al., 1998).

하지만 대칭은 단순히 미적 선호에 그치지 않는다. 장면 연출에서 감정 설계의 강력한 도구가 되며, 구체적인 촬영 기법으로까지 확장된다. 이러한 활용법은 12장에서 자세히 살펴보겠다. 이제 다음 게슈탈트 원리, '근접성'으로 넘어가 보자.

그림 10-3 대칭 원리의 활용

## 근접성proximity | 가까운 것들을 하나로 본다

그림 10-4 근접성 | 점들이 세 그룹으로 보인다

그림 10-4 를 보면, 가까이 있는 점들이 하나의 덩어리로 보인다. 이것이 바로 근접성이다. 인간의 뇌는 가까운 시각 정보를 자동으로 묶어 하나의 형태로 인식한다. 원시 환경에서 이 성향은 생존에 직접 연결됐다. 울창한 숲속에서 두 개의 반짝이는 점을 봤다그 치자. "뭐지?" 하고 망

설이던 사람은 이미 늦었다. 두 점을 한 덩어리인 맹수의 눈으로 빠르게 인식한 이들만 살아남았다. 무리 지어 달리는 초식동물 떼, 나무에 다닥다닥 붙어 있는 사과들. 가까운 것들을 한 그룹으로 묶어 보는 뇌의 성향은 곧 생존의 법칙이었다. 이런 경험이 반복되면서, 가까이 있는 물체일수록 하나의 집단일 가능성이 크다는 학습이 쌓였고, 뇌는 가까운 요소들을 하나로 묶어 인식하는 방향으로 발달했다(Palmer, 1999). 그렇다면 근접성은 시청자에게 어떤 감정을 일으킬까?

표 10-2 근접성이 주는 감정

| 속성 | 설명 | 감정 기본값 |
| --- | --- | --- |
| 연결 | 서로 관계가 맺어져 있는 듯 보임 | 연대감, 관련성 |
| 통합 | 여러 요소가 하나처럼 보임 | 안정감, 단순성 |
| 소속 | 특정 집단이나 그룹으로 인식됨 | 소속감, 유대감, 정체성 |
| 친밀 | 가까울수록 감정적으로 가까워 보임 | 친밀함, 따뜻함, 편안함 |
| 고립·배제 | 떨어진 대상은 분리·소외된 개체로 해석 | 외로움, 소외감, 긴장감 |

쉽게 말해 근접성은 '함께 있음'과 '떨어짐'으로 감정을 만든다. 대상들을 가까이 두면 연대감·소속감·친밀함이 생기고, 떨어뜨려 놓으면 소외감·고립감·긴장감을 준다. 근접성 원리를 활용한 연출 사례를 보자.

### · 영화 〈기생충〉[1]

기택의 가족은 어디 있든 함께 식사하며 가족이란 하나의 집단임을 드러낸다(*연결/통합/소속/친밀*).

---

1  영화 〈기생충〉 : 약 5분 50초경 장면; 약 56분 40초경 장면

- **영화 〈캡틴 아메리카: 시빌 워〉[2]**

  공항 전투 장면에서는 히어로들을 팀별로 붙여 세워, 시청자가 단숨에 '캡틴 팀 vs 아이언맨 팀'으로 단순화해 받아들이도록 한다(연결/통합/소속).

- **영화 〈해리포터와 마법사의 돌〉[3]**

  가까이 붙어있는 학생들을 '그리핀도르 vs 슬리데린'으로 단순화해 받아들이도록 한다(연결/통합/소속). 학생들은 기숙사별로 무리를 지어 다니며(친밀), 반대로 늘 혼자인 스네이프 교수는 시청자에게 고립감과 긴장감을 준다(고립·배제).

사실 근접성 연출은 따로 배울 필요가 없다. 이미 인간은 어려서부터 서로 간의 거리를 관찰하고 좁히려 애쓰면서 살고 있기 때문이다. 영상에도 가장 잘 적용시킬 줄 아는 것이 근접성 원리다.

그림 10-5 근접성 원리의 활용

---

2  영화 〈캡틴 아메리카: 시빌 워〉: 약 1시간 34분 30초경 장면
3  영화 〈해리포터와 마법사의 돌〉: 약 45분경 장면

**그림 10-6** 유사성 | 점들이 세 그룹으로 보인다

**그림 10-6** 의 점들을 보면, 비슷한 모양끼리 한 덩어리로 보인다. 인간의 뇌가 모양, 크기, 색, 방향, 질감, 움직임이 비슷한 대상을 하나의 덩어리로 인식하기 때문이다. 이것이 바로 유사성이다. 이 원리 역시 진화 과정에서 뿌리를 찾을 수 있다. 초원에서 멀리 보이는 짐승 무리를 떠올려 보자. 털색과 크기, 움직임이 비슷하다면 같은 종일 확률이 높았다. 맹수라면 즉시 도망쳐야 했고, 초식동물이라면 사냥의 기회였다. 나무에 비슷한 빨간 열매가 주렁주렁 달려 있다면, 먹을 수 있는 사과일 가능성이 컸다. 결국 닮은 것들을 하나로 인식한 인간들이 더 오래 살아남았고, 뇌는 그 경험을 토대로 지금까지 진화해 왔다. 인지심리학자 스티븐 팔머(1999)는 뇌가 비슷한 속성을 가진 요소들을 서로 관련된 것으로 추정하며, 이를 통해 시각 정보를 더 단순하고 효율적으로 해석한다고 설명한다. 그렇다면 유사성은 어떤 감정을 느끼게 할까?

**표 10-3** 유사성이 주는 감정

| 속성 | 설명 | 감정 기본값 |
| --- | --- | --- |
| 통일 | 유사한 것들이 하나로 보이며 질서를 형성 | 안정감, 조직감 |
| 소속 | 유사한 것들을 한 집단으로 인식 | 유대감, 정체성, 팀워크 |
| 반복 | 유사한 것들의 반복은 예측 가능성을 높임 | 질서감, 안정감 |
| 예외 | 유사한 것들 중 하나만 다를 때 주의 유도 | 주의 집중, 긴장감, 고립감 |

쉽게 말해 유사성은 비슷하거나 다르게 보이게 만들어 감정을 유도한다. 시각 정보들을 비슷하게 만들어서 장면에 질서와 통일을, 다르게 만들어서 주의를 유도하는 것이다. 유사성 원리를 활용한 연출 사례를 보자.

### · 영화 〈킹스맨: 시크릿 에이전트〉[4]

요원들에게 같은 수트를 입혀 격조 있고 전문적인 정예 조직이라는 통일감을 준다(통일/소속). 덕분에 시청자는 요원들이 온갖 폭력을 저질러도 신사라고 인식한다.

### · 영화 〈해리포터와 마법사의 돌〉

호그와트의 교복은 기본은 같지만(통일), 기숙사별로 색과 문양이 다르다(소속). 시청자는 같은 학교 학생이면서도 서로 다른 집단임을 직관적으로 구분한다.

### · 영화 〈매트릭스〉[5]

비 내리듯 흘러내리는 초록색 디지털 코드는 유사한 것들의 반복이다(반복). '반복'은 같은 패턴으로 예측 가능성을 높여 뇌에 질서와 안정감을 준다. 하지만 지나친 반복은 통제와 무력감으로 변한다. '예측한 대로밖에 일이 진행되지 않는다.', '내가 개입할 여지가 없다'고 뇌가 받아들이는 것이다. 〈매트릭스〉의 디지털 코드도 지나치게 단조롭고 견고해 감옥처럼 느껴진다.

---

4　영화 〈킹스맨: 시크릿 에이전트〉 : 약 1시간 5분 40초경 장면
5　영화 〈매트릭스〉 : 약 1시간 1분 30초경 장면

## · 영화 〈쉰들러 리스트〉[6]

'빨간 코트 소녀'는 예외 전략의 대표적 사례다. 칙칙한 흑백 화면 속 단 하나의 색이 강렬한 주의를 끌어, 시청자의 시선을 붙든다. 심리학자 대니얼 카너먼(1973) 역시 인간의 주의는 반복되는 배경보다 흐름을 깨뜨리는 단 하나의 차이에 더 민감하게 반응한다고 설명했다.

그림 10-7 │ 유사성 원리의 활용

**연속성**continuation │ 부드럽게 이어지는 방향을 따라 하나로 본다

그림 10-8 │ 연속성 │ 점들이 두 개의 선으로 보인다

---

6    영화 〈쉰들러 리스트〉 : 약 1시간 8분 10초경 장면

그림 10-8 의 점들을 보면, 흩어진 점들이 아니라 두 개의 선으로 보인다. 시각 정보가 부드러운 곡선이나 직선의 흐름을 가질 때, 뇌가 그것들을 하나의 형태나 경로로 묶는 것이다. 이것이 바로 **연속성**이다. 이 원리 역시 생존을 위해 발달했다. 원시 환경에서 살아남으려면 움직임의 예측이 무엇보다 중요했다. 맹수가 어느 쪽으로 달려오는지, 사냥감이 어느 방향으로 뛸지를 예측하지 못하면 생존 자체가 불가능했다. 그래서 인간의 뇌는 복잡한 배경 속에서도 연결성과 방향성이 있는 정보를 하나의 흐름으로 빠르게 처리하도록 발달했다.

이 진화적 배경 때문에, 연속적인 시각 정보를 보면 긴장이 풀리고 안정감이 생긴다. 반대로 연속성이 깨지면 불안과 공포가 일어난다. 따라서 시청자가 안정감을 갖고 장면에 집중하도록 하려면, 시선의 흐름을 연속적으로 만들어야 한다. 어떻게 연속성 원리를 활용할 수 있을까?

표 10-4 **연속성의 연출 전략**

| 구분 | 설명 | 활용 요소 |
| --- | --- | --- |
| 인물 활용 | 인물로 시청자의 시선을 유도 | 시선, 손끝, 몸의 방향 |
| 선형 구조 활용 | 프레임 안의 선을 따라 시선이 집중됨 | 배경, 소실점, 소실선, 수평선 |
| 반복 구조 활용 | 반복 요소가 리듬을 형성 | 프레임 속 오브제의 규칙적 배열 |

## 1 인물 활용

가장 기본적이고 강력한 방법이다. 시청자는 인물이 바라보거나 가리키는 곳을 자연스럽게 따라 본다. 이는 뇌의 'STS상측두고랑'가 타인의 시선, 머리 방향, 손끝을 자동으로 처리하기 때문이다(8장 참조). 따라서 인물의 시선과 손짓, 몸의 방향이 어떤 대상을 향하도록 하면, 시청자의 시선도 그 대상을 따라 연속적으로 흐른다.

## 2 선형 구조 활용

인간의 뇌는 선형 구조를 보면 그 끝을 예측하려 한다. 연결된 점들을 따라 끝점까지 선을 이어야 직성이 풀렸던 어린 시절의 경험을 떠올리면 이해하기 쉬울 것이다. 이는 어른이 돼서도 마찬가지라, 프레임 안에 직선이나 곡선 구조가 있으면 시선은 그 연속적인 흐름을 따라 자동으로 이동한다. 이 과정에서 선 위에 놓인 시각 정보들이 더욱 주목된다. 따라서 연출자는 촬영 현장의 선형 구조물을 적극적으로 활용해야 한다. 특히 소실점, 소실선, 수평선은 시선을 집중시키는 강력한 도구다. 자세한 활용은 13장에서 다룬다.

## 3 반복 구조 활용

앞서 유사성의 반복을 다뤘지만, 연속성의 반복은 결이 다르다. 유사성의 반복이 닮은 것들을 묶어 '한 덩어리'를 만든다면, 연속성의 반복은 배경의 오브제나 움직임을 일정한 방향이나 간격으로 배열해 '시선의 길'을 만든다. 이때 시청자의 뇌는 '다음에도 같은 패턴이 이어지겠지?'라고 예측하게 되고, 그 결과 안정감을 느끼며 반복이 만든 시선의 길을 따라 중요한 인물이나 단서에 집중하게 된다. 영화 〈그랜드 부다페스트 호텔〉에서 문, 조명, 벽지 무늬가 반복되며, 자연스럽게 복도 깊숙이 시선을 이끄는 것처럼 말이다.[7]

---

7   영화 〈그랜드 부다페스트 호텔〉 : 약 14분 20초경 장면

　　사실 연속성의 반복은 반드시 선형 구조일 필요도 없다. 일정한 리듬만 형성되면 그 자체로 충분히 눈에 띄며, 시선을 이끌어낸다(Arnheim, 1974). 따라서 촬영 현장에 선형 구조물이 없더라도, 반복 패턴을 활용하면 충분히 연속적인 시선의 흐름을 설계할 수 있다.

그림 10-9　연속성 원리의 활용

위 게슈탈트 원리들은 예능·교양 프로그램 제작의 실제 기준이 된다. '대칭' 원리는 무대나 세트를 단순화해 출연자에게 시선을 집중시키고, 여러 출연자를 질서 있게 배치해야 할 때 활용된다. '근접성·연속성' 원리는 출연자 간의 거리와 방향을 조절해, 시청자가 그들의 관계를 파악하도록 만든다. '유사성' 원리는 같은 의상이나 소품을 활용해 시청자가 한 그룹으로 쉽게 인식하도록 한다.

〈프로듀스 101〉은 이 원리들을 모두 보여준다. 무대 구조는 피라미드 형태의 '대칭' 구도로 설계되어 101명의 출연자에게 시선을 집중시킨다. 또한 출연자들은 모두 같은 교복을 입고, 주제가에 맞춰 단체로 같은 방향을 바라보며 줄지어 춤을 춘다. '근접성·연속성' 원리가 동시에 작동해, 시청자들은 이들을 '연습생 집단'이라는 하나의 정체성으로 인식한다.

〈나는 솔로〉 같은 연애 프로그램도 마찬가지다. 연출자는 '근접성·연속성' 원리를 활용해, 출연자들이 서로 호감을 높일 수 있도록 가까이 혹은 시선이 이어지도록 앉힌다. 이처럼 게슈탈트 원리는 예능·교양뿐 아니라 거의 모든 영상에서 수없이 활용된다. 원리에 대해 알고 난 후의 영상은 이전과는 또 다르게 보일 것이다.



게슈탈트 원리는 인간이 시각 정보를 부분이 아닌 전체로 묶어 지각하게 만드는 원리다. 이번 장은 '무엇이 하나로 보이는가'를 결정하는 원리이며, 대표 원리는 대칭(대응 구조를 하나로 봄), 근접성(가까운 대상을 하나로 봄), 유사성(비슷한 속성을 가진 것을 하나로 봄), 연속성(부드러운 흐름을 따라 하나로 봄)이다. 이 원리들은 화면에 질서와 소속감, 연결감을 형성한다.

# 경계는 어떻게 그어지는가
## 게슈탈트 시지각 원리 2

앞서 다룬 대칭·근접성·유사성·연속성은 서로 떨어져 있는 것들을 묶는 원리였다. '이 둘은 가까우니까.', '저 셋은 닮았으니까.', '이 선은 이어지니까.' 뇌는 이런 기준에 따라 시각 정보들을 자동으로 묶어 하나로 본다. 하지만 그렇게 묶인 '하나'는 어디까지일까? 어디서부터 '다른 것'으로 구분되는 걸까? 그 경계는 어떻게 정해질까? 앞 장의 원리들이 '무엇이 하나로 보이는가?'에 대한 답이었다면, 이제부터 다룰 다섯 가지 원리 — 폐쇄성·형태 불변성·공동 영역·공동 운명·전경-배경 분리 — 는 '하나의 경계는 어디까지인가?'에 대한 답이다. 이 원리들을 이해하면, 연출자는 '무엇을 하나로 보이게 만들까'를 넘어, '어디까지를 하나로 보이게 만들까'까지 설계할 수 있게 된다.

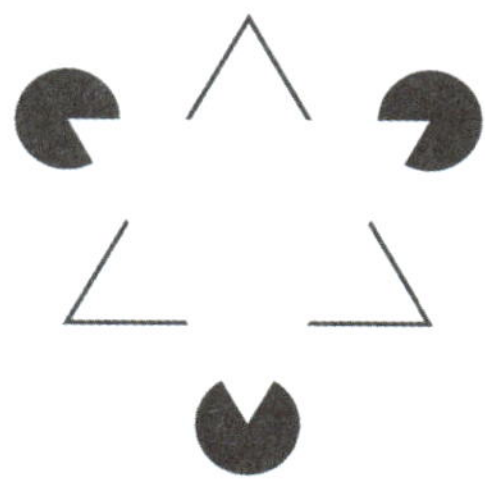

**그림 11-1** **폐쇄성** | **'삼각형'이 보인다**(Kanizsa triangle illusion)

**그림 11-1**을 보자. 실제로 있는 건 팩맨 세 개와 꺾쇠 세 개뿐인데, 우리는 분명히 하나의 큰 삼각형을 본다. 왜 이런 일이 벌어질까? 인간의 뇌는 불완전한 시각 정보를 스스로 보완해 하나의 형태로 지각하기 때문이다. 선이 닫혀 있지 않아도, 뇌는 자동으로 빈틈을 메워 '닫힌 삼각형'으로 인식한다. 이런 경향을 폐쇄성이라고 부른다. 뇌는 왜 이렇게까지 빈틈을 메우려 할까? 답은 효율성에 있다. 연구에 따르면, 윤곽이 닫혀 있을수록 시각적으로 단순하고 안정된 형태로 인식되며, 그렇게 완성된 형태가 더 빠르고 정확하게 처리된다(Elder & Zucker, 1993).

진화적 이유도 분명하다. 숲속이나 마을에서 무언가의 일부분만 보았을 때, 그 조각난 정보로 전체를 떠올릴 수 있어야 살 수 있었다. 전래동화《해님 달님》에서 엄마로 위장한 호랑이의 손만 보고 도망친 오누이처럼 말이다. 식량 확보도 마찬가지다. 사과 꼭지 하나만 보고도 사과임을 알아챈 사람만이 굶주림을 피할 수 있었다. 불완전한 정보를 보완해 전체를 떠올리는 능력은 생존에 필수였던 것이다. 결손된 정보를 메우는 과정에서, 뇌는 단순히 빈칸을 채우는 데 그치지 않는다. 주의를 집중하고, 때로는 해석과 감정을 일으킨다. 여기서 연출자가 기억해야 할 포인트. 시청자가 스스로 상상하고 몰입하게 만들고 싶다면, 전체를 다 보여주지 않는 것이 오히려 효과적인 전략이 될 수 있다. 폐쇄성 원리의 주요 연출 효과와 실제 연출 사례를 살펴보자.

**표 11-1** 폐쇄성의 주요 연출 효과

| 효과 | 설명 |
| --- | --- |
| 몰입 유도 | 보이지 않는 부분을 시청자가 스스로 상상하며 몰입이 깊어짐 |
| 주의 집중 | 결손된 정보를 메우려는 과정에서 시선과 주의가 집중됨 |
| 감정 증폭 | 보이지 않을수록 상상이 강해져 감정 반응이 증폭됨 |
| 의미 강조 | 직접 보여주지 않을수록 해석이 유도되어 메시지가 강조됨 |

### · 영화 〈세븐〉 | 마지막 장면[1]

'상자 안을 보여주지 않는다.' 하지만 시청자는 밀스의 절규만으로도 그 안에 무엇이 있는지 상상하며, 그의 절망과 분노에 깊이 몰입하게 된다.

### · 영화 〈블레어 윗치〉

'마녀를 보여주지 않는다.' 하지만 카메라의 흔들림만으로도 시청자는 더 큰 공포를 느낀다. 스스로 상상한 마녀가 실제보다 훨씬 무서운 법이다.

### · 영화 〈존 오브 인터레스트〉

'아우슈비츠의 참상을 보여주지 않는다.' 대신 수용소 옆 전범 가족의 평범한 일상만 비춘다. 그러나 배경의 연기, 비명, 총소리가 오히려 더 강력하게 시청자의 상상을 자극해, 충격과 불쾌함을 배가시킨다.

---

1  영화 〈세븐〉 : 약 1시간 58분경 장면

정리하면, 폐쇄성은 단순히 불완전한 형태를 완성해 지각하는 원리가
아니다. 연출자는 이 원리를 활용해 보여주지 않음으로써 시청자가 스
스로 상상하게 만들고, 그 상상 속에서 더 깊은 몰입과 강한 감정을 경
험하게 할 수 있다.

그림 11-2　폐쇄성 원리의 활용

## 형태 불변성invariance ｜ 형태가 변형돼도 같은 것으로 본다

그림 11-3　형태 불변성 ｜ 모두 같은 물체다

그림 11-3 을 보자. 방향도 크기도 제각각인데, 우리는 이것들이 같은

물체라는 걸 안다. 왜 그럴까? 인간은 크기, 방향, 위치가 달라도 동일한 형태로 인식하는 능력, 즉 형태 불변성을 가지고 있기 때문이다(Shepard, 1981). 뇌는 매번 달라지는 시각 정보에서 공통된 구조와 패턴을 찾아내려 한다. 이유는 단순하다. 과부하에 걸리지 않기 위해서다. 세상 모든 물체가 크기·방향·기울기·회전·위치·조명에 따라 전혀 다른 개체로 인식된다면? 컴퓨터처럼 다운되고 말 것이다. 그래서 뇌는 끊임없이 변하는 환경 속에서도 '변하지 않는 것'을 찾아내도록 진화해왔다.

이 능력도 생존과 직결됐다. 원시 초원에서 호랑이가 한 마리 보였다고 치자. 멀리 있든, 구르든, 역광이든 호랑이는 여전히 호랑이다. 그걸 매번 다른 존재로 착각해 '뭐지?' 하고 망설였다면, 이미 목숨은 끝장났을 것이다. 결국, 인간은 같은 대상을 다르게 봐도 '같다'고 인식해야 살아남을 수 있었다. 이때 중요한 건, 같은 것으로 인식되는 순간 그 대상의 의미와 정체성도 함께 유지된다는 점이다. 호랑이는 어떤 모습이든 여전히 포식자이며, 그에 따른 공포도 그대로 이어진다. 일상에서도 마찬가지다. 아내가 살이 찌든, 자녀들이 역변하든, 그들은 여전히 내 가족이며 애정도 변함없다(변함 있으면 좀 문제가…). 정리하자면, 형태 불변성은 대상에 대한 의미·정체성·감정을 유지시킨다. 연출자가 인물이나 사물의 형태를 일관되게 보여주면, 시청자는 그것을 '같은 것'으로 인식하고, 그에 대한 감정과 해석을 자연스럽게 이어가게 된다. 형태 불변성 원리의 주요 연출 효과와 실제 연출 사례를 살펴보자.

**표 11-2** 형태 불변성의 주요 연출 효과

| 효과 | 설명 | 예시 |
| --- | --- | --- |
| 정체성 유지 | '동일 인물'로 인식하게 만듦 | 동일 복장·말투·제스처 반복 |
| 상징성 유지 | 형태에 특정 감정·의미를 부여하고 반복 | 소품·상징 반복 |
| 감정 유지 | 이전 감정을 다시 떠올리게 함 | 구도·동선·음악 반복 |
| 맥락 유지 | 배경이 바뀌어도 의미가 이어짐 | 공간별 복장·색감 유지 |
| 몰입 유지 | 뇌의 부담을 줄여 감정·이야기에 집중 | 형태·배치 반복 |

**· 영화 〈다크 나이트〉** | 조커

형태 불변성으로 인물의 정체성과 상징성을 유지하는 방법은 '트레이드 마크'를 떠올리면 된다. 조커의 트레이드 마크는 '삐에로 분장'이다. 이 분장을 한 순간, 조커는 혼란과 위협의 상징이 된다*(정체성·상징성 유지)*. 어느 장면에 나와도, 심지어 매번 다른 배우가 연기해도, 시청자는 분장을 보는 순간 조커로 인식하고 불안을 느낀다*(감정·맥락 유지)*.

**· 영화 〈매트릭스〉** | 네오

네오의 트레이드 마크는 '검은 롱코트와 선글라스'다. 이 복장을 입은 네오는 '깨달은 자, 구원자'를 상징한다*(정체성·상징성 유지)*. 또한, 매트릭스 속에서는 늘 이 복장을, 현실에서는 후줄근한 복장을 입음으로써 세계의 경계를 명확히 구분한다*(맥락·몰입 유지)*.

**· 영화 〈인셉션〉** | 팽이 토템

'넘어지면 현실, 계속 돌면 꿈.' 팽이 토템은 형태와 의미가 변하지 않는다*(정체성 유지)*. '계속 돌면 불안, 넘어지면 안도.' 중요한 장면마다 반복 등장해 시청자의 감정을 패턴화한다*(감정 유지)*. 동시에 토템은 '현실에 대한 의심'이란 의미를 지닌다*(상징성 유지)*.

· **영화 〈기생충〉** | 지하[2]

'지하'는 가난한 하층민을 상징한다. 반지하에 사는 기택은 잠시 지상으로 올라가지만, 결국 반지하도 아닌 진짜 지하에 갇혀버린다. '지하'의 반복으로 시청자는 가난과 계급에서 벗어날 수 없음을 깨닫는다*(정체성·상징성·맥락 유지)*.

정리하면, 형태 불변성의 핵심은 일관성 유지다. 같은 형태를 반복적으로 노출하면, 뇌는 자동으로 '이건 같은 거야!'라고 인식한다. 그 인식은 정체성, 의미, 감정, 몰입까지 하나의 흐름으로 이어진다.

그림 11-4  형태 불변성 원리의 활용

---

2  영화 〈기생충〉 : 약 2시간 1분경 장면

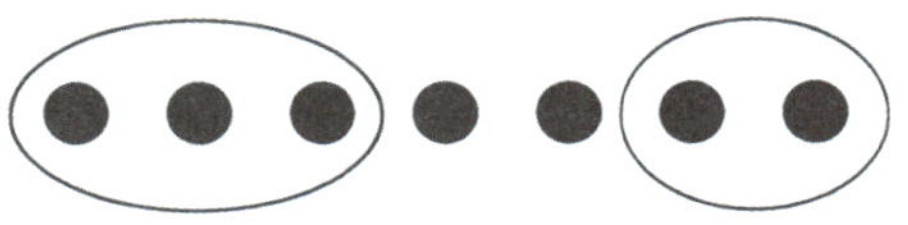

**그림 11-5** 공동 영역 ┃ 점들이 세 그룹으로 보인다

**그림 11-5** 를 보자. 점들을 선으로 묶었을 뿐인데, 우리는 자연스럽게 한 덩어리로 본다. 이게 바로 공동 영역 원리다. 인간은 같은 경계 안에 있는 시각 정보를 하나로 묶어 인식하도록 진화했다. 같은 선, 같은 틀, 같은 조명, 같은 배경, 같은 프레임 안에 있다면 뇌는 그것들을 하나의 단위로 본다. 인지심리학자 스티븐 팔머(1999)는 공동 영역을 가장 강력한 그룹화 원리 중 하나라고 설명하며, 근접성이나 유사성 같은 전통적 원리보다도 우선 작용할 수 있다고 봤다. 그럴 만하다. 다른 원리들이 '경계 없는 상태'에서 경계를 찾는 방식이라면, 공동 영역은 애초에 경계가 눈에 보인다. 뇌는 묻지도 따지지도 않고, 그 영역 안의 모든 것을 '한 덩어리'로 처리해버린다. 이렇게 묶인 정보는 인지 과정에서 하나의 단위로 작동하며, 그 단위가 해석과 감정 반응의 기초가 된다(Vecera, Vogel & Woodman, 2002).

원시 환경에서도 이는 중요한 생존 전략이었다. '같은 동굴 안, 같은 모닥불 근처'에 있다는 것은 곧 '같은 편'을 뜻했다. 사냥할 때도 마찬가지다. 같은 영역 안의 짐승들 역시 한 무리일 때가 많아, 사냥하려면 영역 안의 짐승들을 동시에 쳐야 했다. 한 마리만 잡으면 역습당할 위험이 컸기 때문이다. 그래서 인간은 살아남기 위해 같은 영역 안의 존재들과 협력하고, 유대감을 형성하고, 감정을 나누며 관계를 구축해왔다. 결국, 뇌는 공동 영역을 가장 신뢰할 수 있는 그룹화 기준으로 삼았고, 오늘날까지도 우리는 '같은 영역 안의 정보'를 하나로 묶어 해석한다. 따라서 관계와 연관된 해석과 감정을 끌어내고 싶을 때, 가장 손쉬우면서도 강력한 도구가 바로 공동 영역 원리다.

표 11-3 공동 영역의 주요 연출 전략

| 전략 | 효과 | 예시 |
| --- | --- | --- |
| 카메라 프레임 안에 배치 | 관계·정서 암시 | 한 소파에 앉은 가족 |
| 같은 배경·그림자 사용 | 통일감·소속감 형성 | 같은 배경 앞에 선 히어로들 |
| 같은 조명 영역 안에 배치 | 감정 연대 유도 | 같은 조명 아래 마주 앉은 커플 |
| 프레임 구획화 | 관계의 해석 | 창에 비친 두 인물 |

인물 간의 관계나 감정을 표현할 때, 반드시 대사나 행동으로 설명할 필요는 없다. 그저 같은 프레임 안에 인물을 배치하는 것만으로도 시청자는 직감한다. '저 사람들 뭔가 연결돼 있구나.' 친밀함의 정도는 근접성 원리로 조절할 수 있겠지만, 공동 영역 원리만으로도 관계성은 자연스럽게 전달된다. 여기에 더해 같은 배경·패턴·색감 안에 인물들을 배치하면, '동일한 정체성을 가진 집단'이라는 의미가 강화된다. 영화 〈해리포터와 마법사의 돌〉에서 기숙사별로 같은 테이블에 앉힌 것처럼 말이다. 영화 〈어벤져스〉에선 툭하면 인물들이 같은 배경에 일렬로 서서, 노골적으로 자기들이 한 팀이란 걸 강조한다.

또 다른 방법은 같은 조명 영역을 활용하는 것이다. 영화 〈이터널 선샤인〉에서 얼어붙은 호수 위, 커플이 누워 있는 장면을 떠올려보자.[3] 밤이라 전체적으로 어둡지만, 두 인물 주변만 같은 밝기의 조명을 은은하게 쳐냈다. 이 작은 빛의 영역으로 두 사람이 같은 공간·같은 감정을 공유하고 있음을 알게 된다. 그래서 로맨스 장르에서는 흔히 황금빛 햇살이나 가로등 불빛으로 커플을 감싼다. 영화 〈어바웃 타임〉은 이를 비틀었다. '다크 레스토랑'이라는 빛 하나 없는 공간에서 커플의 첫 만남을 담아낸 것이다.[4] 보이지 않지만, 그 어둠 자체가 같은 조명 영역이 되어 두 사람의 정서를 연결한다.

마지막으로 프레임 구획화도 효과적이다. 창문이나 문, 거울, TV 화면처럼 물리적 틀 안에 인물을 배치하는 기법이다. 프레임 구획화는 다양한 방식으로 연출에 활용되기 때문에 13장에서 자세히 다루도록 하겠다.

**그림 11-6** 공동 영역 원리의 활용

---

3  영화 〈이터널 선샤인〉 : 약 15분경 장면
4  영화 〈어바웃 타임〉 : 약 21분 20초경 장면

그림 11-7 ┃ 공동 운명 ┃ 삼각형이 두 그룹으로 보인다

그림 11-7 을 보자. 같은 방향으로 움직이는 삼각형들이 자연스럽게 한 그룹처럼 보인다. 뇌가 같은 방향과 속도로 움직이는 대상을 하나로 묶어 인식하는 것이다. 이것이 바로 공동 운명 원리다. 이름처럼, '같은 방향으로 움직이는 존재들은 운명을 함께한다'는 철학적 사고가 담겨 있다.

뇌가 이렇게 작동하는 이유 역시 생존이다. 도망치는 아군과 쫓아오는 적군. 살아남기 위해 인간은 늘 '누가 나와 함께 도망치고, 누가 나와 함께 싸우는지'를 구분해야 했다. 그래서 뇌는 움직임만으로도 '누가 같은 편인지'를 식별하도록 진화했다. 나와 같은 방향으로 움직이는 존재는 내 편, 내 가족, 나와 운명을 공유하는 존재인 것이다. 그들은 '운명 공동체'로서 정서적 유대를 강화해나갔다. 즉, 공동 운명은 단순한 지각의 문제가 아니라, 감정의 연결로 이어진다. 게다가 영상은 시간의 흐름을 다루는 매체다. 게슈탈트 원리 가운데에서도 공동 운명만큼 시간을 직접적으로 다루는 원리는 드물다. 움직임은 곧 시간의 결과이기 때문이다. 그래서 이 원리는 여러 시간 기반 시지각 원리로 확장된다.

## · 시간 동기화temporal synchrony

시간적으로 가까운 자극은 하나의 사건으로 통합된다. 예를 들어, 뿌지직 소리 뒤 인물이 후련한 표정을 짓는다면, 우리는 알게 된다. '큰일을 치뤘구나!' 번개와 천둥이 시간차로 발생해도 '천둥번개'라는 하나의 현상으로 인식되는 것처럼 말이다.

## · 공동 시작common onset

'같은 순간에 출발한다.' 동시에 시작된 움직임이나 행동은 하나의 사건으로 통합된다. 여러 인물이 동시에 고개를 돌리면, 시청자는 그들이 같은 대상을 바라보며 같은 의도를 갖는다고 해석한다.

## · 공동 변화common motion

'같은 방식으로 변한다.' 속성이 달라도 변화의 패턴이 같으면 하나의 사건으로 통합된다. 예컨대 여러 인물의 얼굴빛이 동시에 창백해지면, 시청자는 그들이 똑같은 감정을 느끼고 있다고 이해한다.

이처럼 '공동 운명' 하나만으로도 연출에 적용할 전략들이 쏟아진다. 움직임의 방향과 타이밍, 속성의 변화만 조절해도 관계, 감정, 사건의 흐름이 자연스럽게 설계된다. 공동 운명 원리의 주요 연출 전략과 실제 연출 사례를 살펴보자.

**표 11-4** **공동 운명의 주요 연출 전략**

| 전략 | 설계 예시 | 유도 감정·의미 |
| --- | --- | --- |
| 같은 방향 움직임 | 함께 걷기, 동시에 시선 돌리기 | 연대, 공감, 동맹 |
| 집단 반응 동기화 | 동시에 놀라거나 웃는 군중의 반응 | 집단 감정, 공동 사건 인식 |
| 움직임의 리듬 통일 | 발걸음, 군무 등 반복적이고 통일된 움직임 | 질서, 일체감, 상징성 |
| 상반된 운명 대조 | 서로 다른 방향으로 움직임 | 분열, 고립, 결별 |

### · 영화 〈인셉션〉[5]

인물들이 꿈의 단계 속을 함께 이동하며(*같은 방향 움직임*), 킥의 타이밍에 맞춰 동시에 깨어난다(*집단 반응 동기화*). 이는 인물들이 '운명 공동체'임을 강조한다.

### · 영화 〈트루먼 쇼〉

트루먼을 제외한 모두가 그의 동선에 맞춰 움직이고(*같은 방향 움직임*), 그의 행동에 따라 집단적으로 반응하며(*집단 반응 동기화*), 게임의 NPC처럼 매일같이 동일한 루틴을 반복한다(*움직임의 리듬 통일*). 이는 그들이 트루먼을 속이는 '운명 공동체'임을 드러낸다. 하지만 과잉된 공동 운명은 '질서'를 넘어 '통제'로 바뀐다. 결국 트루먼은 반대 방향으로 나아감으로써 결별을 선언한다(*상반된 운명 대조*).

### · 영화 〈1917〉[6]

전장의 혼돈 속에서 주인공은 인물들과 반대 방향으로 달린다(*상반된 운명 대조*). 혼자 다른 길을 가는 그의 모습은 고립감과 사명감을 직관적으로 전달한다.

---

5　영화 〈인셉션〉 : 약 2시간 11분경 장면
6　영화 〈1917〉 : 약 1시간 37분 30초경 장면

길 위에서 멈춘 고죠와 반대 방향으로 걸어가는 게토. 같은 곳에서 갈라진 두 사람의 모습은 관계의 결별과 앞으로의 상반된 운명을 예고한다(*상반된 운명 대조*).

그림 11-8 공동 운명 원리의 활용

## 전경-배경 분리 figure-ground segregation

### 눈은 전경과 배경을 자동으로 나눈다

그림 11-9 전경-배경 분리 | 무엇이 전경이고, 무엇이 배경인가?(Rubin's vase)

---

7 애니메이션 〈주술회전〉 29화 : 약 15분 40초경 장면

그림 11-9 를 보자. 사람 얼굴이 보이는가? 아니면 꽃병인가? 인간의 시각 체계는 복잡한 장면을 마주하면 가장 먼저 '무엇이 앞에 있는가'를 자동으로 판단한다. 그렇게 먼저 눈에 들어온 대상은 '전경figure', 나머지는 모두 '배경ground'으로 인식된다. 사람이든 꽃병이든 먼저 보인 것이 전경이고, 그 외의 것은 배경으로 밀려난다. 이처럼 시각 정보 속에서 자동으로 '앞'과 '뒤'를 나누려는 뇌의 작동 방식을 **전경-배경 분리**라고 한다.

왜 이런 진화가 일어났을까? 답은 언제나 생존이다. 숲속, 안개 자욱한 새벽, 어두운 밤…. 그 안에는 맹수, 뱀, 먹잇감, 적까지 숨어 있을 수 있었다. 이때 가장 중요한 건 단 하나. '어디에 뭐가 있는지'를 빠르게 알아채는 능력이었다. 그래서 인간의 뇌는 윤곽선, 색·명암 대비, 초점 같은 단서로 의미 있는 대상을 배경에서 분리하도록 진화해 왔다. 이 경계를 빠르게 감지하지 못했던 자들은 포식자에게 잡아먹히거나 굶어 죽었다.

그런데 그림 11-9 에서처럼, 전경은 사람으로 보이다가도 꽃병으로 바뀐다. 자동 분리라면서 왜 이런 일이 벌어질까? 전경과 배경은 동시에 지각될 수 없기 때문이다. 인간의 뇌는 한 번에 하나의 전경에만 주의를 집중할 수 있다. 따라서 해석이 둘 이상 가능할 땐, 주의가 향한 대상만 전경이 되고, 나머지는 배경이 된다(Qiu & von der Heydt, 2005). 여기서 연출자가 주목해야 할 포인트. 윤곽선·명암 대비·색상·초점 같은 단서를 활용하면, 시청자의 주의를 원하는 대상으로 유도할 수 있다. 그 대상이 곧 전경이 되고, 전경은 곧 몰입의 출발점이 된다. 구체적인 방법은 다음과 같다.

| 표 11-5 | 전경-배경 분리의 주요 연출 전략 | |
|---|---|---|
| 전략 | 설계 예시 | 효과 |
| 명암 대비 | 밝은 전경 vs 어두운 배경 | 윤곽 강조, 시선 고정 |
| 색상 대비 | 색 차이로 전경과 배경 분리 | 주의 집중, 대상 부각 |
| 초점(심도) 분리 | 전경 선명 vs 배경 흐림 | 정보 우선순위 설정 |
| 프레임 구획화 | 창문·문틀·조명 등으로 인물 경계 짓기 | 관찰 대상화, 고립감 부여 |
| 움직임 분리 | 움직이는 전경 vs 정지된 배경 | 동적 요소에 시선 집중 |
| 배경 단순화 | 복잡한 배경 제거, 색상·디테일 최소화 | 시선 분산 방지, 전경 강조 |

전경-배경 분리 연출의 핵심은 단 하나다. 시청자의 주의를 집중시킬 '전경'을 배경보다 강조하는 것. 어떤 방법을 쓰든 상관없다. 위 전략들을 결합하거나 변형해도 좋고, 새로운 방식을 고안해도 상관없다. 그래서 이 원리는 연출에도 다양한 방식으로 활용된다.

영화 〈쉰들러 리스트〉에서도 소녀만을 강조하기 위해, 흑백 화면에 빨간 코트를 부각시키지 않았던가(*명암/색상 대비*). 초점 분리야 요즘엔 스마트폰 사진 찍을 때도 다들 '포커스 아웃'으로 전경을 강조하고 있으니 말 다했다. 공동 영역에서 언급한 프레임 구획화는 여기에도 포함된다. 전경과 배경의 경계를 물리적으로 나눠버리기 때문이다. 인간은 경계가 뚜렷한 영역을 우선적으로 인식하려 하므로, 충분히 전경-배경 분리의 기법으로도 활용된다. 움직임 분리와 배경 단순화도 효과적이다. 카메라를 고정해 두고 텅 빈 광장의 분수를 찍었다고 치자. 배경이 어떻든 솟아오르는 물줄기 하나에 몇 분이고 시선을 빼앗기게 될 것이다.

전경-배경 분리는 감정을 직접 유도하는 원리라기보다, 분리 그 자체가 핵심이다. 하지만 주의가 집중되어야 감정도 따라오는 법이다. 그래서 이 원리는 영상 연출의 베이스, 기본 중의 기본이다. 전경-배경 분리만 제대로 해도, 장면 설계는 이미 반 이상 성공했다고 감히 말할 수 있다.

 **전경-배경 분리 원리의 활용**

◆◆◆

지금까지 우리는, 시청자가 이야기에 몰입하려면 각 장면이 제 역할을 해야 한다는 점을 확인했다. 그리고 그걸 가능케 하는 건 바로 감정을 유도하는 설계였다. 하지만 감정은 저절로 생기지 않는다. 감정은 지각과 주의의 방향에 따라 형성되며, 그 방향을 이끄는 가장 강력한 요소는 인물이다. 우리는 인간의 인지 과정을 통해 이 원리를 이해할 수 있었다. 더 나아가 인물을 포함한 시각 정보를 어떻게 구조화하느냐에 따라 감정의 흐름까지 조절할 수 있다는 사실을 게슈탈트 시지각 원리로 확인했다. 이제부터는 실전이다. 다음 챕터에서는 지금까지의 이해를 바탕으로, 유도된 감정을 장면 안에 어떻게 구체화하고 유지할 것인지 본격적으로 살펴보겠다.

위 게슈탈트 원리들 역시 예능·교양 프로그램 제작에 빼놓을 수 없다. 우선 '폐쇄성'은 시청자를 상상하게 만든다는 점에서 매우 중요하다. 하지만 그건 모두 실감할 테니, 소소한 이용을 살펴보자. 예를 들어 방송에 부적절한 멘트를 '삐-' 처리하거나, 자막 몇 글자를 가려놔도 시청자는 나머지를 스스로 채워 이해한다. '형태 불변성' 원리는 〈무한도전〉 해골 자막을 떠올려보자. 해골 자막이 크든 작든, 화면 어디에 어떻게 등장하든, 시청자는 곧바로 '망함·충격'이라는 의미로 인식한다. 〈프로듀스 101〉은 '공동 영역·공동 운명' 원리까지도 활용했다. 같은 조 연습생들은 같은 숙소에서 생활하고(공동 영역), 같은 춤을 연습하며 무대에 오른다(공동 운명).

　이제 우리는 게슈탈트 원리를 모두 살펴봤다. 시청자가 영상을 어떻게 지각하는지 이해했으니, 이를 다양한 연출에 응용할 수 있다. 원리에 익숙해지면, 시청자가 잊지 못할 새로운 연출 기법도 만들어낼 수 있을 것이다.



이번 장은 '어디까지를 하나로 보게 할 것인가.' 즉 경계의 설정을 다루는 원리다. 대표 원리는 폐쇄성(불완전한 형태도 스스로 완성해 봄), 형태 불변성(크기·방향이 달라도 같은 것으로 봄), 공동 영역(같은 경계 안의 대상을 하나로 봄), 공동 운명(같은 방향으로 움직이면 하나로 봄), 전경-배경 분리(전경과 배경을 자동으로 나눔)이다. 이 원리들은 시청자의 해석과 감정을 구획 짓는 도구로, 연출자는 '무엇을 보여주고 무엇을 감추느냐'까지 설계할 수 있게 된다.

# 감정 구현

12

# 프레임 안의 자리

프레이밍 1

영상 일을 하다 보면 새삼 신기할 때가 있다. 크든 작든, 실제로 보는 건 그저 네모난 프레임일 뿐인데도 웃고, 울고, 열광하고, 감동한다. 심지어 네모 속 세상을 만들겠다고 나선 사람들까지 있다. 우리처럼 말이다. 이게 도대체 뭐라고 사람을 이토록 흔드는 걸까? 우선 프레임이 무엇인지부터 알아보자.

## 프레이밍framing

프레임은 경계다. 네모든 원이든, 인간은 언제나 경계 속 정보만으로 세계를 이해한다. 하지만 인간의 시각 체계는 그 정보들을 동시에 처리하지 않는다. 시선은 프레임 안에서 끊임없이 이동하며, 한 번에 하나씩 중요한 정보를 골라낸다. 그래서 연출자는 자신의 의도대로 시청자를 이끌기 위해, '무엇을 어디에 둘지' 설계한다. 이것이 프레이밍이다. 이제 이 도구를 어떻게 쓸 수 있을지 살펴보자.

**표 12-1** 주요 프레이밍 전략

| 제목 | 설명 | 관련 게슈탈트 원리 |
| --- | --- | --- |
| 인물의 배치 | 위치에 따라 감정과 해석이 달라진다 | 전경-배경 분리, 중심-주변 조직 |
| 대칭과 비대칭 | 대칭은 안정, 비대칭은 긴장을 유도한다 | 대칭, 프레그난츠 |
| 프레임 구획화 | 프레임의 공간을 나눠 시선을 유도한다 | 공동 영역, 전경-배경 분리, 폐쇄성 |
| 여백 | 빈 공간은 고립감과 상상을 불러온다 | 전경-배경 분리, 폐쇄성 |
| 비율과 형식 | 화면 비율이 시선과 감정을 좌우한다 | 프레그난츠, 형태-의미 연계 |

## 인물의 배치

'인물과 중요 단서를 어디에 둘 것인가?' 실제로 장면을 설계할 때마다 어김없이 마주하는 고민이다. "그냥 보기 좋게 놔두면 되지 않나요?" 하지만 그렇게 허투루 넘길 일이 아니다. 같은 인물이라도 프레임 내 어느 위치에 두느냐에 따라 감정과 해석이 전혀 달라지기 때문이다. 프레임 내 위치는 크게 중앙, 상단-하단, 좌측-우측, 가장자리·모서리로 나눌 수 있다. 각각의 위치는 인간의 지각과 문화적 관습에 뿌리를 두고, 고유한 감정의 기본값을 만들어낸다.

**표 12-2** 프레임 내 위치

| 위치 | 감정 기본값 | 효과 기본값 |
| --- | --- | --- |
| 중앙 | 안정감·몰입·중심에 선 주체감 | 가장 중요한 의미·인물 강조 |
| 상단 | 권위·위엄·심리적 우월감 | 시선을 위로 끌며 힘 과시 |
| 하단 | 무력감·열세·소외감 | 약자·종속 위치로 거리감 강화 |
| 좌측(서양권 기준) | 안정감·예고·출발 기대감 | 서사 시작점·시선 흐름 유도 |
| 우측(서양권 기준) | 완결감·여운·종결 안정감 | 서사 귀결점·결말 의미 강조 |
| 가장자리·모서리 | 소외감·불안·긴장감 | 주변 위협·고립·예기치 못한 공포 |

연구에 따르면, 시청자는 새로운 장면을 접할 때 무의식적으로 프레임 중앙을 먼저 본다(Tatler, 2007). 왜냐? '중앙이 더 잘 보이기 때문'이다. 허탈하지만 본래 시각 구조가 그렇다. 시각은 중앙을 담당하는 '중심 시야'와 주변을 담당하는 '주변 시야'로 나뉜다. 그중 중심 시야는 해상도와 색 인지 능력이 월등하고, 주의력과 기억력 같은 인지 자원도 우선 배분된다. 그래서 인간은 식량과 독을 구분하거나, 타인의 감정을 읽거나, 정밀한 작업을 할 때 언제나 중심 시야에 의존해 왔다. 이러한 중심 시야의 특성은 영상을 볼 때도 그대로 적용된다. 중심 시야가 담당하는 프레임 중앙의 정보는 더 빠르게 인식되고, 더 정확히 기억되며, 더 중요하게 해석된다. 한마디로, 중앙은 무엇을 두어도 주목받는 '핫 존'이다. 아이돌 그룹의 센터, 부족의 추장, 국가의 왕⋯. 가장 중요한 존재는 언제나 중앙에 자리해 왔다. 드라마 〈왕좌의 게임〉에서도 왕좌는 항상 화면 중앙에 놓이고, 대너리스든 드래곤이든 장면의 중심인물 역시 늘 중앙을 차지한다. 설령 무명의 인물일지라도 중앙에 선 순간, 그 인물은 장면 속 주인공이 된다. 따라서 프레이밍에서 가장 기본이자 강력한 전략은 중앙 배치다. 이어서 살펴볼 상단-하단, 좌측-우측, 가장자리·모서리 구도는 모두 중앙 구도에서 파생된다.

---

**Comment**

프레임 중앙에 인물을 두면 주체성이 강조되지만, 같은 자리에 소품을 두면 상징성이 강화된다. 〈왕좌의 게임〉의 왕좌는 물론, 〈반지의 제왕〉의 절대 반지, 〈인셉션〉의 팽이 토템은 모두 결정적 순간에 중앙을 차지하며 상징성을 내뿜는다.

중앙이 인물의 중요성을 강조한다면, 상단-하단 구도는 인물 간 위계와 우열을 강력하게 드러낸다. 인간은 '지위가 높다, 기분이 다운된다.'처럼 신체 경험을 바탕으로 추상적 개념을 표현한다. 이를 설명한 것이 **개념적 은유 이론**Conceptual Metaphor Theory이다(Lakoff & Johnson, 1980). 이 이론은 언어뿐 아니라 시각 구도에도 똑같이 작동해, 프레임의 상단은 '강자', 하단은 '약자'의 자리로 인식된다. 권력자·심판자·신처럼 힘을 가진 존재들은 위쪽에 배치되고, 피지배자·피고·패배자는 아래쪽에 놓인다. 단순한 상-하 배치만으로도 힘과 감정의 우열이 직관적으로 드러난다.

· **영화 〈글래디에이터〉** | 콜로세움 장면[1]
경기장 아래에선 약자인 막시무스가 목숨을 걸고 싸우고, 그 위 관중석에선 강자인 황제가 내려다본다. 상-하 구도가 두 인물의 비극적인 우열을 시각적으로 강조한다. 하지만 전투가 끝난 뒤, 황제가 경기장으로 내려와 막시무스와 같은 위치에 선다. 그 순간 시청자는 깨닫는다. '막시무스는 이제 더 이상 약자가 아니다. 황제와 동등한 존재다!'

· **영화 〈다크 나이트〉** | '배트맨 vs 조커' 마지막 대치[2]
배트맨은 빌딩에서 조커를 떨어뜨리고, 조커는 거꾸로 매달려 프레임 하단에, 배트맨은 상단에 배치된다. 승패의 우열이 명확히 드러난다. 그런데 카메

---

1  영화 〈글래디에이터〉 : 약 1시간 22분경 장면
2  영화 〈다크 나이트〉 : 약 2시간 13분경 장면

라가 180° 회전하면서 조커의 얼굴이 프레임 상단으로 올라오고, 배트맨은 미묘하게 올려다보는 시선이 된다. 단 한 번의 회전으로 상-하 구도는 뒤집히고, 승패의 의미마저 흔들린다.



상-하 구도는 위계뿐 아니라 맥락에 따라 '정서의 방향'을 드러낸다. 하단의 아이가 높은 빌딩이나 하늘, 히어로를 올려다보면 '이루고 싶은 꿈에 대한 동경'으로 읽힐 수 있다. 상단의 인물이 아래를 내려다보면 보통 우월이나 경멸을 표현하지만, 만약 그게 약자라면 '눈을 내리깐 듯' 패배와 체념으로 해석될 수 있다.

## 3 좌측-우측

개념적 은유 이론에 따르면, 인간은 공간 해석에도 반복된 신체 경험을 반영한다. 그 대표적인 예가 **읽기 방향**이다. 서양에선 왼쪽에서 오른쪽으로 읽는다. 이 경험이 수천, 수만 번 반복되면서 '왼쪽=시작, 오른쪽=끝'이라는 인식이 굳어졌다. 이 습관은 프레임의 공간 해석에도 똑같이 작동한다. 좌측은 이야기의 출발점이나 이미 알려진 정보로, 우측은 결말 또는 새롭게 주목할 정보로 읽히는 것이다. 그래서 새로운 인물이나 사건의 등장은 좌측에, 사건의 결말이나 감정의 마무리는 우측에 두는 것이 효과적이다. 즉, 시청자는 좌측에서 맥락을 파악하고, 우측에서 이야기를 완성한다(Kress & van Leeuwen, 2006).

· **영화 〈반지의 제왕: 반지 원정대〉, 〈포레스트 검프〉[3]**

〈반지의 제왕: 반지 원정대〉에서 여정을 떠나는 원정대는 좌측에서 우측으로 걸어간다. 출발의 의미다. 〈포레스트 검프〉 오프닝 장면에서 깃털을 집어든 포레스트도 프레임 좌측에 있다. 역시 이야기가 막 시작됨을 알린다.

· **영화 〈타이타닉〉[4]**

바닷속으로 잭을 떠나보내는 로즈는 프레임 우측에 있다. '오른쪽=끝'이라는 인식이, 두 사람의 사랑이 여기서 멈췄음을 깊게 각인시킨다.

하지만 일본(아랍권)은 반대다. 일본 만화책을 펼쳤을 때처럼 시선은 오른쪽에서 왼쪽으로 흐른다. 일본인에겐 '오른쪽=시작, 왼쪽=끝'인 것이다. 좌-우 구도의 효과는 서양권과 정반대가 된다.

· **영화 〈조제, 호랑이 그리고 물고기들〉[5]**

츠네오는 조제와 이별한 뒤, 새 연인과 함께 우측에서 좌측으로 걷는다. 새로운 시작의 구도다. 그러나 끝내 좌측까지 가지 못하고 중간에 멈춰 오열한다. 시작도 끝도 아닌 모호한 위치에서, 시청자는 애틋했던 청춘의 한 페이지가 멈춰버렸음을 깨닫는다.

이 패턴은 일본 영화와 애니메이션에서 쉽게 볼 수 있다. 전투 장면에

---

3  영화 〈반지의 제왕: 반지 원정대〉 : 약 1시간 35분 30초경 장면;
   영화 〈포레스트 검프〉 : 약 2분경 장면
4  영화 〈타이타닉〉 : 약 2시간 56분경 장면
5  영화 〈조제, 호랑이 그리고 물고기들〉 : 약 1시간 48분 30초경 장면

선 우측에서 좌측으로 돌진하고, 일상 장면마저 습관처럼 우측에서 좌측으로 걷는다. 이렇듯 문화권마다 좌-우 구도의 해석이 다르다. 그래서 이 구도를 활용할 때는, 어느 쪽 시선 흐름을 선택할지 미리 정하고 촬영과 편집 전반에서 일관성을 유지해야 한다. 그래야 '시작과 끝'의 의미가 '기대와 여운'이라는 감정으로 이어질 수 있다.

## 4 가장자리·모서리

프레임의 가장자리·모서리는 주변 시야의 자리다. **주변 시야**는 중심 시야와 달리, 보이는 것들을 덜 중요한 보조 정보로 처리하는 경향이 있다. 하지만 움직임과 위협 탐지에는 훨씬 민감하다. 그래서 인물을 구석에 두면, 시청자는 그가 장면의 주체가 아니라고 느끼며, 동시에 빈 공간에 경계심을 갖게 된다(Messaris, 1994). 이를 활용하면 소외·단절·위협의 감정을 효과적으로 표현할 수 있다.

### · 드라마 〈왕좌의 게임〉

난쟁이 티리온은 회의나 연회에서 늘 프레임 가장자리에 있다. 이 구도는 그가 라니스터 가문의 약자이자 주변인임을 시청자에게 각인시킨다. 동시에, 모든 상황을 한 발 물러서 관찰하는 인둘이라는 인상도 준다. 그러나 왕의 핸드가 된 후에는 중앙에 서며 비로소 권력의 주체로 자리 잡는다. 이처럼 구석 배치는 인물의 '성장 서사'를 표현하는 데도 유용하다.

### · 영화 〈파라노말 액티비티〉, 〈죠스〉, 〈에이리언〉

'구석에 놓인 인물 vs 인물을 둘러싼 침실, 바다, 우주선의 텅 빈 공간' 시청자는 구석의 인물을 보면서도, 빈 공간에서 언제 괴물이 나타날지 몰라 긴장과 불안을 놓지 못하게 된다.

**3줄 요약**

프레임 내 위치에 따라 인물의 의미가 달라진다. 중앙은 중요성과 주체성을, 상단은 권위·우월을, 하단은 무력·종속을 드러낸다. 좌·우는 문화권별 읽기 방향에 따라 시작과 끝, 기대와 여운을 표현한다. 가장자리·모서리는 소외·위협·불안을 불러온다. 이처럼 프레임 내 위치는 가장 강력한 프레이밍 도구다. 인물을 그저 보기 좋게 두는 데 그친다면, 프레임이 울 일이다.

## 대칭

무언가를 중심에 두거나, 축을 기준으로 나란히 두면 우리는 '대칭'을 본다. 그리고 그 순간 안정과 질서를 느낀다. 더 나아가 얼마나 반복되는지, 얼마나 균형 잡혔는지, 얼마나 완벽한지에 따라 전혀 다른 감정이 유도된다. 이러한 감정들과 실제 연출 사례를 보자.

**표 12-3** 대칭이 주는 감정

| 속성 | 감정 기본값 | 효과 기본값 |
| --- | --- | --- |
| 질서·균형 | 안정감, 평온함 | 신뢰 강화, 안정된 장면 |
| 반복 | 익숙함, 신뢰감 | 패턴 인식 강화, 몰입 유도 |
| 완벽 | 권위감, 무게감 | 중심 인물·공간의 위엄 강조 |
| 과잉 | 어색함, 긴장, 공포 | 인위성·위협성 부각, 불안 증폭 |

· **질서·균형** ｜ 영화 〈그랜드 부다페스트 호텔〉

장면 대부분이 완벽에 가까운 좌우 대칭으로 구성됐다(*질서·균형*). 시청자는 안정감 속에서 호텔의 전통과 권위를 느끼게 된다.


· **반복** ｜ 영화 〈매트릭스〉 네오의 선택 장면[6]

마주 앉은 모피어스와 네오, 손바닥 위의 두 알약, 선글라스에 비친 네오까지 모두 좌우 대칭이다(*반복*). 이는 단순한 화면 구성을 넘어 '현실 vs 가상'의 선택이라는 '의미의 대칭'까지 만들어낸다. 선택의 무게는 더욱 크게 다가온다.


대칭이 과잉될 때는 어떨까? 안정감이 계속 커질 것만 같지만, 너무나 완벽한 대칭은 오히려 어색함을 유발한다. 자연에는 완벽한 대칭이 거의 없어서, 우리는 미묘한 불균형에 익숙해져 있기 때문이다. 그래서 완벽한 대칭을 마주하면, 인위적이거나 이 세상 것이 아님을 직감하고 공포를 느끼기도 한다. 인간을 닮은 로봇에 혐오를 느끼는 불쾌한 골짜기 uncanny valley 이론도 이와 같은 맥락이다(Mori, 1970). 즉, 인간은 완벽한 대칭보다 살짝 어긋난 균형에서 더 큰 아름다움을 느낀다(Zeki, 1999). 이 원리를 활용한 실제 연출 사례를 살펴보자.


· **과잉** ｜ 영화 〈샤이닝〉[7]

호텔 복도 중앙에 손 맞잡고 선 쌍둥이 소녀. 한 프레임을 반으로 접어도 똑같이 겹칠 만큼 배경과 인물 모두가 정확한 좌우 대칭이다. 보는 순간, '이건 위험하다…'라는 생각이 들 정도로 섬뜩한 비현실감이 밀려온다.

---

6　영화 〈매트릭스〉 : 약 28분 50초경 장면
7　영화 〈샤이닝〉 : 약 49분 30초경 장면

· **과잉** ｜ 영화 〈미드소마〉

대부분의 마을 의식 장면에서 인물과 건물이 기하학적으로 정렬돼 있다. 이 엄격한 대칭은 질서를 넘어 강박으로 다가온다. 시청자는 위압감과 불안감을 넘어 '당장 탈출해야 한다…'라는 본능적 공포에 사로잡힌다.

> **⊣ Comment ⊢**
>
> '대칭'의 과잉이 공포만 유발하는 건 아니다. '대칭을 누가, 어떤 상황에서 만드느냐'라는 맥락이 때로는 코미디를 만든다. 예를 들어, 완벽한 대칭 구도의 아이돌 안무를 동네 아저씨들이 너무 잘 춰버리면 웃음이 난다. 주성치 영화 〈쿵푸 허슬〉에서도 갱단원들은 한 손에 도끼를 들고 대칭 구도로 일제히 요상한 춤을 추는데, 위압적이면서도 웃음이 난다.[8] '너무 맞춰놔서 인위적이다.'라는 위화감이 코믹함으로 바뀌는 것이다.

영상에서 주로 활용되는 대칭 기법에는 좌우 대칭, 방사 대칭, 상하 대칭이 있다.

표 12-4 주요 대칭 기법

| 종류 | 감정 기본값 | 효과 기본값 |
| --- | --- | --- |
| 좌우 대칭 | 안정감, 질서감, 신뢰감 | 공간·인물에 권위와 무게 부여 |
| 방사 대칭 | 신성함, 신비로움, 위엄 | 중심 집중, 상징적 의미 강화 |
| 상하 대칭 | 비현실감, 몽환, 혼란, 반전 | 환상·환영 연출, 극적 전환 강조 |

---

8  영화 〈쿵푸 허슬〉 : 약 5분 30초경 장면

좌우 대칭 / 방사 대칭 / 상하 대칭

## 1 좌우 대칭

영상 연출에서 가장 흔히 쓰이는 대칭은 앞서 본 예시들처럼 좌우 대칭이다. 구현이 간단하기 때문이다. 프레임 중앙을 중심축으로 삼아 요소들을 배치하기만 하면 된다. 시청자의 시선은 보통 중심축에서 시작해 좌우로 퍼져나가기 때문에, 가장 중요한 단서를 중심축에, 그다음 중요한 단서를 중심축 가까이 배치하면 된다. 이렇게 구성된 장면에서 뇌는 가장 빠르게 안정과 질서를 인식한다. 그래서 인물이나 공간을 강조할 때 자주 활용된다.

## 2 방사 대칭

영화 〈미션 임파서블〉의 명장면을 떠올려보자.[9] 주인공이 침투하는 CIA 본부 금고의 바닥은 거미줄 형태다. 그리고 주인공은 정확히 그 중심에 배치된다. 마치 거미줄 한가운데의 거미 같아 도무지 눈을 뗄 수가 없다. 이것이 방사 대칭이다. 방사 대칭은 증심을 향해 모든 선과 패턴이

---

9  영화 〈미션 임파서블〉: 약 1시간 1분 40초경 장면

모이는 구조다. 이때 '연속성'과 '공동 운명' 원리가 동시에 작동해 시선을 중심으로 모아 의미를 부여한다. '여기 뭔가 중요한 게 있다!' 그래서 중심에 무언가를 두기만 해도, 자동으로 '중요 인물·중요 단서'가 된다. 게다가 '모든 힘은 중심에 모인다!'라는 상징성까지 생기면서, 중심에 있는 요소에는 권위·위엄·신성함까지 부여된다. 그래서 방사 대칭은 종교 의식이나 판타지 세계, 권위적인 공간을 연출할 때 효과적이다.

이 원리는 자연에도 깊게 각인돼 있다. 꽃은 방사 대칭으로 피어나 벌에게 '중심에 꿀이 있다!'라는 신호를 보내고, 공작은 꽁지깃을 펼쳐 '중심에 내가 있다!'라고 알린다. 해파리는 방사형 촉수로 '중심에 들어오면 위험하다!'라는 경고를 보낸다. 이런 경험들이 쌓이며 뇌는 방사 대칭을 생존과 안전의 신호로 학습해 왔다(Enquist & Arak, 1994). 그래서 영화 〈닥터 스트레인지〉의 마법진 '타오 만다라'가 방사 대칭으로 펼쳐지면, 시청자는 본능적으로 안전한 방패임을 알아챈다.

그러나 어느 각도에서 봐도 같다는 완벽함은 때로 '이 안에 들어오면 나가지 못한다!'라는 압박을 준다. 영화 〈미드소마〉의 결말 부분에서 주인공은 꽃 드레스, 제단 무늬, 마을 사람들의 배열이라는 삼중의 방사 대칭에 갇힌다.[10] 비록 중심에 앉아 있지만, 시청자는 그녀가 '결코 이 마을을 벗어날 수 없음'을 깨닫는다. 그리고 깊은 공포에 빠진다.

즉, 방사 대칭은 시선을 강제하는 가장 강력한 구조다. 어떤 맥락에서 사용하느냐에 따라, 장면은 안전한 마법진이 되기도 하고, 탈출할 수 없는 감옥이 되기도 한다.

---

10  영화 〈미드소마〉 : 약 2시간 32분 30초경 장면

인간은 늘 중력에 적응해 살아간다. 그런데 상하 대칭은 중력 방향을 거스른다. 그 즉시 '평범한 상황이 아니다!'라고 판단한 뇌는 불안함과 비현실감을 느낀다. 뇌가 이렇게 반응하는 이유는 카메라처럼 세상을 있는 그대로 기록하지 않기 때문이다. 인간은 오랜 경험을 바탕으로 세상을 예측하며 인식한다. 이를 예측 부호화predictive coding라고 하며, 중력처럼 변하지 않는 강력한 질서는 예측의 핵심 기준이 된다(Clark, 2013; Jörges & López-Moliner, 2017). 이 핵심 기준이 깨지면 예측 오차가 커지고, 곧바로 혼란과 불안이 찾아온다. 영화 〈인셉션〉에서 아리아드네가 꿈속 도시를 접어 올리는 장면이 그렇다.[11] 중력 자체가 뒤집히면서 예측 오차가 폭발적으로 커지고, 보는 순간 강한 혼란이 몰려온다. 반면 영화 〈포레스트 검프〉에서 주인공이 미국을 가로질러 달릴 때, 호수에 비친 상하 대칭 풍경은 오히려 아름답게 느껴진다.[12] 실제 하늘과 땅이 제자리에 있고 중력이 유지되므로 예측 오차가 작기 때문이다. 정리하면, 상하 대칭은 '여기가 어디지?'라는 비현실감을 통해 환상과 몽환을, '이건 평범하지 않아!'라는 불안을 통해 혼란과 반전을 유도하는 장치다. 다만 중력을 거스르는 만큼 시청자가 쉽게 피로를 느끼므로, 필요한 순간에만 짧게 쓰는 것이 효과적이다.

---

11 영화 〈인셉션〉 : 약 29분 50초경 장면
12 영화 〈포레스트 검프〉 : 약 2시간 8분 30초경 장면

좌우 대칭에 비해 방사 대칭과 상하 대칭은 구현이 쉽지 않다. 물·거울·세트·CG 같은 특수 환경이 필요하기 때문이다. 하지만 찾아보면 방법이 없는 것도 아니다. 예를 들어 우산을 펴면, 우산살이 인물을 강조하는 훌륭한 방사 대칭 배경이 되고, 비 온 뒤 고인 물은 자연스러운 상하 대칭을 만들어 준다. 예산이 딸릴수록 일상을 관찰하는 자세가 더욱 필요하다… 이미 저예산 예능들도 인물에 집중시키기 위해 방사형 강조선 CG를 많이 쓰고 있다. 결국 중요한 건 '대칭의 원리'를 이해하는 것이다. 그러면 상황과 목적에 맞게 적절히 쓸 수 있게 된다.

## 비대칭

앞서 본 영화 〈인셉션〉 예시에서 꿈속 도시가 반으로 접힐 때는 강한 혼란과 불안이 밀려온다. 그런데 아이러니하게도, 도시가 완전히 접혀 다시 대칭이 되면 차와 사람이 거꾸로 붙어 다녀도 안정을 되찾는다. 뇌가 대칭을 안정된 구조로 인식하고, 해석을 멈추기 때문이다. 인간의 뇌는 이렇게 끊임없이 균형을 추구한다. 그리고 그 균형을 깨뜨려 불안과 긴장을 얻는 방식이 비대칭이다.

표 12-5 주요 비대칭 기법

| 종류 | 감정 기본값 | 효과 기본값 |
| --- | --- | --- |
| 중심축 이탈 | 미묘한 불안, 긴장 고조 | 안정감 붕괴, 시선 집중 |
| 구석 배치 | 고립·소외, 위협, 불안 | 시선 편향, 공간 긴장 확대 |
| 패턴 깨기 | 놀람·의문, 위화감 | 단서 강조, 예외성 부각 |

이 세 가지 전략은 모두 게슈탈트 '대칭' 원리를 의도적으로 깨뜨려, 불안과 긴장을 유도한다. 핵심은 '얼마나 깨뜨릴 것인가'다. 살짝만 어긋나면 미묘한 위화감이, 크게 벗어나면 연출 의도가 느껴질 정도로 노골적인 불안이 생긴다.

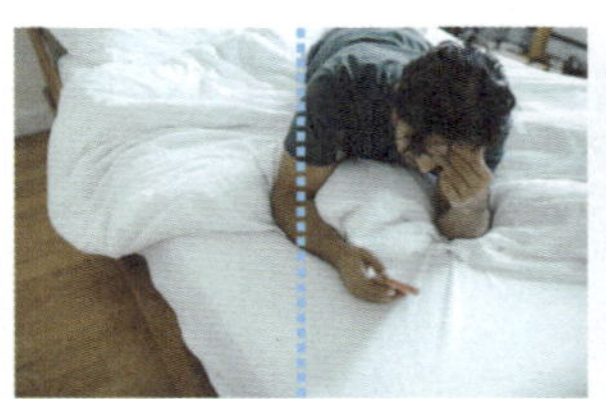

그림 12-2 중심축 이탈 / 구석 배치 / 패턴 깨기

### 1 중심축 이탈

심리학 연구에 따르면, 인간은 대칭과 중심 구조에 매우 민감하며, 아주 작은 어긋남만으로도 불편함을 느낀다(Reber et al., 2004). 그래서 인물이 중심축에서 조금만 벗어나도 긴장감이 생기고 시선이 쏠린다. 불안은 작은 균열에서 시작되는 법이다. 중심축에서 멀어질수록 비대칭도, 불안도 커진다.

### 2 구석 배치

'한쪽 구석+넓은 여백'이라는 구도 자체가 강한 비대칭이다. 이는 '대칭'뿐 아니라, '전경-배경 분리' 원리마저 깨뜨린다. 여백은 정보가 없어 보통 배경으로 읽히는데, 너무 넓으면 전경인지 배경인지 혼란스러운 것이다. 그 결과 뇌는 중심을 잃고 시선이 흔들리며, 남은 빈 공간에 경계심을 품는다. 따라서 장면은 고립감과 불안으로 채워진다.

### 3 패턴 깨기

반복되는 구조 속에서 단 하나만 다르게 만드는 방식이다. '유사성'과 '대칭' 원리가 동시에 깨지고, 시선은 즉시 그 예외를 향한다. 인간은 본능적으로 예외에 의미를 부여하기 때문에, 곧바로 이야기의 단서로 작동한다. 영화 〈인터스텔라〉 초반부, 가지런히 정리된 대칭 구도의 책장에서 몇 권이 저절로 떨어져 패턴을 깬다.[13] 시청자는 그 책들을 단순한 소품이 아니라, 이야기를 움직이는 핵심 단서로 인식한다. 드라마 〈셜록〉이나 〈CSI〉 같은 수사물에서 '하나만 다른 것'을 찾아내는 장면이 수없이 반복되는 것도 같은 이유다.

> **Comment**
>
> 패턴 깨기 기법은 수사물뿐 아니라 예능에서도 자주 쓰인다. 〈SNL코리아〉에서는 리액션 컷을 통해 웃음을 유발한다. 대칭 구도의 관객석에서 모두가 웃는 와중에, 한 출연자만 이상한 표정을 짓고 있는 것이다. 표정이 리액션 컷으로 잡히는 순간, 시청자는 그 예외성에 웃음이 터진다.

---

13 영화 〈인터스텔라〉 : 약 14분 20초경 장면

**⊣ 3줄 요약 ⊢**

대칭은 안정과 질서를 주며, 좌우·방사·상하 대칭은 각각 질서·신성·비현실을 강화한다. 비대칭은 균형을 깨뜨려 불안과 긴장을 만들고, 중심축 이탈·구석 배치·패턴 깨기가 대표적이다. 연출자는 대칭으로 안정·위엄을, 비대칭으로 긴장·위화감을 설계하며 이 둘의 대비로 감정을 조율한다. 하지만 이를 감각적으로 적용하기란 쉽지 않다. 그래서 '구도 그리드'가 있다.

## 구도 그리드 composition grid  |  3분할과 황금비율

**그림 12-3** 구도 그리드

기대했다면 미안하지만, **그림 12-3**의 검은 격자선이 **구도 그리드**다. 스마트폰 촬영을 할 때도 이미 많이 쓰이고 있다. 왠지 저 선들의 교차점에 인물을 두면 안정돼 보여서다. 그렇다. 구도 그리드는 프레임 안에서 시각 요소들의 균형을 안내하는 선이다. 대표적 도구는 **3분할 그리드**와 **황금비율 그리드**다. 둘 다 교차점과 영역을 활용해 균형을 만들어내지만, 접근 방식에는 차이가 있다.

## **1** 3분할 그리드<sub>rule of thirds</sub>

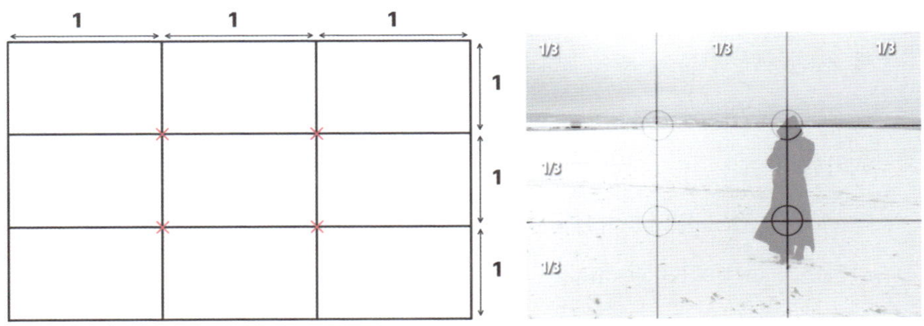

그림 12-4 3분할 그리드

그림 12-4 처럼 프레임을 가로·세로 3등분하면 네 개의 교차점과 아홉 개의 영역이 생긴다. 이것이 3분할 구도다. 연구에 따르면, 인간은 완전한 중앙보다 교차점 부근의 요소를 더 빠르고 정확하게 찾는다(Amir-shahi et al., 2014). 왜일까? 교차점 부근은 중심 시야와 주변 시야가 동시에 관여하는 곳이라 탐색 속도와 정확도가 모두 높아지기 때문이다. 또한, 중앙에서 살짝 벗어나 비대칭의 긴장감을 주면서도 안정감을 잃지 않는다. 그래서 교차점 부근을 활용하면 장면이 더 역동적으로 느껴진다. 게다가 공간 활용성도 뛰어나다. 인물을 교차점에 두면, 옆에는 마치 마당처럼 여백이 생겨, 여기에 단서를 둬도, 비워둬도 좋다.

그림 12-5 3분할 구도의 활용

예를 들어 그림 12-5 의 첫 번째 사진처럼, 오른쪽 교차점에 인물, 왼쪽 교차점에 단서를 두면 균형이 잡혀 시선이 새지 않는다. 또는 두 번째 사진처럼, 인물이 왼쪽 교차점에 서서 오른쪽을 바라본다면, 시청자는 오른쪽 '마당'을 해석하려 한다. 연출자는 여기에 인물이 보는 대상을 배치해 장면을 이어 나갈 수 있다. 이렇게 이야기가 확장되는 것이다. 다만 주의할 점도 있다. 연구에 따르면, 3분할 법칙을 쓴다고 해서 작품의 완성도가 눈에 띄게 올라가는 건 아니라고 한다(Amirshahi et al., 2014). 결국 3분할 구도는 어디까지나 활용하기 좋은 도구일 뿐, 맹신해선 안 된다.

### 2 황금비율 그리드phi grid

황금비율(약 1:1.618)은 자연에서 자주 관찰되는 구조다. 해바라기씨의 배열이나, 소라 껍데기의 나선, 일부 은하의 나선팔에서도 이 비율이 나타난다. 이는 햇빛이나 공간 같은 자원을 효율적으로 활용하는 데 유리하기 때문이다. 이런 관찰의 경험들이 쌓이면서 인간은 이 비율을 본능적으로 조화롭다고 느끼게 됐다. 그래서 고대의 건축과 예술부터 오늘날의 영상까지 두루 활용하고 있다.

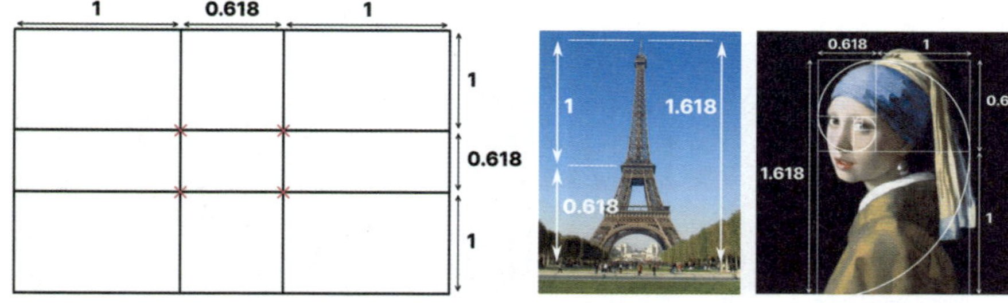

그림 12-6 황금비율 그리드와 황금비율의 활용

영상에선 이 비율을 간단히 황금비율 그리드로 적용한다. 원리는 3분할 구도와 비슷하다. 교차점 부근은 집중과 긴장을, 경계선 부근은 안정과 균형을 준다. 차이는 영역을 더 세밀하게 활용할 수 있다는 점이다. 큰 영역에는 중요 요소를, 작은 영역에는 보조 요소나 여백을 두면, 큰 영역은 전경으로, 작은 영역은 배경으로 인식된다. 그 결과 시선은 큰 영역에서 작은 영역으로 부드럽게 흐른다 ― 어떤 요소를 두느냐에 따라 시선 이동은 반대가 되기도 한다.

특히 황금비율 그리드는 공간감 연출에 유용하다. 화면 가운데 작은 영역들이 파노라마처럼 배경의 스펙터클을 살려주기 때문이다. 그래서 그림 12-7 의 첫 번째 사진처럼, 거대한 자연이나 도시 장면을 담을 때 자주 쓰인다.

 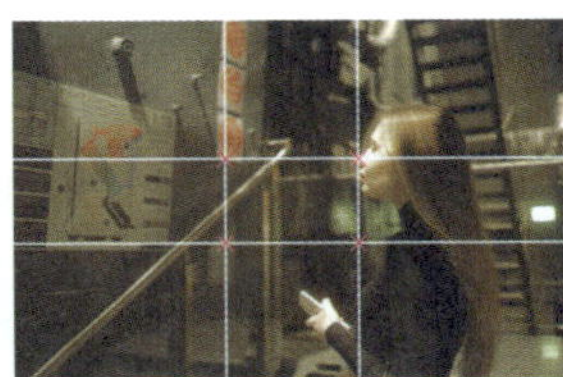 

그림 12-7 황금비율 그리드의 영상 활용

구도 그리드의 진짜 강점은 결합을 손쉽게 할 수 있다는 데 있다. 예를 들어 그림 12-7 의 두 번째 사진처럼, 인물의 얼굴은 교차점에, 몸은 경계선에, 다른 요소들은 영역 내부에 두면 프레임은 균형과 집중, 부드러운 시선 흐름을 동시에 얻게 된다. 반대로 혼란과 불안을 주고 싶다면, 이 원칙을 일부러 어겨 비대칭을 만들면 된다. 앞서 살펴본 대칭과 비대칭의 원리들이 이때 빛을 발한다. 이제 다들 스마트폰의 구도 그리드를 켜고 다양한 배치를 실험해 보자. 그 과정에서 장면은 전혀 다른 감정을 품게 될 것이다.



구도 그리드는 프레임 안 시각 요소의 균형을 안내하는 선으로, 대표적으로 3분할과 황금비율이 있다. 3분할은 단순하고 직관적인 균형 도구, 황금비율은 더 정교하고 조화로운 미적 균형 도구다. 어디까지나 시각 요소들의 균형을 위해 활용하기 좋은 도구일 뿐, 맹신해선 안 된다.

# 프레임 안의 공간
## 프레이밍 2

프레임이라는 무대 위에 인물을 세웠다면, 이제는 '무대를 어떻게 꾸밀지' 설계해야 한다. 경계를 나누고, 여백을 두고, 화면 비율을 조정하는 방식에 따라 같은 공간이라도 전혀 다른 의미와 감정이 만들어진다.

## 프레임 구획화

우리가 하나의 큰 무대를 세웠다고 치자. 거기서 끝이 아니다. 그 위에 벽을 이리저리 세워서 방도 만들고, 창문도 내야 한다. 이렇게 공간이 나뉘어야 인물의 위치에 따른 의미가 명확해진다. 큰 딸 방도 만들고, 작은 딸 방도 만들어야 각자의 정체성과 개성이 뚜렷해지는 것처럼 말이다. 영상도 마찬가지다. 프레임을 알차게 쓰려면 공간을 어떻게 나눌지 설계해야 한다. 이것이 바로 프레임 구획화다. 방법은 크게 두 가지가 있다. 내부 프레임을 만드는 것과 분할선을 활용하는 것이다.

그림 13-1 내부 프레임의 활용

문·창문·액자·거울·TV 화면·기둥이나 벽 틈새 같은 물리적 틀은 하나의 작은 프레임이 된다. 그림자나 조명으로 생긴 빛의 경계도 마찬가지다. 인간의 시선은 이런 내부 프레임에 강하게 끌린다. '공동 영역' 원리 때문이다. 같은 경계 안에 있는 요소들은 하나로 묶여 보이고, 경계가 뚜렷할수록 독립된 영역으로 인식된다. 그 결과 내부 프레임은 먼저 보이는 '전경'이 되고, 바깥은 '배경'으로 밀려난다. 즉, 내부 프레임은 '공동 영역'과 '전경-배경 분리' 원리를 동시에 작동시킨다. 이러니 시선이 붙들릴 수밖에 없다. 영화 〈그랜드 부다페스트 호텔〉에서 엘리베이터·창문·기차 안에 배치된 인물들이 유난히 돋보이는 이유도 바로 이 때문이다.[1]

인간은 왜 이렇게 내부 프레임에 끌릴까? 진화심리학자 데이비드 버스(2019)는 경계 안에서 벌어지는 일이 생존과 직결됐기 때문이라고 본다. 동굴 입구, 숲 틈, 울타리 안은 먹잇감이 숨어 있거나 맹수가 튀어나올 수 있는 위험지대였다. 그래서 인간은 불빛이 새어 나오는 동굴, 창문 너머의 움직임에 본능적으로 시선을 빼앗기는 '관찰자'로 진화했다. 그리

---

1   영화 〈그랜드 부다페스트 호텔〉 : 약 19분경 장면

고 공격받지 않는 안전한 관찰은 언제나 경계가 확실할 때만 가능했다. 영상도 마찬가지다. 프레임이라는 확실한 경계 덕분에, 그 안에서 아무리 사건이 터져도 우리는 안전하게 관찰자로 남을 수 있다.

그런데 내부 프레임은 시청자를 프레임 안으로 끌고 들어온다. 그 결과, 시청자는 프레임 밖 관찰자이자, 프레임 안의 또 다른 관찰자가 된다. 경계라는 방패가 두 겹으로 겹쳐지면서 시청자는 더욱 안전함을 느끼고, 감정 이입보다는 분석과 해석에 집중하게 된다.

· **영화 〈조커〉** ｜ 토크쇼 장면[2]

조커는 세 개의 내부 프레임 속에 갇혀 있다. 첫 번째는 토크쇼 무대, 두 번째는 카메라 뷰파인더와 스튜디오 모니터, 세 번째는 4:3 비율의 프레임이다. 이 삼중의 경계 안에서 그는 철저히 관찰되고, 웃음거리로 소비된다. 동시에 과잉된 경계는 내부 프레임 속 인물들의 관계가 파국을 향할 수 있음을 암시한다. 시청자는 이러한 불안 속에서 조커를 '위협적인 인물'로 느끼면서도, 안전한 관찰을 통해 '사회적으로 고립된 존재'라고 해석한다.

· **영화 〈식스 센스〉**

'내부 프레임이 인물 관계를 암시한다'는 원리를 교묘히 활용한다. 주인공 말콤은 대부분의 장면에서 다른 인물들과 같은 프레임에 등장하지 않고, 오직 소년 콜과만 프레임을 공유한다. 이로 인해 시청자는 자연스럽게 '둘 사이에 무언가 있다.'라고 추측하게 되고, 이는 대박 반전의 중요한 복선으로 작동한다.

---

2　영화 〈조커〉 : 약 1시간 38분경 장면

## 2 분할선

**그림 13-2** 분할선의 활용

내부 프레임이 사방을 막아 공간을 확실히 나눈다면, 분할선은 경계를 완전히 닫지 않고도 공간을 나눈다. 말하자면 내부 프레임의 가벼운 버전이다. 촬영 현장에는 기둥·창틀·그림자·도로 같은 선형 구조물들이 널려 있고, 이를 분할선으로 삼으면 같은 프레임 안에서도 영역마다 다른 이야기와 감정을 전할 수 있다. 2분할 화면처럼 말이다. 더 중요한 기능은 시선 유도다. '연속성' 원리에 따라, 인간의 시선은 선이나 경로를 따라 자연스럽게 움직인다. 그래서 시청자의 시선도 화면 속 분할선을 따라 움직이며, 그 위에 놓인 요소와 사건에 주목하게 된다. 실제 연출 사례를 보자.

· **영화 〈올드보이〉** │ 복도 싸움 롱테이크[3]

오대수의 처절한 싸움에 시선을 붙잡아둔 건 롱테이크분만이 아니다. 일직
선으로 뻗은 '복도'라는 분할선이 큰 몫을 했다.


· **영화 〈매드맥스: 분노의 도로〉**[4]

쫓는 자와 쫓기는 자, 카메라까지 길 위에 일렬로 배열돼 있다. 직선이 만들
어내는 힘이 시선을 이끌고, 속도감과 압박감은 끊임없이 이어진다.


분할선은 이렇게 있는 그대로만 활용해도 충분하지만 소실점, 소실선,
수평선을 이용하면 효과는 훨씬 커진다.

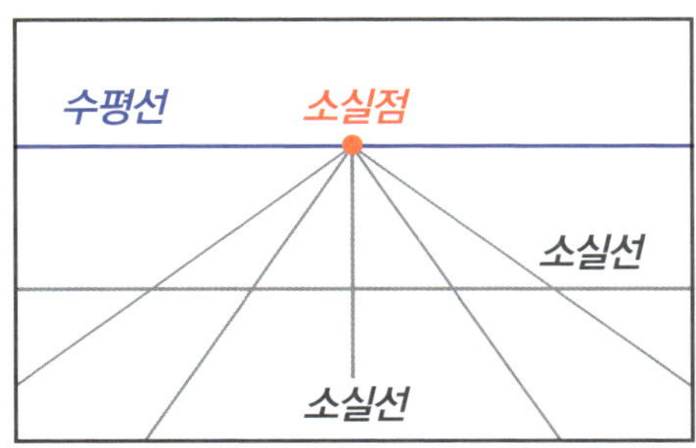

그림 13-3 소실점, 소실선, 수평선


소실점vanishing point은 소실선이 모여드는 지점으로, 시선이 자연스럽
게 집중되는 중심이다. 여기에 중요한 단서를 두면 시청자의 주의가 강

---

3  영화 〈올드보이〉 : 약 43분 30초경 장면
4  영화 〈매드맥스: 분노의 도로〉 : 약 20분경 장면

하게 끌린다. 수평선horizon line은 소실점이 놓이는 기준선으로, 카메라 높이에 따라 안정(중앙), 위압(하단), 불안(상단) 같은 분위기를 결정한다. 소실선vanishing line은 시선을 소실점으로 안내하는 길이다. 건물의 기둥·벽 모서리·창틀 같은 건축물이나, 도로·철도·가로수 같은 구조물이 자연스럽게 소실선을 형성한다. 가령 이렇게 말이다.

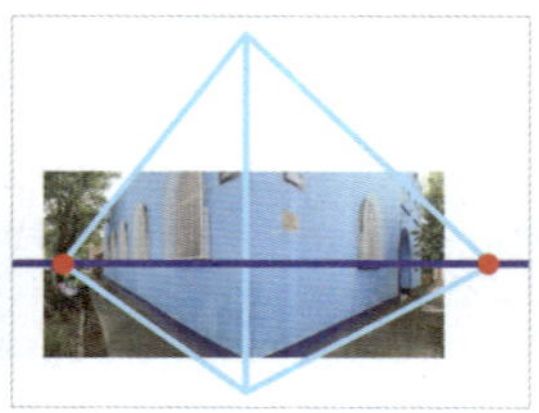

그림 13-4 소실선의 형성(1점 투시 / 2점 투시 / 3점 투시)

이처럼 촬영 현장에 늘 있는 선형 요소들을 활용해 소실선을 만들고, 카메라 높이로 수평선을 정하면 자동으로 소실점이 형성된다. 시선은 소실선을 따라 이동하다가 소실점에 모이고, 그곳에 놓인 인물이나 단서는 강하게 주목된다. 영화 〈인셉션〉의 빙글빙글 돌아가는 호텔 복도 격투 장면을 떠올려보자.[5] 인물들이 사방팔방 움직여도 시청자의 시선은 그들을 놓치지 않는다. 그림 13-4 의 첫 번째 사진처럼 복도 중앙에 소실점이 설정됐기 때문이다. 소실점과 소실선이 커버하는 영역 안에서는 시선이 빠져나가기 어렵다. 하나의 소실점만으로도 긴장과 몰입을 강하게 이끌어낼 수 있고, 여러 개를 활용하면 입체감과 역동성까지 표현할 수 있다.

---

5   영화 〈인셉션〉: 약 1시간 39분경 장면

분할선은 방향에 따라 의미가 달라진다. 기둥·벽·창틀 등을 이용한 수직 분할은 인물 간의 단절·대립을 강조한다. 인물 사이에 기둥을 두면, 같은 프레임 안에서도 '서로 갈라져 있다'는 의미가 담긴다. 반면 바닥선·난간·계단 등을 이용한 수평 분할은 같은 선상에 있을 때 동등함·균형을, 위아래로 갈라질 때 위계·우열을 드러낸다. 예컨대, 계단에서 인물들이 결정을 내릴 때, 같은 단에 세우면 힘의 균형이, 다른 단에 세우면 힘의 차이가 직관적으로 읽힌다.



프레임 안의 공간은 내부 프레임과 분할선을 통해 나눌 수 있다. 내부 프레임은 '공동 영역·전경−배경 분리' 원리를 동시에 작동시켜 시청자를 관찰자로 만들고, 인물 관계를 암시한다. 분할선과 소실점·소실선·수평선은 시선을 유도하고, 입체감·역동성까지 표현한다.

## 여백의 의미 | 기능과 효과

옛적부터 조상들은 달을 보고 토끼를 찾아내거나, 별들을 이어 별자리를 만들어냈다. 이처럼 인간은 불완전하고 애매한 시각 정보에서도 무의식적으로 의미를 찾아내려 한다. 심리학에서는 이를 암묵적 의미부여 implicit meaning attribution라고 설명한다. 즉, 지각은 단순히 '보는 것'이 아니라 적극적인 해석의 과정인 것이다(Gombrich, 1960). 따라서 뇌는 여백을 마주하면 본능적으로 의미를 찾아내려 한다. 연출자는 이를 활용해 여백에도 의도와 감정을 부여할 수 있다.

**표 13-1** 여백의 기능과 효과

| 기능 | 감정 기본값 | 효과 기본값 |
| --- | --- | --- |
| 시선 방향·감정 유도 | 안정·평온(대칭) / 불안·긴장(비대칭) | 시선을 전경으로 쏠리게 함 |
| 시선 속도 조절 | 안정감(여백 많음) / 피로·혼란(여백 적음) | 시선 이동 속도 조절 |
| 상상 유도 | 기대·호기심 / 공포 | 프레임 밖 의미·여운 확장 |

## 1 시선 방향과 감정 유도

여백의 가장 기본적인 기능은 시선을 전경 쪽으로 몰아주는 것이다. '전경-배경 분리' 원리에 따라, 인간은 정보가 밀집된 부분을 '전경'으로, 그렇지 않은 부분을 '배경'으로 지각한다. 따라서 여백은 자연스럽게 배경이 되고, 전경은 더 두드러져 보인다. 이때 여백이 전경 양쪽에 균형 있게 있으면 안정과 평온을 주고, 한쪽으로 치우치면 불안과 긴장을 만든다. 앞 장에서 본 대칭·비대칭 효과가 그대로 적용되는 셈이다.

여백이 지나치게 크면 어떨까? 영화 〈그래비티〉의 우주, 〈레버넌트〉의 설원 장면을 떠올려보자. 끝없이 펼쳐진 공간 속에서 주인공은 점처럼 작다. 단 한 컷만으로도 시청자는 고립감과 무력감을 느끼고, 나아가 자연의 압도적 스케일 앞에서 공포마저 경험한다. 이는 스케일 불일치scale mismatch 때문이다. 인간은 주변 환경의 크기와 거리를 참조해 자신의 안전을 가늠하는데, 이 참조점이 지나치게 크거나 멀면 자기 존재가 상대적으로 왜소해진다(Proffitt, 2006). 더구나 광활한 공간은 포식자가 숨어 있을 가능성도 높다(Buss, 2019). 공포를 느끼지 않을 수 없다.

그림 13-5 여백의 과잉

## 2 시선의 속도 조절

　시선은 정보를 따라 움직인다. 그런데 여백은 정보가 적어 빠르게 움직일 필요가 없다. 그래서 여백이 많으면 시선이 느려지고 머무는 시간이 길어진다. 장면을 오래 곱씹게 하고 싶다면 여백을 넉넉히 두자. 그만큼 인물의 감정을 음미하고, 장면의 의미를 되새길 시간을 주게 된다.

　반대로 프레임이 정보로 가득 차 있으면, 시선은 그것들을 쫓느라 바쁘게 움직인다. 뇌 역시 과부하가 걸려 피로가 쌓인다. 영화 〈라이언 일병 구하기〉 초반부, 노르망디 전투 장면을 떠올려보자. 화면 가득한 병사들, 총알, 파편, 물보라…. 시선은 끊임없이 이동하고, 시청자는 전쟁의 혼란과 피로를 온몸으로 체감한다. 여백은 이렇듯 시선을 천천히 머물게 할 수도, 끊임없이 몰아붙일 수도 있다.

### 3 상상 유도

시청자는 여백을 보며 '왜 비어 있을까?'를 묻고, 스스로 상상해서 채워 넣는다. 이는 '폐쇄성' 원리가 작동한 결과다. 인간은 불완전한 정보를 마주하면 나머지를 보완해 전체를 완성하려 한다. 이 과정에서 시청자는 다음 전개를 예측하며 몰입이 깊어진다(Zacks et al., 2007). 영화 〈죠스〉와 〈괴물〉도 바다와 강을 비워둔 채, 물결의 흔들림과 사람들의 시선 같은 단서만 남겨둔다. 그럼에도 시청자는 그 빈 공간 속에서 괴물의 형체를 스스로 완성한다. 실제로 보이지 않았기에 오히려 더 강한 공포를 경험한다.

---

**⊣ Comment ⊢**

여백은 이분만 아니라, 장면의 호흡과 편집 리듬을 조절한다. 예를 들어, 액션 직후 컷에 여백을 크게 두면 시청자가 호흡을 고를 틈을 갖게 된다. 반대로 여백 없는 장면을 연속적으로 붙이면 압박·긴장이 쌓이며 강한 몰입이 유지된다. 대신 피로도 쌓인다. 그래서 영화 〈매드맥스: 분노의 도로〉도 신나게 추격 후, 사막 롱 샷을 삽입해 시청자에게 숨 돌릴 틈을 준다.

---

## 여백의 전략

이렇듯 여백도 어디에, 어떻게 두느냐에 따라 시청자의 해석과 감정이 달라진다. 특히 인물과 시선, 움직임을 기준으로 한 세 가지 기법이 대표적이다.

| 기법 | 감정 기본값 | 효과 기본값 |
| --- | --- | --- |
| 헤드룸 | 안정·집중(적정) / 압박(과소) / 왜소·고립(과대) | 인물의 심리적 위치 강조 |
| 루킹룸 | 개방·기대(충분) / 긴장·답답(부족) | 시선 흐름·공간감 유도 |
| 리드룸 | 진행·속도감(충분) / 위기·압박(부족) | 움직임의 연속성·몰입 강화 |

## 1 헤드룸 headroom

헤드룸은 인물 머리와 프레임 상단 사이의 여백이다. 이 여백이 얼굴을 전경으로, 머리 위 공간을 배경으로 분리해 시청자의 해석과 감정에 직접적인 영향을 준다.

### · 적정 헤드룸

눈의 위치가 화면 상단 1/3 지점에 위치할 때를 말한다. 안정적이고 답답하지 않아 대부분의 인물 촬영에 사용된다.

### · 좁은 헤드룸

인물이 상단에 눌려 있는 듯한 인상을 주어 심리적 압박과 긴장을 전달한다. 스릴러나 대립 장면에서 효과적이다.

### · 넓은 헤드룸

인물이 작아지고, 화면 아래로 밀려나 고립감과 외로움을 강조한다. 동시에 탁 트인 개방감을 주기도 하는데, 때로는 영화 〈포레스트 검프〉의 달리기 장면처럼 안정과 해방으로 작용하기도 하고, 영화 〈레버넌트〉의 설원처럼 불안과 공포로 작용하기도 한다. 위협 가능성의 유무에 따라 감정이 달라지는 것이다.

특별한 연출 의도가 없다면 적정 헤드룸을 유지하는 것이 안전하다. 여백이 계속 들쭉날쭉하면 '연속성'이 깨져 시청자가 불필요한 피로를 느끼기 때문이다. 그래서 의도를 표현해야 할 때 외엔 적정 헤드룸으로 돌아가길 권한다. 안정감이라는 게 그렇게 중요하다.

> **Comment**
>
> 헤드룸의 연속적인 조절로 인물의 심리 변화를 표현할 수 있다. 예를 들어, 컷마다 헤드룸을 조금씩 늘리면, 점점 무력·고립되어 가는 인물의 심리를 전달할 수 있다. 반대로 헤드룸을 조금씩 좁히면, 점점 자신감을 찾는 인물을 그릴 수 있다. '점점'이 아니라 '갑자기' 넓어지면 인물의 충격과 절망이, '갑자기' 좁아지면 압박과 분노가 강조된다.

### 2 루킹룸·리드룸 looking room·lead room

**루킹룸**은 인물이 바라보는 방향 앞쪽에 두는 여백이다. 인물이 오른쪽을 바라본다면, 프레임 오른쪽에 공간을 두는 식이다. 클로즈업이나 미디엄 샷에서 얼굴 앞쪽 여백을 강조할 때는 '노즈룸nose room'이라 부르기도 한다. 리드룸은 움직이는 요소 앞쪽의 여백이다. 걷는 사람, 달리는 자동차, 날아가는 새 등 움직임의 방향에 공간을 두면, 시청자는 그 진행을 자연스럽게 받아들인다. 두 여백을 함께 다루는 건 이유가 있다. 둘 다 '앞 공간이 열려 있어야 안전하다.'라는 진화적 배경에서 비롯됐기 때문이다. 인류는 늘 도망치거나 사냥할 공간이 필요했고, 앞이 막힌 상황은 곧 압박과 위협이었다. 이 경향은 지금도 남아 영상 속 장면 해석에 작동한다.

또한 루킹룸과 리드룸은 모두 '방향'을 다루기 때문에 '연속성' 원리가 작동한다. '시선 방향·움직임 방향·여백 방향'을 하나의 경로로 묶어 인식하는 것이다. 특히 리드룸은 움직임도 다뤄 '공동 운명' 원리까지 작동하므로, 시청자가 다음 동작을 더욱 강하게 예측하도록 만든다.

그림 13-7  충분한 / 부족한 / 과도한 루킹룸

## · 충분한 루킹룸·리드룸

시선이 부드럽게 이어져 안정감을 준다. '인물이 무엇을 보는지, 어디로 가는지, 그 공간에는 무엇이 있는지'에 대한 호기심과 기대가 생기며 몰입이 깊어진다.

## · 부족한 루킹룸·리드룸

루킹룸이 부족하면 갇힌 듯한 압박감이, 리드룸이 부족하면 뚫고 나갈 듯한 불안감이 생긴다. '연속성·공동 운명' 원리가 붕괴되면서 예상 경로를 잃은 뇌는 긴장을 유지하게 된다.

## · 과도한 루킹룸·리드룸

인물은 작아지고 여백은 커져 고립과 무력감이 강조된다. 동시에 생겨난 개방감은 상황에 따라 안정으로도, 불안으로도 작용한다.

**그림 13-8** 충분한 / 부족한 / 과도한 리드룸

인터뷰나 대화 촬영에서 루킹룸을 충분히 주면, 시선 흐름이 자연스러워진다. 스포츠나 다큐멘터리에서 리드룸을 넉넉히 주면, 속도감과 진행감이 강화된다. 영화 〈매드맥스: 분노의 도로〉는 이러한 여백의 효과를 유용하게 사용했다. 차량 추격 장면에서 넓은 리드룸으로 속도감과 진행감을 극대화하고, 충돌 직전에는 리드룸을 줄여 압박감을 높였다. 이러니 손에 땀을 쥘 수밖에 없다. 세팅 방법은 간단하다.

## · 루킹룸

먼저 적정 헤드룸을 잡고, 인물의 시선 방향 앞쪽 여백을 조절한다.

· **리드룸**

인물의 얼굴이나 몸 중심을 프레임 안쪽에 두고, 진행 방향 앞쪽에 뒤쪽보다 2~3배 넓은 여백을 남긴다. 동작이 빠를수록, 클로즈업일수록 더 넓은 리드룸이 필요하다.



루킹룸은 안정과 긴장뿐 아니라 권력 관계까지 드러낸다. 강자의 루킹룸은 넉넉히, 약자의 루킹룸은 좁게 설정하면 시청자는 자동으로 힘의 불균형을 읽는다. 예컨대, 수사 장면에서 경찰의 루킹룸을 넓히면 권위감이, 피의자의 루킹룸을 좁히면 압박감이 느껴져 심문의 긴장이 극대화된다. 이 원리는 로맨스 장면에도 응용할 수 있다. 짝사랑의 대상은 넉넉한 루킹룸으로 여유를, 짝사랑하는 인물은 좁은 루킹룸으로 긴장을 표현할 수 있다. 대화 장면이나 인터뷰에서 자주 활용된다.

모든 영상 연출 기법이 그렇듯, 이것들도 '반드시 이렇게 해야 정석이며 기본이다.'라고 규정할 수는 없다. 상황에 따라 필요한 기법을 선택해 쓰면 그뿐이다. 한낱 방법에 불과한 기법들을 기준으로 삼아 "기본이 안 됐네, 영상 문법이 엉망이네, 어쨌네."하는 타인의 평가엔 신경 쓰지 말자. 대신 꼭 신경 써야 할 것은 시청자에 대한 배려다. 그들의 안정감이 중요하다. 그러니 여백의 극단적인 조절도 의도를 표현해야 할 때만 쓰는 걸 권한다. 시청자를 배려하지 않은 연출은 자기만의 예술일 뿐이고, 압박감을 견디면서까지 그 예술을 감상하려는 시청자는 아무도 없다.

여백은 단순한 빈 공간이 아니라, 시선을 유도하고 감정을 채울 수 있는 공간이
다. 헤드룸은 인물의 심리적 위치를, 루킹룸·리드룸은 시선과 움직임의 방향성을
드러내며 안정·기대·불안 등을 조절한다. 그 결과, 고립·압도·긴장을 만들거나, 안
정·여유·몰입이 강화된다.

## 비율과 형식

### 1 비율

프레임은 평면이지만, 우리는 그 안에서 입체감을 느낀다. 인물과 사
물이 놓인 위치, 서로 간의 크기 차이가 깊이와 공간감을 만들어내기
때문이다. 특히 전경-중경-후경의 비율은 프레임 해석과 감정 경험을
크게 좌우한다.

그림 13-9  전경-중경-후경

· **전경**

전경의 대상은 크고 선명하게 보인다. 뇌는 크게 보이는 대상을 더 가깝고 중요하다고 해석하는 경향이 있기 때문에, 전경은 시선의 출발점이자 감정의 시작점이 된다. 전경에 인물의 어깨나 뒷모습을 두면 마치 그 인물 곁에 붙어 있는 듯한 체험을 주고, 창틀이나 기둥을 두면 숨어서 관찰하는 듯한 시선을 만든다. 또 떡밥이 되는 단서를 전경에 배치하면, 향후 '떡밥 회수'의 순간에 강한 쾌감을 줄 수도 있다.

· **중경**

중경은 전경과 후경 사이에서 공간이다. 뇌는 중심 시야를 통해 인물의 표정과 행동을 정밀하게 읽어내는데, 이 기능이 가장 잘 발휘되는 거리가 중경이다. 너무 멀지도, 가깝지도 않아 감정이입과 사건 파악이 동시에 가능하다. 그래서 인물 관계, 핵심 사건, 중요 단서가 주로 배치되며, 사건을 실제로 전달하는 중심 무대가 된다.

· **후경**

후경은 프레임에서 가장 멀리 위치하지만, 장면의 맥락과 분위기를 결정한다. 크기와 선명도, 대비는 약하지만 간판·거리·풍경처럼 해석에 필요한 단서를 제공하거나, 빛·안개·비 같은 요소로 분위기를 조성해 현실감을 더한다. 드라마 〈기묘한 이야기〉에서 현실감을 없애기 위해 사용한 방법은 후경을 날려버리는 것이다. 초능력 소녀 엘이 다이브에 성공하는 순간, 엘을 제외한 주변이 모두 사라지며 암흑으로 변한다.[6]

· **비율 조절**

그렇다면 '전경-중경-후경'의 비율은 어떻게 조절해야 할까? 전경이 넓어지

---

6   드라마 〈기묘한 이야기〉 시즌1, 7화 : 약 32분경 장면

면 시선을 강하게 끄는 것은 사실이다. 하지만 넓어진 전경에 이야기와 직접 연결된 정보가 없으면, 몰입은커녕 답답함만 커진다. 오히려 중심 무대인 중경을 가려 핵심 정보를 놓칠 수 있기 때문이다. 반대로 전경을 줄이면 중경과 후경이 넓어지면서 개방감과 안정감이 생긴다. 이야기도 더 또렷하게 읽힌다. 즉, 이야기 몰입을 유도하려면 전경을 줄이고 중경을 넓히는 편이 효과적이다. 같은 이치로, 전경과 중경을 줄이면 후경이 커진다. 이 경우 시선은 사건과 인물보다는 배경의 분위기나 맥락에 집중된다. 반대로 후경을 줄이면 다시 중경이 강조되어 사건과 인물 중심으로 돌아온다.

결국, '전경-중경-후경'은 같은 공간을 나눠 쓰는 셈이다. 어느 쪽이 커지면 다른 쪽은 작아지는 '제로섬 게임'과 같다.

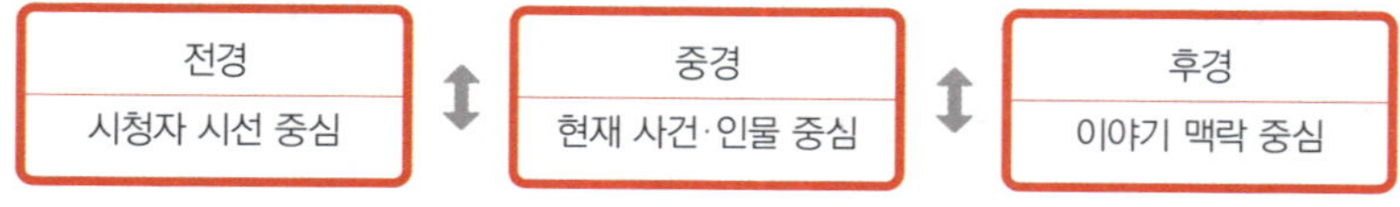

표 13-3 비율의 제로섬 게임 | 하나가 줄어들면, 다른 게 늘어난다



따라서 연출자는 세 영역 가운데 무엇을 강조할지 과감히 선택하거나, 아니면 균형을 맞춰 안정된 장면을 설계해야 한다. 하지만 이 과정을 마치면, 평면 프레임 안에서도 시청자를 몰입시키는 입체적 장면이 펼쳐질 것이다.

---

**Comment**

'전경-중경-후경' 비율이 항상 균형 잡힐 필요는 없다. 연출자는 때로 전경을 과도하게 키워 중경을 가림으로써, 시청자가 '뒤에 무엇이 있을까?'라는 긴장과 호기심을 품도록 유도한다. 보이지 않는 부분을 상상하게 될 때, 몰입은 오히려 강화된다.

## 2 형식

### · 프레임 비율

16:9, 4:3, 1:1 같은 프레임의 가로·세로 비율을 말한다. '전경-중경-후경'의 비율을 조절해 놓아도, 프레임 비율이 바뀌면 시청자의 시선과 해석이 또 달라진다.

**표 13-4** 프레임 비율

| 비율(형식) | 감정 기본값 | 효과 기본값 |
| --- | --- | --- |
| 2.35:1~2.39:1(시네마스코프) | 웅장함, 개방감 | 좌우 확산, 주변 탐색, 중심 고정 어려움 |
| 1.85:1(와이드 표준) | 안정감, 몰입과 균형 | 중심·주변 이동이 자연스럽고 부드러움 |
| 16:9(TV·모바일 표준) | 익숙함, 현실감 | 중심·주변을 빠르게 오가며 정보 처리 빠름 |
| 4:3(세로 공간 강조) | 집중감, 밀폐감 | 위·아래 강조, 중심에 머무는 시간 김 |
| 1:1(정사각형) | 균형감, 친밀함 | 시선 이동 적고, 중심 고정 시간 김 |
| 9:16(세로형, 모바일) | 인물 중심, 즉시성 | 세로 시야, 표정·감정에 고정 |

시청자의 시선과 해석이 달라지는 이유는 프레임 비율이 중심 시야와 주변 시야의 비중을 조절하기 때문이다. 프레임이 좌우로 넓어질수록 주변 시야의 활용이 커진다. 주변 시야는 배경 정보를 처리하므로, 전투나 풍경처럼 배경이 중요한 장면에서는 넓은 프레임이 효과적이다. 개방감과 웅장함까지 생겨 몰입도를 높인다. 하지만 넓은 프레임은 전체를 한눈에 파악하기 어렵다. 중요 정보를 처리하는 중심 시야가 좁기 때문이다. 그래서 시선을 이곳저곳으로 옮겨야 하므로 주의가 분산되기 쉽다. 이를 보완하려면 중요 단서를 프레임 중앙에 두거나, 색·명암 대비를 활용해 시선을 고정해야 한다.

반대로 프레임이 세로로 좁아질수록 중심 시야의 점유율이 높아진다.

프레임 대부분이 중심 시야에 들어오기 때문에, 인물이나 사물에 시선이 오래 머물게 된다. 인물의 감정과 심리를 깊이 표현하는 데 효과적이지만, 주변 맥락이 줄어들어 화면이 답답하게 느껴질 수 있다.

또한, 프레임 비율은 시간과 사건을 구분할 때도 쓰인다. 영화 〈그랜드 부다페스트 호텔〉은 시대별로 비율을 달리해 시간의 흐름을 표현했다. 이런 변화는 뇌에 '새로운 사건이 시작되었음'을 알리는 강력한 신호로 작용한다(Zacks et al., 2007). 따라서 중요한 결심, 전환점, 회상 장면에서 프레임 비율을 바꾸면 의미를 더욱 효과적으로 전달할 수 있다.



### · 프레임 분할

프레임 분할은 하나의 화면을 둘 이상으로 나누어 서로 다른 장면을 함께 보여주는 기법이다. 2분할·3분할·4분할처럼 화면을 나누거나, PIP처럼 큰 화면 안에 작은 내부 프레임을 삽입하는 방식도 여기에 포함된다. 이때 시청자는 분할된 각 영역을 하나의 단위로 인식하고(공동 영역·근접성), 동시에 일어나는 사건으로 해석한다. 드라마 〈CSI〉는 프레임 분할을 자주 활용하는데, 화면의 한쪽에는 실험이나 부검 장면이, 다른 쪽에는 현장 수사가 나란히 배치된다. 하지만 시청자는 이를 따로따로가 아니라, 같은 시간에 진행되는 하나의 이야기로 받아들인다. 따라서 서로 다른 장면들을 한 줄기의 이야기로 엮어야 할 때, 프레임 분할은 유용한 도구다.



프레임 분할은 서로 다른 장면을 하나의 이야기로 연결한다. 그래서 '아이러니'를 표현할 수도 있다. 예를 들어, 2분할 화면에서 왼쪽은 파티, 오른쪽은 장례식장 장면을 두면, 기쁨과 슬픔의 충돌이 아이러니를 만든다. 영화 〈킬 빌-1부〉에선 주인공이 병원 침대에 누워 있는 장면과, 그녀를 암살하려는 장면이 동시에 배치된다.[7] 한쪽은 살려는, 한쪽은 죽이려는 아이러니가 발생한다.

## · 오프스크린

오프스크린은 화면 밖 공간을 실제로 존재하는 세계처럼 인식하게 만드는 기법이다. 공포 영화에서 특히 자주 활용된다. 예를 들어, 갑자기 큰 소리가 들리고 인물들이 동시에 프레임 밖 어딘가를 바라본다고 하자. 그러면 시청자는 화면에 보이지 않는 그곳에 '무언가' 있다고 상상하며 긴장과 공포를 느낀다. 이것이 바로 오프스크린이다.

이 효과는 인물의 시선, 몸의 방향, 소리, 그림자, 빛의 이동 같은 단서들이 '연속성·폐쇄성·공동 운명' 원리를 동시에 작동시켜 만들어진다. 연속성은 시선을 프레임 밖으로 자연스럽게 이끌고, 폐쇄성은 보이지 않는 빈 공간을 '존재하는 무엇'으로 채워 넣는다. 여기에 소리나 움직임 같은 동적 단서가 더해지면, 공동 운명이 작동해 프레임 안과 밖을 하나의 사건으로 묶는다.

---

7  영화 〈킬 빌-1부〉 : 약 20분 50초경 장면

즉, 오프스크린은 시청자를 상상하게 한다. 시청자를 단순한 관찰자가 아니라, 장면의 체험자로 끌어들이고 싶을 때 효과적이다.

## · 마스킹

마스킹은 화면 일부를 의도적으로 가려 시야를 제한하는 기법이다. 영화 〈007〉 시리즈의 오프닝을 떠올려보자.[8] 어두운 원형 프레임이 제임스 본드를 따라다니고, 그 안에서 본드는 멋지게 총을 쏜다. 이것이 마스킹이다. 액션 영화에서 스나이퍼가 조준경 너머로 타깃을 겨눌 때 보이는 원형 화면도 같은 원리다.[9]

마스킹은 빛·색·형태를 프레임 위에 덧씌워 특정 영역만 보이게 하거나, 사물이나 인물로 일부 시야를 가려서 구현된다. 이때 '전경-배경 분리·선택적 주의' 원리가 동시에 작동한다. 전경-배경 분리 원리는 보이는 영역을 또렷하고 중요하게 인식하게 만들고, 선택적 주의는 그 영역에 집중하도록 이끈다(Qiu & von der Heydt, 2005). 그 결과, 시청자는 보이는 대상을 핵심으로 확신하며 안정감과 몰입감을 느낀다. 동시에, 가려진 영역에 대해서는 '저 뒤에 뭐가 있을까?'라는 불안과 기대가 생긴다. 즉, 확실성과 불확실성의 대비가 감정 반응을 극대화한다.

이 효과는 장르마다 다른 방식으로 활용된다. 공포 영화에서는 프레임 일부만 보이게 하여 보이지 않는 위협을 더 크게 느끼게 만든다. 드라마에서는 인물만 드러내고 주변을 가려, 시청자가 표정과 감정에 깊게 몰입하도록 만든다. 영화 〈늑대의 유혹〉의 그 유명한 강동원 등장 장면을 떠올려보자.[10]

---

8  영화 〈007 노 타임 투 다이〉 : 약 15초경 장면
9  영화 〈아메리칸 스나이퍼〉 : 약 1시간 35분경 장면
10  영화 〈늑대의 유혹〉 : 약 11분 10초경 장면

프레임 대부분이 우산으로 마스킹 된 상태에서, 서서히 그의 자태가 드러난다. 시청자의 감정은 점점 고조되고, 마침내 강렬한 몰입을 넘어 뻑이 간다. 심리학 연구에서도 불확실성이 흥분을 키운다고 한다(Berlyne, 1960). 따라서 주의를 집중시키는 것을 넘어, 시청자의 긴장과 기대까지 만들어내고 싶을 때 마스킹은 유용한 선택이 된다.

**그림 13-10** 마스킹

---

**┤ 3줄 요약 ├**

'전경-중경-후경'의 비율을 조절해 장면의 의미와 감정을 만든다. 프레임 비율은 중심 시야·주변 시야의 활용을 바꿔 웅장함·현실감·밀폐감 같은 정서를 형성한다. 프레임 분할·오프스크린·마스킹은 시선을 유도하고 보이지 않는 의미를 확장해 긴장과 몰입을 강화한다.

# 어떻게 분리할 것인가
## 빛과 색 1

프레이밍을 통해 우리는 공간을 나누고 요소들을 배치했다. 이제 '시청자는 여기서 무엇을 봐야 하는가?' 안 그래도 프레임은 평면인데 그 안의 요소들마저 같은 무게로 보인다면, 시청자는 어디에 주목해야 할지 모르게 된다. 그래서 연출자는 시청자가 봐야 할 정보를 전경으로 분리해 강조해야 한다. 그 핵심 도구가 바로 대비다. 그중에서도 명암 대비와 색 대비는 가장 직접적이고 강력하게 전경과 배경을 가른다.

## 명암 대비 luminance contrast

전경과 배경을 분리하는 가장 기본적이면서도 강력한 방법이 명암 대비다. 인간의 뇌는 본능적으로 밝은 영역을 전경으로 인식하고, 그쪽에 주의를 집중한다. 이 반응은 눈의 구조와 깊이 관련된다. 망막에는 두 종류의 세포가 있다. 하나는 원추세포cone cell로 약 600만 개가 망막 중심에 밀집해 있다. 이들은 밝은 빛에서 작동하며 색을 구분한다. 다른 하나는 막대세포rod cell로 약 1억 2천만 개가 망막 주변에 퍼져 있다. 색은 구분하지 못하지만, 어둠 속에서도 작동하며 밝기 변화에 특히 민감하다. '600만 개 vs 1억 2천만 개' 압도적인 비율 차이만 봐도, 인간의 시각이 밝기 변화에 얼마나 민감한지 알 수 있다(Kolb, 2003). 시선 추적 연구에서도 같은 결과가 확인된다. 명암 대비가 클수록 시선이 더 빠르게 이동하고, 더 오래 머문다(Henderson & Hayes, 2018).

왜 이렇게 진화했을까? 지금은 전기가 있어 밤도 밝지만, 인류 대부분은 어두운 환경에서 살아왔다. 밤, 새벽, 황혼은 물론, 숲속은 한낮에도 빛이 적었다. 이런 환경에서 색 정보는 큰 의미가 없었다. 대신 명암 대비야말로 생존의 열쇠였다. 어두운 곳에서 포식자의 움직임, 먹잇감의 윤곽, 장애물의 형태를 구분하기 위해 인간의 시각은 명암 대비에 민감하게 발달했다. 그래서 지금도 무대 위에서 한 인물이 스포트라이트를 받는 순간, 시청자의 시선은 단번에 그에게 고정된다.

그런데 인물을 역광에 세워 실루엣만 남기면 어떻게 될까? 윤곽만 드러난 어두운 인물이 전경으로 튀어나오고, 밝은 배경은 뒤로 물러난다. 즉, 전경이 되는 것은 단순히 '더 밝은 쪽'이 아니다. 배경과의 밝기 차이가 큰 대상이 전경으로 분리된다. 흰 종이 위에 검은 글씨가 잘 보이는 것도, 연필보다 검은 매직이 더 선명한 것도 모두 이 때문이다. 결국 명암 대비란 단순히 화면을 밝게 만드는 것이 아니라, 전경과 배경 사이의 밝기 차이를 키워 경계를 뚜렷하게 만드는 것이다. 그렇다면 연출자는 명암 대비를 어떻게 활용할 수 있을까?

**표 14-1** **주요 명암 대비 유형**

| 유형 | 감정 기본값 | 효과 기본값 |
| --- | --- | --- |
| 고대비 | 긴장, 불안, 극적 몰입 | 전경-배경 분리, 강한 시선 집중 |
| 저대비 | 평온, 단조, 안정, 부드러움 | 전경-배경 흐림, 전체 톤 통합 |
| 역광 대비 | 신비감, 고립, 숭고, 위협 | 디테일 소거, 윤곽 강조, 상징화 |
| 스포트라이트 대비 | 숭고, 집중, 압박, 신성함 | 특정 대상 강조, 중심성 강화 |

그림 14-1 고대비

고대비는 밝음과 어두움의 차이를 극단적으로 키우는 기법이다. 이때 '전경-배경 분리' 원리가 작동해 특정 영역이 강하게 전경으로 떠오른다.

### · 영화 〈씬 시티〉

영화 전체가 흑백의 고대비로 구성돼 있어, 인물과 사물이 또렷하게 갈린다.

### · 영화 〈살인의 추억〉 | 박현규 취조 장면[1]

지하 취조실은 대부분 어둠에 잠겨 폐쇄감을 주고, 유일한 광원인 책상 위 스탠드가 인물들을 전경으로 분리한다. 그 빛 아래 박현규의 얼굴과 상반신은 선명히 드러나지만, 형사들의 몸은 그림자 속에 숨어 있다. 이로 인해 박현규는 스포트라이트 아래에 놓인 듯 까발려진 압박감을, 형사들은 언제든 폭력을 휘두를 수 있는 위협감을 풍긴다. 특히 박현규 얼굴의 명암은 절반은 밝고 절반은 어두워, 그가 진범인지 아닌지 모호한 인물이라는 인상을 강화한다.

---

1 영화 〈살인의 추억〉 : 약 1시간 28분경 장면

이처럼 고대비 조명은 인물의 양면성이나 내적 갈등을 드러내는 데 효과적이다. 따라서 누아르 장르처럼 욕망과 이중성이 얽힌 캐릭터를 표현해야 할 때 특히 강력한 도구가 된다.

### 2 저대비low contrast

그림 14-2 저대비

저대비는 밝음과 어두움의 차이를 최소화하는 기법이다. 그 결과 '전경-배경 분리'가 약해지고, 화면 전체가 비슷한 톤으로 묶인다. 이때 '유사성·프레그난츠' 원리가 함께 작동한다. 비슷한 밝기를 가진 요소들은 하나로 묶여 보이고, 복잡한 화면도 단순한 덩어리로 인식된다. 이 덩어리는 뇌에서 더 쉽게 처리되기 때문에, 시청자는 화면 전체의 정서적 분위기를 먼저 느낀다(Reber et al., 2004).

### · 영화 〈공각기동대〉[2]

쿠사나기 소령이 배를 타고 운하를 건너며 도시를 바라볼 때, 인물·건물·간판·운하가 모두 비슷한 톤으로 이어져 있다. 강한 조명도, 뚜렷한 그림자

---

2    영화 〈공각기동대〉 : 약 33분 30초경 장면

도 없다. 시청자는 주인공보다 도시의 거대한 분위기를 먼저 체감한다. 전
경과 배경의 경계가 흐려지듯, 인간과 기계, 개인과 도시의 경계도 모호해
진다.

이처럼 저대비는 전경과 배경의 경계를 흐려, 개별 인물보다는 '집단적
정서'와 '공간의 분위기'를 강조한다. 그래서 인물과 배경이 감정을 공유
하는 드라마·로맨스 장르, 혹은 인간의 정체성을 탐구하는 SF·예술영
화에서 자주 쓰인다.

### 3 역광 대비<sub>backlighting</sub>

그림 14-3 역광 대비

인물 뒤쪽에서 강한 빛이 비치면 얼굴이나 표정 같은 디테일은 사라
지고, 어두운 실루엣만 드러난다. 이렇게 만들어진 역광 대비는 밝은 배
경과의 강렬한 차이를 통해 인물을 또렷하게 분리한다. '전경-배경 분
리·프레그난츠' 원리가 작동해 뇌는 실루엣을 빠르게 인식한다. 동시에
'폐쇄성' 원리가 작동해, 디테일이 사라진 자리는 상징적이고 보편적인
의미로 채워진다. 그 결과, 인물은 단순한 개인이 아니라 어떤 개념·감

정·운명을 상징하는 존재로 해석되고, 긴장과 경외, 신비로움을 동시에
불러일으킨다.


· **영화 〈E.T.〉**[3]
소년과 외계인이 자전거를 타고 달 위로 날아오르는 순간, 시청자는 그
들을 단순한 두 인물이 아니라 '우정과 기적'의 상징으로 받아들인다.


· **영화 〈라라랜드〉** ┃ 천문대 데이트 장면[4]
천문대에서 신비로운 우주를 배경으로 춤을 추는 두 인물은 평범한 연인이
아니라, '환상적인 사랑' 그 자체로 해석된다.


이처럼 역광 대비는 인물을 구체적 개인에서 벗어나 보편적·추상적
상징으로 드러낼 때 자주 쓰인다. 누아르 영화의 위협적 인물이든, 공포
영화의 불가해한 존재든, SF 영화의 초월적 캐릭터든, 역광은 언제나 이
들을 개인을 넘어선 범상치 않은 존재로 부각시킨다.


3  영화 〈E.T.〉 : 약 1시간 5분경 장면
4  영화 〈라라랜드〉 : 약 57분 40초경 장면

그림 14-4 스포트라이트 대비

인물 위로 좁고 강한 광원이 집중되면, 인물은 주변보다 뚜렷하게 드러난다. 동시에 '전경-배경 분리·프레그난츠' 원리가 작동해 인물은 전경으로 즉시 분리된다. 이것이 **스포트라이트 대비**다. 시청자의 시선과 감정은 자연스럽게 인물에게 쏠리고, 스포트라이트를 받은 인물은 장면 전체를 지배하는 주인공이 된다. 이 순간, 숭고함과 신성함 같은 상징적 의미까지 더해진다.

· **영화 〈라라랜드〉** | 첫 만남 장면[5]

세바스찬이 피아노를 연주할 때, 그의 위로 스포트라이트가 떨어진다. 미아와 시청자의 시선이 동시에 그에게 집중된다. 이 순간, 세바스찬은 단순한 남자가 아니라 음악에 사로잡힌 열정의 화신, 숭고한 예술가로 상징화된다.

---

5   영화 〈라라랜드〉 : 약 23분 40초경 장면

이처럼 스포트라이트 대비는 인물을 단번에 장면의 중심으로 부각시킨다. 같은 공간에 있어도 스포트라이트를 받은 사람과 그렇지 않은 사람의 존재감은 극명히 달라진다. 뮤지컬 영화의 주인공, 법정 드라마의 증언 장면, 종교적·의례적 장면 등에서 자주 쓰이는 이유가 바로 여기에 있다.

---

**⊣ Comment ⊢**

저대비에서 고대비로, 혹은 그 반대로 전환되는 순간 시청자는 즉각 사건 전환이나 위기 발생이라는 신호를 감지한다. 즉, 대사나 내레이션 같은 상황 설명 없이도, 조명 변화만으로 새로운 이야기의 시작을 알릴 수 있다.

---

## 색 대비 color contrast

명암 대비만큼 직접적이지는 않지만, 색 대비 역시 전경과 배경을 강력하게 분리한다. 색 대비는 크게 세 가지 축으로 구분된다. 바로 **색상**, **명도**, **채도**다. 이 세 요소의 차이와 결합 방식에 따라, 시청자의 인식과 감정은 크게 달라진다.

**표 14-2 색 대비 유형**

| 유형 | 감정 기본값 | 효과 기본값 |
|---|---|---|
| 색상 대비 | 강렬함, 긴장, 생동감 | 보색 대비로 전경 부각, 단서 강조 |
| 명도 대비 | 밝음: 희망·안정 / 어두움: 위협·무게 | 밝기 차이로 전경-배경 분리, 가독성 강화 |
| 채도 대비 | 고채도: 현실감·흥분 / 저채도: 우울·고립 | 선명도 차이로 주목 강화, 정서적 신호 전달 |

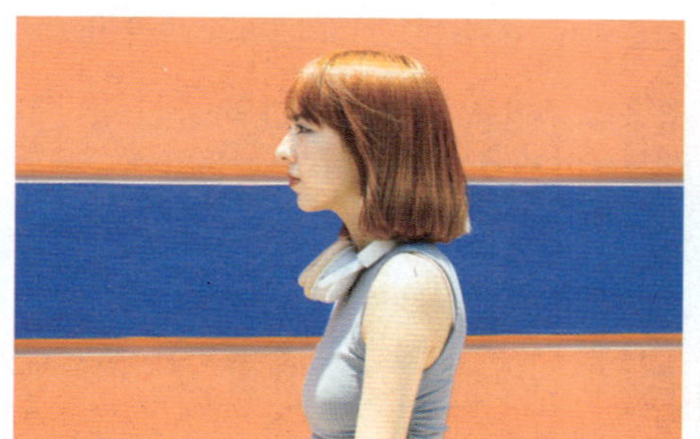

그림 14-5  색상(보색) 대비

색상 대비는 서로 다른 색을 나란히 배치했을 때 나타난다. 그중에서도 보색 대비가 가장 강렬하다. '빨강-초록, 파랑-주황, 노랑-보라'처럼 색상환에서 정반대에 놓인 색들이 보색인데, 뇌는 보색의 차이를 즉각 감지한다. 보색을 서로 완전히 다른 색, 곧 '예외적 단서'로 인식하기 때문이다. 그래서 보색은 밝기가 같아도 서로를 선명하게 드러내며, 전경과 배경을 뚜렷하게 분리한다. 즉, 배경과 보색 관계인 대상은 즉시 전경으로 부각된다. 뇌는 왜 이토록 보색에 민감한 걸까? 그 이유는 눈의 구조와 생존 환경에서의 경험이 맞물려 있기 때문이다.

## · 눈의 구조

우리 눈은 본래 보색 쌍(빨강-초록, 파랑-주황 등)을 비교해 색을 구분하도록 진화했다. 따라서 보색처럼 정반대 색이 나란히 배치되면, 뇌는 그 차이를 특히 선명하게 인식한다.

### · 생존 환경

인간이 살아온 자연환경은 근본적으로 보색 구조를 띤다. 하늘과 바다는 파랑, 땅은 노랑이다. 숲의 녹색 배경 위에서 붉은 열매나 피는 곧 식량과 기회를 의미했다. 반대로 노랑·주황·빨강을 띤 뱀, 곤충, 개구리는 위험과 경고의 신호였다(Osorio & Vorobyev, 1996; Regan et al., 2001).

인간의 시각 체계는 본래 보색에 민감하다. 여기에 생존과 직결된 의미까지 더해지면서, 인간은 보색 대비를 특별히 강하게 인식하도록 진화했다. 영상 연출에서도 보색 대비는 시선을 단번에 붙잡고, 장면에 긴장감과 생동감을 불어넣는다. 그래서 광고나 뮤직비디오처럼 강한 자극이 필요한 장르에서 특히 자주 쓰인다. 영화 〈매드맥스: 분노의 도로〉에서는 새파란 하늘과 오렌지빛 사막이 강렬한 보색 대비를 이루며, 장면 전체를 생생하게 밀어붙인다.[6]

## 2 명도 대비lightness contrast

**그림 14-6** 명도 대비

---

6 영화 〈매드맥스: 분노의 도로〉 : 약 18분경 장면

색은 저마다 고유한 밝기 값을 가진다. 그림 14-6 의 첫 번째 사진처럼, 같은 빨강이라도 밝기에 따라 아주 밝은 빨강, 어두운 빨강처럼 전혀 다르게 보인다. 이 차이에서 **명도 대비**가 생긴다. 색상이 같든 다르든, 밝기 차이가 클수록 경계는 또렷해지고 시청자의 시선도 강하게 끌린다. 다음은 일반적인 경향에 따른 색의 밝기 값이다.

명도 대비의 진화적 이유는 앞서 살펴본 명암 대비와 같다. 명도 대비가 클 때와 작을 때의 효과 역시 고대비와 저대비의 경우와 같다. 실제로 현업에서는 명도 대비와 명암 대비를 거의 같은 의미로 쓰기도 한다. 하지만 굳이 구분해 다루는 이유는, 색상 고유의 밝기 값을 연출에 활용할 수 있기 때문이다. 예를 들어 노랑과 파랑은 색 고유의 밝기 차이가 크다. 따라서 조명을 조절하기 어려운 상황이라면, 그림 14-6 의 두 번째 사진처럼, 배경을 파랑으로 두고 인물에게 노란 옷을 입히는 것만으로도 인물이 전경으로 부각된다. 비슷한 예로,

### · 영화 〈어바웃 타임〉 | 결혼식 장면[7]

비 오는 야외 결혼식장은 전체 명도가 낮고 톤이 비슷하다. 그 가운데 여주인공 메리가 붉은 드레스를 입고 등장해 단번에 시선을 붙잡는다. 색상 대비도 작용했지만, 무엇보다 빨강이 주변의 저명도 배경보다 상대적으로 밝아 인물을 더욱 또렷하게 부각시킨 것이다.

---

7　영화 〈어바웃 타임〉 : 약 1시간 10분 40초경 장면

이 원리는 은폐·위장의 연출에도 활용된다. 예를 들어, 군인의 위장복은 가까이서는 얼룩무늬가 도드라져 보이지만(클로즈업), 멀리서는 배경에 묻힌다. 거리가 멀어질수록 색상 대비가 약해져 명도 대비에 의존하게 되는데(롱 샷), 배경과 인물의 밝기가 비슷하면 명도 대비마저 줄어 윤곽이 흐려지기 때문이다. 영화 속 스나이퍼나 정글 전투 장면에서 자주 활용되는 방식이다.

### 3 채도 대비saturation contrast

그림 14-7 채도 대비

채도 대비는 색의 선명함 차이에서 발생한다. 같은 빨강이라도 고채도의 선명한 빨강과 저채도의 탁한 빨강은 전혀 다르게 보인다. 채도 대비는 선명한 색과 탁한 색을 나란히 놓았을 때 가장 두드러지며, 채도가 높은 대상은 주변보다 경계가 뚜렷해져 자연스럽게 전경으로 떠오른다.

인간이 채도 대비에도 민감한 이유도 진화적 맥락에 있다. 원시 환경에서는 선명한 색의 열매일수록 잘 익었을 가능성이 높았고, 선명한 색의 동물일수록 독성을 가졌을 확률이 높았다(Regan et al., 2001). 고채도 색은 생존에 직결된 신호였고, 인간은 이를 빠르게 감지하도록 적응해

왔다. 실제 연구에서도 인간은 채도가 높은 색에서 더 강하고 선명한 감정을 연상하며, 채도가 높을수록 감정 반응의 강도도 커진다고 보고된다(Kaya & Epps, 2004).

따라서 채도 대비는 광고·뮤직비디오·액션 영화처럼 강렬한 자극이 중요한 장르에서 자주 쓰인다. 대개 배경을 무채색이나 저채도로 구성하고, 핵심 단서만 고채도로 강조해 시청자의 주의를 집중시키는 방식이다. 이는 '유사성' 원리를 의도적으로 깨뜨려 예외적 대상을 핵심 단서로 드러낸다. 반대로 전체 장면을 고채도로 채운 뒤 특정 대상만 탁하게 처리할 수도 있다. 이때 저채도 대상은 고요함·우울함·고립감 같은 정서를 전달하며, '정적' 혹은 '부재'를 암시한다. 실제 연출 장면을 살펴보자.

### · 영화 〈올드보이〉[8]

초반부 장면에서 거리와 인물들은 대부분 회색·남색·갈색 계열의 저채도 톤으로 처리되어 있다. 그 속에서 등장하는 '보라색 우산'은 상대적으로 채도가 높아 단번에 눈에 띄며, 핵심 단서가 된다.

### · 영화 〈씬 시티〉[9]

첫 번째 장 제목은 '그 노란 XX'다. '누가 노란 XX란 말인가?' 흑백 화면으로 이야기가 흘러가는 와중에 시청자는 갑자기 그 인물의 정체를 알게 된다. 왜냐? 새로 등장한 인물만 온몸이 노란색이기 때문이다… 이렇게 전체 장면이 저채도로 묶여 있다가 고채도 대상이 예외적으로 튀어나오면, 시청

---

8 영화 〈올드보이〉 : 약 5분 20초경 장면
9 영화 〈씬 시티〉 : 약 16분 55초경 장면

자는 즉시 그것을 핵심 단서로 인식한다. 이는 '유사성' 원리를 일부러 깨뜨리는 연출이다.

### · 애니메이션 〈신세기 에반게리온〉[10]

멘탈 붕괴된 인물의 내면을 표현할 때 채도를 과감히 빼버린다. 어린 시절의 신지나 아스카는 채도를 빼다 못해 흑백으로 처리되는데, 시청자는 이 장면을 통해 그들의 고립감과 우울, 어린 시절 '잃어버린 행복'을 체감한다.

---

**Comment**

특정 색 대비를 반복적으로 사용해, 인물의 정체성을 만들 수도 있다. '보라+초록'은 자연에 거의 없는 조합이라 매혹적이지만 기괴하고, 이끌리지만 불안한 감정을 일으킨다. 그리고 '조커'에게 이 색 조합이 반복되면서, '이중적인 매혹과 불안'이라는 조커의 정체성이 구현된다. 반면, '빨강+금색'은 위험과 열정의 에너지와 부와 성공의 위엄을 결합한다. 이 색 조합은 '아이언맨'에게 반복되면서, '강하고 권위 있는 영웅'이라는 아이언맨의 정체성이 구현된다.

---

## 심도 대비 depth of field

우리 눈은 끊임없이 초점을 찾는다. 세상을 선명하게 보기 위해서다. 하지만 선명하게 보이는 범위는 중심 시야에 한정되고, 주변은 흐릿하다. 그래서 눈은 계속 움직이며 순간순간 관심 대상을 중심 시야에

---

10  애니메이션 〈신세기 에반게리온〉 TV판, 26화 : 약 8분 40초경 장면

담는다. 카메라는 이 원리를 모방한 장치이며, 초점 심도를 조절해 같은 효과를 만들어낸다. 심도는 조리개 수치(F값), 렌즈의 초점거리(mm), 피사체와의 거리로 달라지지만, 이 책에서 기술적 방법은 다루지 않는다. 중요한 건 심도가 주는 효과다. 연출자가 이 원리를 이해해야 심도 구현의 전문가인 카메라 감독에게 필요한 요청을 정확히 전달할 수 있다.

그림 14-8 깊은 심도 / 얕은 심도

· **깊은 심도**

화면 앞에서 뒤까지 모두 선명하다. 시청자가 스스로 주목 대상을 선택할 수 있어, 사건 전체를 보여주거나 현실감을 강조할 때 적합하다.

· **얕은 심도**

초점이 맞은 대상만 선명하고 나머지는 흐려진다. 이때 '전경-배경 분리' 원리가 강하게 작동해, 초점이 맞은 대상이 자동으로 전경이 된다. 인물의 감정이나 중요한 사물을 강조할 때 효과적이다.

　본능적 연출 │ 시선·감정·몰입의 연출심리학

실제 연출에서 더 자주 쓰이는 것은 '얕은 심도'다. 인간은 흐릿한 것보다 선명한 것에 훨씬 더 주목하기 때문에(Kahneman, 1973), 시청자의 시선은 초점이 맞은 대상에 강제로 고정된다. 주변 정보가 흐릿하게 차단되니 집중하지 않을 수 없는 것이다. 그래서 교양, 예능, 드라마 등 장르를 막론하고 얕은 심도는 널리 쓰인다. '포커스 아웃' 기능으로 스마트폰 카메라에 기본 탑재될 만큼 우리에게도 익숙하다.

얕은 심도의 또 다른 강점은 '초점 이동'만으로 시청자의 주의를 옮길 수 있다는 점이다. 이것도 선명한 것에만 주의를 집중하는 '선택적 주의' 성향 덕분이다. 따라서 장면의 주인공이나 관심 대상을 바꾸려면, 단순히 초점을 이 대상에서 저 대상으로 옮기기만 하면 된다. 초점 이동은 곧 관심과 관계의 이동을 의미하며, 시청자의 시선을 자연스럽고도 강하게 이끈다.

---

**Comment**

얕은 심도는 '이것만 보라', 깊은 심도는 '스스로 선택해서 보라'는 연출자의 의도가 담겨있다. 그래서 이야기가 중요한 스릴러나 로맨스 장르에선 얕은 심도가, 사실 전달과 맥락 파악이 중요한 보도나 다큐멘터리에서는 깊은 심도가 주로 쓰인다.

---

**3줄 요약**

명암 대비는 밝기 차이로 전경과 배경을 나눈다. 색 대비는 색상·명도·채도의 차이로 전경과 배경을 나눈다. 얕은 심도는 전경을 강하게 부각하고 초점 이동만으로도 시선을 전환시킨다. 방식은 달라도 원리는 같다. 전경과 배경을 분리해, 시청자가 반드시 봐야 할 대상에 시선을 붙잡고 감정을 집중시키는 것이 '대비'다.

# 어떻게 하나로 묶을 것인가
## 빛과 색 2

앞 장에서는 빛과 색의 대비가 대상을 분리하고 감정을 강조하는 방식을 살펴봤다. 그러나 모든 장면이 그렇게 선명하게 갈라져야 하는 것은 아니다. 때로는 화면 전체가 하나의 분위기로 감싸져야 한다. 그럴 때 필요한 것이 바로 '묶음의 힘'이다. 빛과 색이 어우러질 때, 시청자는 장면을 하나의 세계로 받아들이며 더 깊이 몰입하게 된다.

## 색의 통일성

### 1 색의 반복과 변화

그림 15-1　색의 반복과 변화

같거나 비슷한 색이 반복되면, 시청자는 그것들을 각각이 아니라 통일된 분위기로 받아들인다. 이는 비슷한 시각 정보를 하나로 묶어 지각하는 '유사성' 원리 때문이다. 덕분에 색의 반복은 뇌에서 더 쉽게 처리되어 안정감이 생긴다. 음악에서 리듬이나 화음이 반복될 때 느껴지는 편안함과 같은 원리다.

색의 변화에서도 비슷한 효과가 나타난다. 뇌는 갑자기 색이 바뀌면 놀라거나 긴장하지만, 서서히 이어질 경우 예측 가능한 흐름으로 받아들인다(Zeki, 1999). 음악에서 음이 갑자기 튀면 불협화음처럼 들리지만, 자연스럽게 이어지면 멜로디로 인식되는 것과 같은 원리다. 따라서 연출자는 '변화의 속도'를 조절함으로써 장면의 정서를 하나로 묶거나 끊을 수 있다. 실제 연출 사례를 살펴보자.

## · 영화 〈그녀〉[1]

주인공 테오도르의 집, 직장, 의상, 소품까지 모두 파스텔 톤으로 맞춰져 있다. 덕분에 그는 환경과 따로 떨어진 존재가 아니라, 그 속에 녹아든 인물처럼 보인다. 이는 한편으로는 안정과 차분함을, 다른 한편으로는 옅은 존재감과 사회적 소외, 위축까지 동시에 드러낸다.

## · 영화 〈라라랜드〉[2]

두 주인공이 공원에서 춤을 추는 동안, 해 질 녘 주황빛 하늘은 서서히 남색으로 물든다. 점진적인 색 변화가 시간의 흐름뿐 아니라 감정의 흐름까지

---

1 　영화 〈그녀〉 : 약 15분 40초경 장면
2 　영화 〈라라랜드〉 : 약 33분 40초경 장면

매끄럽게 이어주며, 장면 전체를 하나의 서정적 경험으로 완성한다. 꼭 시간 변화가 아니더라도, 색의 그러데이션 자체가 화면을 부드럽게 연결하는 힘을 가진다.

## 2 저대비와 톤 온 톤

그림 15-2 톤 온 톤과 변주

색의 차이를 크게 두지 않는 저대비는 화면을 부드럽게 연결하는 데 효과적이다. 특히 같은 색 계열 안에서 명도나 채도만 살짝 달리 사용하는 톤 온 톤tone on tone 방식이 대표적이다. 영화 〈그랜드 부다페스트 호텔〉이나 〈그녀〉처럼 하나의 색조로 전체 장면을 구성하면 강한 대비 대신 조화로운 통일감이 생기고, 시청자는 차분함과 안정감을 느낀다.

일본 영화에서는 이 방식이 더욱 섬세하게 변형되어 쓰인다. 예를 들어, 영화 〈카모메 식당〉에서는 하얀 벽, 파스텔 블루와 옐로우, 저채도의 식기와 의상까지 겹겹이 배치된다.[3] 색 계열은 다르지만, 무채색과 파스텔 톤의 반복과 중첩을 통해 부드러운 저대비 효과를 만든다. 이와

---

3 영화 〈카모메 식당〉 : 약 41분경 장면

이 슌지의 〈러브 레터〉부터 고레에다 히로카즈의 영화들까지, 많은 일
본 영화가 이 방식을 활용한다. 이들 영화의 공통점은 극적인 사건보다
는 인물 간의 관계와 일상의 섬세한 흐름에 초점을 맞춘다는 것이다. 이
러한 흐름 속에서 색의 연속성은 감정을 과장하지 않고 담담하게 전달
한다.

여기에 특정 색이 불러일으키는 감정적·상징적 의미가 더해지면, 그
효과는 단순한 안정감을 넘어 깊은 정서적 몰입으로 확장된다. 따라서
'화면을 어떤 색으로 통일할 것인가'는 단순한 디자인이 아니라, 감정 연
출의 핵심 전략이 된다.

---

**Comment**

'조커'나 '아이언맨'처럼, 특정 프로그램이나 코너마다 메인 컬러를 정하고, 세
트·조명·그래픽까지 같은 색 계열로 맞추면 시청자는 무의식적으로 '하나의
브랜드 톤'으로 인식한다. 예를 들어, 〈쇼미더머니〉의 '골드 톤'은 힙합과 부가
느껴지는 경쟁 프로그램을, 〈유 퀴즈 온 더 블럭〉의 '파스텔+화이트 톤'은 편
안하고 담백한 토크쇼를 즉시 연상하게 한다. 즉, 색의 반복은 프로그램의
'톤앤매너'를 설계하는 중요한 비주얼 전략이다.

# 색의 감정과 중첩 효과

## 1 색의 감정

색은 본능적인 감정을 자극하는 동시에, 각 문화에서 형성된 상징적 의미도 함께 담고 있다. 아래 표는 대표적인 색상들이 전달하는 감정과 문화적 의미를 정리한 것이다.

**표 15-1** 색의 상징과 감정

| 색상 | 상징 의미 | 자연적 연관 |
|---|---|---|
| 빨강 | 위험, 경고, 힘, 축제 | 피, 불, 성적 매력 |
| 초록 | 안전, 풍요, 휴식 | 식물, 숲, 자원이 풍부한 환경 |
| 파랑 | 차분함, 신뢰, 안정 | 하늘, 바다, 깨끗한 물 |
| 노랑 | 에너지, 풍요, 경계 | 햇빛, 익은 과일, 독 |
| 흑 | 죽음, 위협, 권위 | 어둠, 장례의식 |
| 백 | 순수, 신성, 의례 | 눈, 빛, 혼례·장례 의식 |

색은 생존과 밀접하게 연결된 단서였다. 빨강은 피와 불을 떠올리게 해 '위험'이나 '흥분'을, 노랑은 독성 곤충과 뱀을 연상시켜 '주의'를 유발했다. 반면 숲의 풍부한 자원을 의미하는 초록은 '안전'과 '풍요'의 감정을 불러일으켰다. 이러한 감정적 연결은 세대를 거치며 반복 학습되었고, 문화적 의미와 결합되면서 더욱 강화되었다. 그 결과, 색은 단순한 시각 정보가 아니라, 감정을 불러일으키는 기호가 되었다. 따라서 화면에 특정 색이 입혀지는 순간, 장면은 그 색과 연결된 감정을 함께 띠게 된다. 이를 활용하면 복잡한 정서도 즉각적으로 전달할 수 있다. 청춘물을 통해 실제 연출 사례를 살펴보자.

· **노랑** │ 영화 〈써니〉[4]

'노랑'은 햇살과 에너지, 시작을 상징한다. 〈써니〉에서는 학창 시절 회상 장면 전체를 노랑 톤으로 구성했다. 특히 '써니' 패밀리와 '소녀시대' 패밀리가 대치하는 장면에서 건물, 햇살, 의상까지 모두 노랑 계열로 통일되어 있다. 영화의 주제인 '가장 찬란했던 순간'을 시각적으로 표현한 장면이다.


· **초록** │ 드라마 〈청춘시대〉[5]

'초록'은 자연과 회복, 안정의 색이다. 〈청춘시대〉에서는 하숙집 '벨에포크' 전체가 초록빛으로 물들어 있다. 마당의 나무와 화분, 민트색 가구와 벽, 심지어 창문 블라인드까지 초록 계열로 꾸며져 있다. 이는 벨에포크가 불완전한 청춘들이 치유받고 성장하는 공간임을 상징한다.


· **파랑** │ 애니메이션 〈너의 이름은.〉[6]

'파랑'은 하늘과 바다처럼 넓고 깊은 색으로, 가능성과 외로움이란 상반된 감정을 동시에 담는다. 〈너의 이름은.〉에서 호수와 하늘의 파란빛은 두 주인공 사이의 설렘과 그리움을 함께 전달한다.

**그림 15-3** 청춘물 3컬러, 노랑·초록·파랑

---

4  영화 〈써니〉 : 약 30분 10초경 장면
5  드라마 〈청춘시대〉 1화 : 약 47분경 장면
6  애니메이션 〈너의 이름은.〉 : 약 7분 10초경 장면

## 2 색의 중첩 효과

서로 다른 색이 한 프레임 안에 겹치면, 시청자는 단순히 두 색을 따로 인식하지 않는다. 그 조합이 만들어내는 새로운 정서적 분위기를 직관적으로 받아들인다. 심리학에서는 이를 '색의 상호작용color interaction' 이라 부르며, 영상 연출에서는 흔히 색의 중첩 효과라고 설명한다. 같은 색도 옆에 놓인 색에 따라 전혀 다르게 지각된다는 것이다(Albers, 1963). 따라서 연출자가 어떤 색을 조합하느냐에 따라, 같은 공간과 인물도 전혀 다른 분위기와 감정으로 재해석될 수 있다. 아래는 자주 활용되는 색 조합과 그 조합이 만들어내는 정서적 기본값을 정리한 것이다.

**표 15-2** 주요 색 조합과 정서적 효과

| 색 조합 | 감정 기본값 | 효과 기본값 |
| --- | --- | --- |
| 노랑 + 초록 | 활력, 따뜻함, 청춘 | 성장, 시작, 청량한 분위기 |
| 노랑 + 파랑 | 밝음 + 차분함의 대비 | 설렘, 이상, 개방감 |
| 파랑 + 초록 | 평온, 안정, 몰입 | 우정, 조화, 차분한 흐름 |
| 노랑 + 검정 | 강렬함, 압박감 | 경계, 경고, 본능적 주목 |
| 빨강 + 검정 | 위협, 분노, 금기 | 권력, 카리스마, 극적 긴장 |
| 빨강 + 흰색 | 순수 + 금기의 이중성 | 사랑, 희생, 극적 대비 |
| 보라 + 금색 | 신비, 숭고함, 장엄함 | 의례적 장면, 권위, 영광 |

앞서 언급한 청춘물에서도 노랑, 초록, 파랑은 자주 중첩되어 쓰인다. 실제 연출 사례를 살펴보자.

· **드라마 〈스물다섯 스물하나〉**
1화, 희도와 이진의 첫 만남 장면에서는 초록빛 나무들 위로 파란 하늘이 펼쳐지고, 따뜻한 노란 햇살이 모든 것을 감싼다.[7] 세 가지 색이 겹치며 '안정 속에서 자유롭게 성장하는 청춘'이라는 정서를 구현한다. 그러나 후반부로 갈수록 화면은 파랑이 지배한다. 16화, 희도와 이진의 인터뷰·회상·은퇴 장면은 모두 파랑 톤으로 연출된다.[8] 이는 찬란한 청춘에도 찾아오는 이별과 쓸쓸함을 상징한다.

· **애니메이션 〈시간을 달리는 소녀〉**[9]
햇살의 노랑, 하늘의 파랑, 자연의 초록이 명확하게 어우러지며, 찬란하게 빛나는 청춘의 순간을 포착한다.

· **애니메이션 〈주술회전〉** | 회옥·옥절 편[10]
전체적인 분위기는 어둡지만, 노랑·초록·파랑의 중첩을 통해 즐거움과 불안, 우정과 갈등, 시작과 끝이 교차하는 청춘의 찬란함과 비극성을 동시에 담아낸다.

---

7  드라마 〈스물다섯 스물하나〉 1화 : 약 18분 20초경 장면
8  드라마 〈스물다섯 스물하나〉 16화 : 약 1시간 9분경 장면
9  애니메이션 〈시간을 달리는 소녀〉 : 약 50분 40초경 장면
10  애니메이션 〈주술회전〉 27화 : 약 7분 50초경 장면

**그림 15-4** 청춘물 색 중첩

## 빛의 일관성

이번에는 빛이 어떻게 화면을 묶어내는지 살펴보자. 인간의 뇌는 낮과 밤처럼 조건이 달라져도 대상을 '같은 것'으로 인식하려는 경향이 있다(Goldstein, 2019). 이를 지각적 일관성perceptual constancy이라 한다. 현실에서는 이 원리 덕분에 환경이 변해도 같은 물체로 받아들이지만, 영상은 다르다. 컷마다 쪼개지기 때문에 빛의 방향과 색온도가 달라지면 같은 공간으로 인식되지 않는다. 예컨대 컷마다 창밖의 빛이 달라지면 시청자는 무의식적으로 이질감을 느낀다. 반대로 빛의 방향과 톤이 일관되면 여러 컷으로 쪼개져도 같은 공간으로 자연스럽게 받아들인다. 따라서 촬영 현장에서는 '조명 톤 맞추기'가 중요하다. 촬영감독과 조명감독은 인물의 위치가 바뀌어도 같은 빛이 들어오는 듯 조명의 방향과 색온도를 조정한다. 현장에서 맞추기 어렵다면, 연출자는 후반 색 보정을 통해서라도 톤을 일치시킨다. 그래야 시청자는 편집된 화면을 '끊어짐 없는 시간과 공간'으로 믿고 몰입한다.

빛의 일관성은 감정의 연결에도 깊이 관여한다. 빛에는 색온도color temperature라는 속성이 있어, 세트나 소품 없이도 빛의 색만으로 분위기를 설계할 수 있다.

표 15-3  색온도별 연출 효과

| 색온도 | 예시 | 감정 기본값 | 효과 기본값 |
| --- | --- | --- | --- |
| 낮은 색온도<br>(1000K~3200K) | 촛불, 백열등·텅스텐 | 따뜻함, 아늑함, 친밀감 | 포근함, 친밀감 강조 |
| 중간 색온도<br>(3500K~5000K) | 형광등, 주광색 LED | 일상성, 균형감, 현실성 | 일상적, 중립적 톤 |
| 데이라이트<br>(5600K) | 맑은 날 햇빛<br>(표준 촬영 기준점) | 객관성, 사실감 | 사실적, 자연광 톤 |
| 높은 색온도<br>(6500K~10000K+) | 흐린 날, 새벽 하늘, 그늘 | 쓸쓸함, 차가움, 긴장감 | 거리감, 긴장, 고립 |

심리학 연구에서도 따뜻한 빛은 편안함과 긍정적 감정을, 차가운 빛은 긴장감과 거리감을 유발하는 것으로 보고된다(Küller et al., 2006). 노을빛 같은 따스한 톤이 지속되면 장면은 따뜻한 기억으로 남고, 새벽빛처럼 푸른 톤이 이어지면 같은 공간도 차갑고 쓸쓸하게 변한다. 색온도를 활용한 실제 연출 사례를 살펴보자.

### · 영화 〈아저씨〉[11]

가족과 함께했던 차태식의 회상은 낮은 색온도의 따뜻한 톤으로 그려진다. 단순한 과거 묘사를 넘어, 다시는 돌아갈 수 없는 행복에 대한 그리움을 강조하는 것이다. 반대로 현재 장면 대부분은 높은 색온도의 푸른 톤이 유지

---

11  영화 〈아저씨〉 : 약 1시간 7분 10초경 장면

된다. 차태식이 살아가는 세계가 냉혹하고 고립된 공간임을 시청자에게 강하게 각인시키는 장치다. 따뜻했던 과거와 차가운 현재의 대비는 감정을 극적으로 자극하며, 시청자를 이야기 속으로 끌어들인다.

그림 15-5  낮은 색온도 / 데이라이트 / 높은 색온도



멀티 카메라 촬영이 기본이 된 지금, 색온도가 제각각이면 같은 공간도 전혀 다른 장소처럼 보인다. 그래서 촬영 전 가장 기본적이고 필수적인 일은 카메라의 화이트 밸런스를 통일하는 것이다. 편집 단계에서도 같은 장소라면 색온도부터 맞추고 시작해야 한다. 물론, 이 원리를 반대로 활용할 수도 있다. 같은 공간을 다르게 보이도록 하고 싶다면, 색온도를 다르게 설정해 보자.

또한 앞 장에서 프레임 비율로 시간·사건·기억을 구분할 수 있다고 했는데, 색 톤의 변화만으로도 똑같은 효과를 낼 수 있다.

**3줄 요약**

빛과 색은 대비만이 아니라 '묶음의 힘'으로 장면 전체를 하나의 정서로 통일한다. 색의 반복·변화, 저대비·톤 온 톤은 안정감을, 색의 상징·중첩은 특정 감정을 직관적으로 불러낸다. 빛의 일관성과 색온도 조절은 공간과 감정을 끊김 없이 이어주며, 장면을 하나의 세계로 믿게 만든다.

# 카메라의 자리
## 카메라 운용 1

지금까지 우리는 프레이밍, 그리고 빛과 색의 활용에 대해서 살펴봤다. 그러나 시청자가 그것을 어떻게 경험할지는 결국 카메라에 달려 있다. 카메라는 곧 시청자의 눈이다. 카메라가 인물에 가까워지면 시청자도 함께 다가서는 듯한 친밀감을 느끼고, 멀리 떨어지면 감정적 거리도 멀어진다. 어디에서 바라볼지, 어느 거리에서 인물을 마주하게 할지, 어떤 렌즈와 움직임을 선택할지에 따라 같은 장면도 전혀 다른 감정을 불러일으킬 수 있다.

## 카메라의 거리

### 1 샷 사이즈

'카메라가 인물과 얼마나 떨어져 있는가.' 이것은 단순히 인물이 화면에서 얼마나 크게 보이는가의 문제가 아니다. 카메라가 인물에 가까워진다는 건 '지금 이 인물의 감정을 집중해서 봐! 이 감정을 느끼라고!'라는 연출자의 메시지다. 인물이 커지며 배경 정보가 줄어드는 대신, 인물의 표정과 감정은 강하게 부각된다. 반대로, 멀어질수록 배경 정보가 늘어나고, 시청자는 더 넓은 맥락에서 인물의 상황을 이해하게 된다.

이 물리적 거리는 곧 심리적 거리로 이어진다. 인간은 가까운 대상을 더 강하게 느끼기 때문에, 카메라가 인물에 가까워질수록 시청자는 인물과 친밀한 관계에 놓인 듯 몰입한다. 반대로 거리가 멀어질수록 감정보다는 맥락이 강조되어, 인물은 관찰 대상이 된다.

표 16-1 카메라의 거리별 샷 사이즈

| 구도 | 감정 기본값 | 효과 기본값 |
| --- | --- | --- |
| 롱 샷 | 고립·취약(혹은 개방·자유) | 배경 강조, 거리·규모 인식 |
| 미디엄 샷 | 균형·안정, 사회적 관계성 | 인물·배경 동시 인식, 맥락 전달 |
| 클로즈업 | 친밀·집중, 감정 몰입 강화 | 표정·세부 강조, 시선 고정 |

바스트 샷이든, 풀 샷이든, 익스트림 클로즈업 샷이든, 샷 사이즈를 나타내는 다양한 용어들이 있지만, 결국 이 세 가지 기본 구도에서 파생된 것이다. 그러니 중요한 건 이런 용어들을 달달 외우는 것이 아니라 원리다.

**· 카메라와 인물이 가까워질수록** |

"지금 이 인물의 감정을 집중해서 봐!"

**· 카메라와 인물이 멀어질수록** |

"지금 주변도 좀 봐! 인물이 처한 상황을 파악해!"

결국, '무엇을 얼마나 강조할 것인가?'라는 연출자의 의도에 따라 그 거리가 조정될 뿐이다. 쉽게 쉽게 생각하자. 일단 기본이 되는 세 가지 구도를 살펴보자.

**그림 16-1** 롱 샷 / 미디엄 샷 / 클로즈업

## · 롱 샷long shot

롱 샷은 이름 그대로, 카메라와 인물 사이의 거리가 멀리 떨어져 있는 구도다. 이 샷이 있어야 인물이 처한 전체적인 상황과 맥락을 파악할 수 있다. 인물은 넓은 공간 속에 작게 배치되어 하나의 '상황 속 작은 존재'로 인식되며, 시청자는 인물과의 감정적 거리감을 느끼게 된다. 그 결과 장면을 더욱 객관적으로 판단하게 된다. 때로는 개방감과 자유로움을 전달하기도 한다.

## · 미디엄 샷medium shot

미디엄 샷은 이름 그대로, 카메라와 인물 사이의 거리가 롱 샷과 클로즈업의 중간 정도인 구도다. 이 샷이 있어야 인물의 행동과 관계성을 파악할 수 있다. 문화인류학자 에드워드 홀(1966)은 사람들이 가장 자연스럽게 상호작용을 하는 '약 1~3미터 범위'를 '사회적 거리social distance'라고 정의했다. 미디엄 샷은 이 거리와 대체로 일치하며, 인물의 표정·행동·관계를 균형 있게 보여주는 가장 보편적인 구도로 활용된다.

## · 클로즈업close-up

클로즈업도 이름 그대로, 카메라와 인물 사이의 거리가 매우 가까운 구도다. 이 샷이 있어야 인물의 감정과 의도를 직관적으로 파악할 수 있다. 얼굴이 프레임을 가득 채울수록 시청자는 미세한 표정 변화에까지 몰입하게 된다. 실제로 인물이 가까이 담길수록 뇌의 감정 처리 영역, 특히 편도체가 더 강하게 활성화된다는 연구도 있다(Whalen et al., 1998). 한마디로, 클로즈업은 인물의 감정을 시청자에게 직접 연결해 주는 구도다.

## 2 샷 사이즈의 기원

롱 샷, 미디엄 샷, 클로즈업이 영상 구도의 기본이 된 이유는 인간의 생존 전략과 관련이 있다. 다소 의아하게 느껴질 수 있지만, 생존의 세 가지 과제를 떠올리면 이해가 쉽다.

- 위험을 피하기 위해
  멀리서 전체적인 상황과 맥락을 파악해야 했고 ｜ **롱 샷**
- 협력을 위해
  적절한 거리에서 타인의 행동과 관계를 살펴야 했으며 ｜ **미디엄 샷**
- 공감을 위해
  가까이에서 표정을 통해 감정과 의도를 읽어야 했다 ｜ **클로즈업**

즉, 이 세 구도는 단순한 영상 기법이 아니라, 인간이 세상을 살아내던 방식 그대로다. 실제로 생존 확률은 주변 상황, 타인의 행동, 감정 상태를 함께 읽어낼 때 가장 높아졌다. 그 결과 인간의 시각은 거리별로 얻을 수 있는 정보를 통합해 판단하는 방식으로 진화해 왔다. 오늘날에도 시청자는 확실한 정보를 얻기 위해 롱 샷으로 상황을 보고, 미디엄 샷으로 행동을 파악하며, 클로즈업으로 감정을 해석한다. 이 세 거리의 정보가 하나로 모일 때, 비로소 장면의 해석이 완성된다. 따라서 롱 샷·미디엄 샷·클로즈업은 본능적으로 구조화된 정보 수집 체계라 할 수 있다. 그렇다고 반드시 이 세 샷이 모두 포함되어야 하는 것은 아니다. 샷 사이즈란 정보를 담는 그릇일 뿐, 어떤 거리에서든 시청자가 상황·행동·감정을 읽을 수 있다면 해석과 몰입은 자연스럽게 따라온다.

## 3 샷 사이즈의 범위

'생존을 위해 정보를 얻는다.'라는 본능은 샷 사이즈의 범위를 결정짓는 기준이 된다. 즉, 인물을 '어디서부터 어디까지 프레임에 담을 것인가'를 판단하는 근거가 되는 것이다. 예를 들어, 특별한 의도가 없다면 클로즈업은 보통 얼굴에서 쇄골까지를 포함한다. 이는 시청자가 무의식적으로 '폐쇄성' 원리를 작동시키기 때문이다. 클로즈업에 담긴 '얼굴-목-어깨-쇄골'까지의 라인을 따라 뇌는 나머지 신체를 보완해 인물의 전체 형체를 유추한다. 숲속에서 동물의 일부만 보여도 전체 형체를 유추하던 진화적 본능이 반영된 결과다.

그런데 만약 화면이 목에서 잘려버린다면 어떨까? 포식자의 몸집을 상상할 수 없어 불안해지듯, 시청자 역시 인물의 나머지 형태를 상상하지 못해 어색함과 불편함을 느끼게 된다. 관절도 마찬가지다. 팔꿈치·손목·무릎·발목은 움직임을 예측하는 핵심 단서인데, 화면이 이 지점에서 잘리면 뇌는 다음 행동을 짐작할 수 없어 긴장하게 된다. 결국 인간은 시각 정보를 통해 '다음에 무슨 일이 일어날까?'를 예측하려는 존재이며, 이 예측이 가능할 때 몰입이 유지된다. 이를 예측 기반 몰입prediction-based immersion이라고 한다(Zacks et al., 2007).

따라서 장면이 부자연스럽게 느껴진다면, 대개는 이 예측 기반 몰입이 깨졌기 때문이다. 이럴 땐 샷 사이즈를 조금 넓히거나 인물의 움직임 방향에 여백을 두어 더 많은 단서를 제공해 보자. 그러면 '폐쇄성' 원리가 안정적으로 작동해, 시청자는 장면을 훨씬 더 자연스럽게 받아들인다.

그림 16-2 보기에 더 편안한 컷은?


샷 사이즈는 인물과의 시청자 사이의 심리적 거리를 표현한다. '롱 샷 → 미디엄 샷 → 클로즈업'으로 점점 가까워질수록 시청자의 감정 몰입은 단계적으로 깊어진다. 반대로 클로즈업에서 롱 샷으로 물러나면 인물과의 심리적 거리가 멀어진다. 시청자의 시선은 감정에서 상황으로 옮겨가며, 인물과 사건을 더 객관적으로 해석할 수 있게 된다. 따라서 대화 장면이나 인터뷰에서는 세 구도를 모두 촬영해 두고, 대화의 성격에 맞게 샷 사이즈를 선택해 편집해 보자. 시청자의 감정을 효과적으로 유도할 수 있다.

┤ **3줄 요약** ├

카메라는 시청자의 눈으로, 인물과의 거리(롱·미디엄·클로즈업)에 따라 감정적 몰입과 맥락 파악이 달라진다. 이 세 구도는 위험·사회적 관계·감정 파악이라는 인간 생존 전략에서 비롯된 본능적 정보 수집 체계다. 샷 사이즈는 정보를 담는 그릇이며, 그 정보로 예측이 가능할 때 시청자는 장면을 자연스럽게 해석하고 몰입한다.

## 카메라의 앵글

'카메라가 인물을 어느 각도에서 바라보는가.' 즉, 앵글은 시청자가 인물을 어떻게 느끼게 될지 심리적 관계를 설정한다. 아래 표는 대표적인 세 가지 앵글과 그 효과를 정리한 것이다.

표 16-2 **카메라의 주요 앵글**

| 구도 | 감정 기본값 | 효과 기본값 |
| --- | --- | --- |
| 아이 레벨 | 안정감, 평등감, 친근함 | 객관적 시각, 몰입 용이, 자연스러운 감정 연결 |
| 하이 앵글 | 무력감, 취약함, 위축 | 작아 보임, 수세적·종속적 해석 강화 |
| 로우 앵글 | 위압감, 긴장, 경계, 경외감 | 크게 보임, 권위·지배·영웅성 강조 |

그림 16-3 **아이 레벨 / 하이 앵글 / 로우 앵글**

### 1 아이 레벨eye-level

아이 레벨은 카메라가 인물의 눈높이에 위치하는 가장 일반적인 구도다. 시청자는 카메라를 통해 인물과 마주 본다는 느낌을 받으며, 이는 현실에서 서로 눈을 맞추고 대화할 때와 유사하다. 연구에 따르면, 정면으로 시선을 마주칠 때 인간은 상대의 감정과 사회적 태도를 가장 정확하게 읽어낸다(Adams & Kleck, 2005). 따라서 아이 레벨은 시청자가 인물을 평등하고 객관적으로 바라보게 만든다. 그 결과, 시청자는 안정 속에서 인물의 감정에 쉽게 몰입할 수 있다. 드라마, 영화, 인터뷰 등 대부분의 장르에서 아이 레벨이 기본 구도로 쓰이는 이유가 여기에 있다.

### 2 하이 앵글high angle

하이 앵글은 카메라가 인물을 위에서 내려다보는 구도다. 인물은 작고 왜소하게 보이며, 시청자는 그를 내려다보는 위치에 놓인다. 인간은 위에서 내려다보는 시선에서 본능적으로 우위감을 느끼고, 대상은 무력하거나 열등한 존재로 인식된다. 따라서 하이 앵글은 인물의 취약함이나 위축된 상태를 강조하는 데 효과적이다. 시청자는 인물을 연약하고 불쌍한 존재로 보며, 연민이나 보호 본능을 느끼게 된다. 반대로 특정 인물의 시점으로 사용될 경우, 그 인물이 상대를 지배하거나 깔보는 태도를 드러내는 장치가 된다.

로우 앵글은 카메라가 인물을 아래에서 올려다보는 구도다. 지각심리학 연구에 따르면, 인간은 무언가를 올려다볼 때 그것을 더 멀고 어렵고 위협적인 대상으로 인식하는 경향이 있다. 높은 산을 올려다보면 단순한 풍경이 아니라 극복해야 할 장애물처럼 보이는 것과 같다(Proffitt, 2006). 이 원리는 영상 연출에도 적용되어, 인물이 로우 앵글로 촬영될 경우 위압적이거나 영웅적으로 부각된다. 심지어 〈앤트맨〉처럼 벌레를 타고 날아다닐 만큼 작은 인물도 로우 앵글에 잡히면 히어로다. 드라마나 스릴러에서는 권력적·위협적 인물을 부각하기 위해 자주 활용된다.

왜 앵글 하나로 이렇게 다른 감정을 느낄까? 답은 진화 속에 있다. 인간은 높은 위치에 있는 자가 우위를 점한다는 사실을 수없이 경험하며 살아왔다. 높은 곳에서 적을 감시하거나 사냥감을 내려다보는 것은 더 넓은 시야와 전략적 이점을 주었다. 전쟁에서도 성 위에서 내려다보는 쪽이 절대적으로 유리했으며, 오늘날 군사 전략에서도 고지대 선점은 핵심 원칙이다. 반대로, 포식자가 높은 곳에 있을 때 인간은 본능적으로 강한 위협을 느꼈다. 매머드나 호랑이처럼 올려다봐야 할 체구가 큰 동물은 물론, 큰 체격의 인간까지 더 강하게 지각되었다(Fessler et al., 2012). 이 경험은 사회적 권력 구조에도 이어졌다. 왕이나 부족장은 늘 높은 자리에 앉아 아래를 내려다보며 위신을 드러냈고, 사람들은 자연스럽게 올려다보며 복종을 학습했다. 이러한 인식은 문화적 관습에도 남아 있다. 조선시대와 같은 전통 사회에서는 왕과 눈을 마주치지 않고 고개를 숙이는 것이 예법이었다. 올려다보는 행위는 곧 복종의 표현이었고, 눈을 마주치면 불경죄로 처벌받기도 했다.

결국, 우리가 하이 앵글과 로우 앵글에서 전혀 다른 감정을 느끼는 이유는, 그것이 오랜 진화 과정에서 형성된 '살아남기 위한 시선 처리'의 결과이기 때문이다. 카메라 앵글은 그 본능을 시각적으로 드러내는 장치다.



카메라 앵글은 시청자가 인물을 어떻게 해석할지 결정하는 심리적 장치다. 아이 레벨은 평등·안정, 하이 앵글은 무력·취약, 로우 앵글은 위압·권위·영웅성을 강조한다.

## 카메라 무빙

카메라는 두 가지 방식으로 장면을 담는다. 하나는 고정된 상태에서 대상을 지켜보는 방식, 다른 하나는 카메라 자체가 움직이며 대상을 따라가는 방식이다. 단순해 보이지만, 이 선택은 시청자가 사건을 어떻게 경험하느냐를 근본적으로 바꾼다.

### 1 고정 샷 fixed shot

고정 샷은 카메라를 움직이지 않고 삼각대 등에 고정해 촬영하는 방식이다. 장면은 마치 무대 위 연극처럼 펼쳐지고, 시청자는 객석에 앉은 관객처럼 일정한 거리를 두고 사건을 바라본다. 인물과 사건을 직접 체험하기보다 한발 물러서서 차분히 관찰하게 되는 것이다. 심리학자 제임스 깁슨(1979)은 관찰자의 시점이 안정적일수록 지각이 더 명확해진다고 설명한다. 화면이 흔들리지 않을수록 시청자는 안정된 상태에서 무엇을 볼지 스스로 선택하며 해석할 수 있다. 영화 〈조제, 호랑이 그리고 물고기들〉에서 조제가 혼자 요리하는 마지막 장면은 고정 샷으로 이루어져 있다.[1] 이 장면에서 시청자는 조제의 상황, 행동, 표정을 하나하나 조용히 지켜보며, 이별 이후에도 그녀의 삶은 계속된다는 사실을 조용히 받아들이게 된다. 이처럼 고정 샷은 일정한 거리를 두고 장면을 관찰하게 만든다. 그래서 객관적인 사실을 전달해야 하는 다큐멘터리 장르에서 자주 활용된다. 다큐멘터리 PD 출신인 고레에다 히로카즈 감독 역시 인물의 삶을 목격하게 만드는 시선을 구축할 때 즐겨 사용한다.

## 2 이동 샷moving shot

카메라가 움직이면 시청자는 더 이상 관찰자에 머물지 않는다. 뇌의 전정계가 공간 속 움직임을 보정하고, 동시에 거울신경체계가 활성화되면서 시청자는 마치 자신의 몸이 움직이는 듯한 체험을 하게 된다(Rizzolatti & Sinigaglia, 2010). 그래서 카메라가 인물과 함께 걷거나 달리면, 시청자도 직접 현장에 있는 것처럼 몰입하게 된다.

더 중요한 점은, 이동 샷이 '시선 유도'의 강력한 무기가 된다는 사실이다. 고정 샷과 달리 이동 샷은 프레임 자체가 움직이기 때문에, 시청자의 시선은 그 방향을 따라갈 수밖에 없다. 이 과정에서 연출자는 시청자와 인물의 관계까지 조절할 수 있다. 카메라가 가까이 따라붙으면

---

1   영화 〈조제, 호랑이 그리고 물고기들〉 : 약 1시간 51분 50초경 장면

동행자가 되고, 멀어지면 관계가 끊어지는 듯한 체험을 하게 된다. 또한 이동 속도에 따라 긴장과 감정의 리듬도 달라진다. 빠른 이동은 긴박감과 추격감을, 느린 이동은 불안·기대·숭고함을 강화한다. 이동 샷에는 다음과 같은 유형들이 있다.

**표 16-3** 이동 샷 주요 유형

| 원리 | 기법 | 감정 기본값 | 효과 기본값 |
|---|---|---|---|
| 연속성 | 팬 | 호기심, 기대 | 주변 탐색, 정보 발견 |
| | 트래킹 | 안전감, 소속감 | 인물 동행, 동반 체험 |
| +유사성 | 롱테이크 | 안정감, 신뢰 | 끊기지 않는 현장 몰입 |
| +근접성 | 돌리 인 | 친밀감, 몰입 | 인물 집중, 감정 강화 |
| | 돌리 아웃 | 고립감, 무력감 | 분리, 거리감 강조 |
| +불규칙성 | 핸드헬드 | 긴장, 불안 | 현장성, 위기감, 불확실성 |
| +위계성 | 틸트 업 | 위압감, 경외 | 인물 확대, 권위·힘 강조 |
| | 틸트 다운 | 우월감, 지배 | 인물 축소, 취약성 부각 |

모든 이동 샷은 '연속성' 원리에 기반한다. 카메라의 움직임이 선처럼 부드럽게 이어질 때, 시청자의 시선과 감정도 그 궤적을 따라가며 자연스럽게 몰입한다. 동시에 '근접성' 원리가 작동해, 카메라와 대상 간의 거리가 관계의 강도를 결정한다. 정리하면 이동 샷을 이해하는 두 축은 다음과 같다.

카메라의 **연속된 움직임**(*연속성*) ┃ 카메라와 대상 사이의 **거리**(*근접성*)

여기에 어떤 원리가 더해지느냐에 따라 이동 샷의 유형이 달라지고, 시청자가 느끼는 감정도 달라진다.

### 1 팬pan

   팬은 카메라를 수평으로 회전시켜 좌우의 공간을 보여주는 기법이다. '연속성' 원리에 따라 시청자의 시선도 수평 방향으로 이어지며 화면을 순차적으로 탐색한다. 활용 전략은 세 가지다. 첫째, 카메라 궤적 위에 대상을 미리 배치하면 시청자는 자연스럽게 그것을 발견하게 된다. 발견하기까지의 기대감이나 긴장감을 유도할 수 있다. 둘째, 카메라가 멈추는 지점에 시청자의 시선도 멈춘다. 그곳에 중요 단서를 두면 발견의 감정이 오래 지속된다. 셋째, 풍경이나 공간 전체를 설명해야 할 때 팬을 사용하면 화면을 부드럽게 훑으며 정보를 차례로 전달할 수 있다. 이러한 특성 때문에 팬 샷은 다큐멘터리의 풍경 묘사나 스릴러에서 숨은 위협이 드러나는 장면에 자주 활용된다.

### 2 트래킹tracking

   트래킹은 카메라가 대상을 따라 같은 경로로 이동하는 기법이다. 레일, 돌리, 차량, 스테디캠, 짐벌, 드론 등 장비와 상관없이 카메라가 대상을 따라 움직이면 모두 트래킹이라 할 수 있다. 특히 인물을 따라가는 경우, 시청자 역시 그 궤적을 따라가며 인물과 사건을 동반 체험하는 듯한 느낌을 받는다. 이는 '공동 운명' 원리가 작동하기 때문이다. 같은 방향으로 움직이는 대상은 하나로 지각되며, 시청자도 인물과 '운명 공동체'로 묶인다. 여기에 '근접성' 원리가 더해진다. 카메라가 인물에 가까워질수록 시청자는 더욱 강한 동행감을 느낀다.

그리고 '어디서 어떻게 따라가느냐'에 따라 인물과 시청자의 관계가 달라진다. 뒤에서 따라가면 '동행자', 옆에서 함께 가면 '동료', 앞에서 찍으면 '피사체'처럼 느껴진다.



### 3 롱테이크long take

롱테이크는 이름 그대로, 컷을 나누지 않고 하나의 샷을 길게 지속하는 기법이다. 여기에는 '연속성'과 '유사성' 원리가 동시에 작동한다. 컷이 나뉘지 않고, 빛·색·톤·움직임이 일관되게 유지되기 때문에, 시청자는 사건 전체를 하나의 장면으로 지각한다. 따라서 현장감이 극대화되며, 시청자는 인물과 함께 사건 속에 들어간 듯한 체험을 하게 된다. 또 카메라가 자유로운 궤적을 그리며 움직일 수 있어, 그 궤적 위에 단서를 배치하거나 인물에 밀착해 몰입을 강화할 수도 있다. 보통 스테디캠이나 짐벌 같은 장비가 자주 쓰이지만 필수는 아니다. 스마트폰으로도 구현할 수 있고, 심지어 CCTV 영상 역시 일종의 롱테이크다. 핵심은 장비가 아니라 끊기지 않는 시간, 다시 말해 '카메라를 멈추지 않는 것' 그 자체다.

## 이동 샷의 근접성 | 돌리dolly

돌리는 '근접성' 원리가 가장 뚜렷하게 드러나는 기법이다. 가까운 것은 하나로 인식된다는 원리에 따라, 카메라가 인물에게 점점 가까워지는 돌리 인dolly in은 시청자를 인물 곁으로 끌어들이며 친밀감과 몰입을 강화한다. 고뇌, 고백, 비밀이 드러나는 순간처럼 인물의 감정이 중요한 장면에서 특히 효과적이다. 반대로, 카메라가 점점 인물로부터 멀어지는 돌리 아웃dolly out은 관계가 끊어지는 듯한 감각을 준다. 인물은 고립된 존재로 보이고, 시청자는 소외와 무력감을 체험한다. 영화 〈신세계〉 정청의 임종 장면에서는 이자성으로부터 카메라가 돌리 아웃되며 병실 전체를 비춘다.[2] 시청자는 이자성 곁에서 점차 멀어지며 그의 고립과 단절을 체감하게 된다.

사물을 대상으로 할 때는 효과가 달라진다. 돌리 인은 특정 대상에 시선을 강제로 집중시키며 상징적 의미를 강화한다. 영화 〈인셉션〉 마지막 장면의 팽이 토템이 그렇다.[3] 카메라가 팽이에 가까워질수록 시선은

---

2   영화 〈신세계〉: 약 1시간 50분경 장면
3   영화 〈인셉션〉: 약 2시간 20분 30초경 장면

오직 그 작은 팽이에 고정되고, 주변 세계는 잊힌다. 반대로, 돌리 아웃은 대상과 환경의 관계를 드러낸다. 영화 〈트루먼 쇼〉에서는 도시로부터 지구 밖까지 카메라가 돌리 아웃되며 거대한 돔 세트장임이 드러난다.[4]

돌리 샷의 핵심은 '점진적인 거리 변화'다. 속도와 관계없이, 다가가거나 멀어지는 움직임이 뚜렷해야 근접성 원리가 작동한다. 그 순간 시청자의 심리적 거리도 함께 변하며, 인물 관계·감정·이야기의 의미가 차근차근 체화되고 몰입이 깊어진다.

> ### ┤ Comment ├
>
> 돌리의 속도로 감정의 강도를 조절할 수 있다. 천천히 돌리 인하면 집중과 몰입이 서서히 깊어지고, 빠른 돌리 인은 충격적 감정을 강조한다. 돌리 아웃도 속도에 따라 점진적 고립과 급격한 단절이라는 상반된 정서를 만들어낸다.

## 이동 샷의 불규칙성 | 핸드헬드hand-held

**핸드헬드**는 촬영자가 손으로 직접 카메라를 들고 촬영하는 기법이다. 화면이 불규칙하게 흔들리면 시청자는 다음 상황을 예측하기 어렵다. 인간은 결과를 예측할 수 없는 상황에서 위험을 실제보다 크게 지각하고, 그만큼 불안을 더 크게 경험한다(Grupe & Nitschke, 2013). 그래서 핸드헬드는 본질적으로 불안과 긴장을 고조시키는 기법이다. 영화 〈본 얼

---

4  영화 〈트루먼 쇼〉 : 약 59분 20초경 장면

티메이텀〉은 이 특성을 극적으로 활용했다. 첩보전의 혼란과 긴박함을 표현하기 위해 카메라는 끊임없이 흔들리며, 시청자를 현장 한가운데로 끌어들인다.[5] 그러나 모든 장면이 흔들리는 것은 아니다. 중요한 정보를 전달해야 할 때는 카메라가 안정된다. 정보가 흐려지면 이야기 자체가 무너지기 때문이다.

따라서 핸드헬드의 핵심은 '어디서 흔들고, 어디서 안정시킬 것인가'를 구분하는 데 있다. 현장감을 강조한다고 모든 장면을 흔들면, 이야기까지 흔들려 버린다.


## 이동 샷의 위계성 | 틸트tilt

**틸트**는 카메라를 위나 아래로 회전시키는 기법이다. 위로 올리면 **틸트 업**tilt up 아래로 내리면 **틸트 다운**tilt down이 된다. 이 움직임은 종종 로우 앵글과 하이 앵글로 이어지지만, 핵심은 움직임이 그리는 수직 궤적이다. '팬'의 수평 궤적과 마찬가지로, 틸트의 수직 궤적에서도 '연속성' 원리가 작동한다. 시청자의 시선은 카메라의 수직 움직임을 따라 자연스럽게 이어지고, 화면 속 정보를 순차적으로 탐색하며 집중하게 된다. 틸트를 활용할 때 중요한 기준은 두 가지다.

- **누구의 눈으로 보는가** | 카메라 위치를 결정한다.
- **무엇을 바라보는가** | 카메라가 멈추는 지점을 결정한다.

---

5  영화 〈본 얼티메이텀〉 : 약 1시간 3분경 장면

예를 들어, 아이의 시선으로 어른을 본다면 카메라는 낮은 위치에서 위로 회전해 어른의 얼굴에서 멈춘다. 반대로 어른의 시선으로 아이를 본다면 카메라는 높은 위치에서 아래로 회전해 아이의 얼굴에서 멈춘다. 정리하면, 틸트는 수직 궤적을 따라 인물 간의 관계와 위계를 시각적으로 드러내는 기법이다.

---

**3줄 요약**

카메라 무빙은 고정 샷과 이동 샷으로 나뉘며, 선택에 따라 시청자의 몰입 방식이 달라진다. 고정 샷은 거리를 두고 관찰하게 만들고, 이동 샷은 시청자를 장면 속으로 끌어들여 감정·리듬을 조절한다. 팬·트래킹·롱테이크·돌리·핸드헬드·틸트 같은 이동 기법은 '연속성·근접성·유사성·불규칙성·위계성' 원리에 따라 각기 다른 감정을 유도한다.

# 카메라의 눈
## 카메라 운용 2

앞 장에서는 카메라의 위치와 움직임이 시청자의 감정을 어떻게 바꾸는지 살펴봤다. 그러나 같은 위치와 움직임이라도 카메라 자체의 성격에 따라 장면의 정서는 달라질 수 있다. 이 성격은 렌즈 선택과 시점의 결정에 의해 정해진다.

## 렌즈의 성격

렌즈는 카메라의 '눈'이다. 인간에게 눈은 하나뿐이지만, 카메라는 표준·광각·망원 등 다양한 렌즈로 갈아 끼울 수 있다. 그리고 어떤 눈으로 세상을 보느냐에 따라 같은 장면도 전혀 다른 세계로 바뀐다. 물론 감정도 달라진다.

그림 17-1 표준 렌즈 / 광각 렌즈 / 망원 렌즈

**1 표준 렌즈**

렌즈 안에서 빛이 모여 상像이 맺히는 지점(초점)과 카메라 센서 사이의 거리를 초점거리라고 한다. 인간의 눈으로 치면 수정체와 망막 사이의 거리다. 이 초점거리가 40~50mm인 렌즈를 표준 렌즈라고 부른다. 시야각은 약 46°로, 인간이 선명하게 지각하는 중심 시야(시야각 약 40°~50°)와 거의 같다. 원근 왜곡이나 압축도 거의 없어서 화면은 실제 눈으로 보는 것과 가장 비슷하게 느껴진다. 자연스러운 안정감을 주기 때문에 인물과 상황에 몰입하기 쉽다. 이런 특성 덕분에 표준 렌즈는 모든 장르에서 활용되며, 특히 일상 장면, 인터뷰, 다큐멘터리처럼 사실성과 안정감을 강조해야할 때에 널리 쓰인다.

---

**⊣ Comment ⊢**

안정감을 주는 표준 렌즈라도, 핸드헬드와 결합하면 화면에 약간의 흔들림이 더해져 리얼리티가 강화된다. 그래서 리얼리티 예능이나 〈VJ 특공대〉 같은 매거진 교양 프로그램에서 안정적이면서도 현장감 있는 톤을 만들 때 자주 활용된다.

---

**2 광각 렌즈**

풀프레임 기준으로, 초점거리 35mm 이하, 시야각 63° 이상인 렌즈를 광각 렌즈라 한다. 초점거리가 짧아질수록 시야각이 넓어지는데, 이는 물고기의 눈이 양옆으로 벌어져 넓은 시야를 갖는 것과 같다. 이 원리가 극단적으로 적용된 것이 어안 렌즈다. 초점거리가 15mm 이하로 짧아져 시야는 크게 넓어지지만, 원근 과장과 왜곡도 심해져 가까운 것은 부풀고 먼 것은 더 멀어진다. 이처럼 광각 렌즈는 현실에서 경험하기 어려운 낯선 풍경을 만들어낸다. 어찌나 낯선지 시선이 매끄럽게 이어지지 않아 연속성 원리가 깨지고, 뇌는 안정된 패턴을 찾지 못해 불안을 느낀다. 그래서 광각 렌즈는 좁은 공간을 넓게 보이게 할 때뿐 아니라, 낯섦과 불안을 표현할 때도 유용하다.

### · 영화 〈중경삼림〉[1]

밀집된 공간 속 인물을 광각으로 담으면, 공간은 넓게 과장되고 인물은 작게 왜곡된다. 그래서 인물이 환경에 압도당한 듯 보인다. 편의점·아파트·계단 같은 익숙한 장소마저 낯설고 불안하게 변한다. 시청자는 그 안에서 쭈구리가 된 인물의 고립감과 외로움을 체험하게 된다.

### · 애니메이션 〈주술회전〉 | 고죠 사토루 시부야 전투 장면[2]

광각은 카메라 가까운 부분을 실제보다 크게 부풀려 강하게 보이게 한다. 고죠 사토루가 달리며 개조 인간들을 제거해 나갈 때도, 그의 얼굴, 팔, 상반신이 과장되어 길게 늘어나 보인다. 일반적 인체 비례에서 벗어난 왜곡으로, 시청자는 그를 인간을 넘어선 압도적 힘을 지닌 존재로 느끼게 된다.

이처럼 같은 광각이라도 맥락에 따라, 어떨 땐 고립된 쭈구리를, 어떨

---

1 영화 〈중경삼림〉 : 약 1시간 32분 30초경 장면
2 애니메이션 〈주술회전〉 33화 : 약 14분 40초경 장면

땐 초월적 존재를 만들어낸다. 뒤틀린 현실이나 광기, 그로 인한 긴장과 불안, 폭발적인 에너지를 표현하고 싶다면, 광각 렌즈는 좋은 선택이다.

### 3 망원 렌즈

풀프레임 기준으로 초점거리 70mm 이상, 시야각 34° 이하인 렌즈를 **망원 렌즈**라 한다. 초점거리가 길어질수록 시야각은 좁아지고, 멀리 떨어진 대상들이 서로 가까이 붙은 것처럼 겹쳐 보인다. 이때 '근접성' 원리가 작동해 여러 대상을 하나의 집단으로 묶어 인식하게 된다. 전장을 가득 메운 병사들이나 몰려드는 동물 떼를 망원으로 담으면, 그 모습이 압축되어 거대한 파도처럼 밀려온다. 바닷속 작은 물고기들이 군집해 하나의 거대한 몸처럼 움직이는 것과 같다. 시청자는 이 압도적인 스케일 앞에서 압박감과 숭고함까지 느끼게 된다.

또한, 망원 렌즈는 포식자의 눈과도 닮았다. 사자나 독수리는 멀리 있는 먹이를 정밀하게 포착하기 위해 현실을 납작하고 밀집된 세계로 바라본다. 망원 렌즈 역시 같은 방식으로 작동한다. 그래서 인간이 일상에서 경험하지 못한 풍경을 만들어내며 독특한 이질감을 준다. 다만 그 성격은 광각과 다르다. 광각이 공간을 벌려 낯설게 한다면, 망원은 공간을 압축해 폐쇄감을 만든다. 실제로는 멀리 떨어진 대상들이 화면 속에서는 바짝 붙어 보이는 것이다. 그래서 시청자는 좁아진 장면을 감옥처럼, 인물은 그 안에 갇힌 것처럼 느끼기도 한다. 이 경우 압박과 감시, 고립과 소외의 감정을 체험하게 된다. 실제 활용된 사례를 보자.

· **애니메이션 〈신세기 에반게리온〉**[3]
도심 속 전투 장면이 망원으로 잡힌다. 실제로는 수십 미터씩 떨어진 건물들이 겹쳐 거대한 벽처럼 에바를 짓누른다. 시청자는 그 벽에 갇혀 홀로 싸워야 하는 주인공들의 압박과 단절을 함께 느낀다.

· **드라마 〈브레이킹 배드〉** ｜ "Say my name." 장면[4]
주인공 월터가 마약상과 협상하며 "Say my name."이라는 대사를 날리는 장면이 망원으로 촬영됐다. 롱 샷에서는 두 인물이 멀리 떨어져 있지만, 망원으로 압축된 다른 샷들에서는 마치 정면으로 맞선 듯 보인다. 그만큼 긴장감은 한층 더 고조된다.

이처럼 망원 렌즈는 공간을 압축해 그 안의 대상들을 거대한 덩어리로 만들기도 하고, 인물을 그 안에 가둬버리기도 한다. 장면의 스케일을 과장하거나 인물의 고립과 압박을 표현하고 싶다면, 망원 렌즈는 좋은 선택이다. 인터뷰에서 답변자의 압박감과 긴장감을 표현할 때도 사용 가능하다.

주의할 점은, 광각과 망원 모두 '인간이 실제로 경험할 수 없는 장면'을 보여준다는 것이다. 이는 영상만이 가진 고유한 장점이지만, 동시에 단점이 되기도 한다. 낯선 시야가 과도하게 이어지면 시청자는 피로감을 느낀다. 문제는 '색다른 비주얼을 보여주겠어!'라는 욕심에 이들 렌즈가

---

3  애니메이션 〈신세기 에반게리온〉 TV판, 3화 : 약 15분 20초경 장면
4  드라마 〈브레이킹 배드〉 시즌 5, 7화 : 약 50초경 장면

남용되는 경우가 많다는 것이다. 과도한 사용은 시청자의 몰입을 깨뜨리고, 영상을 꺼버리게 만든다. 다시 강조하지만, 시청자에 대한 배려가 최우선이다. 표준 렌즈로 안정감을 확보하고, 특정 의도를 표현할 때만 광각과 망원을 임팩트 있게 쓰는 걸 권한다.



같은 장면을 표준·광각·망원 렌즈로 각각 촬영하면, 같은 공간도 전혀 다른 분위기로 바뀐다. 이를 교차 편집하면 시청자는 무의식적으로 '같은 공간인데 왜 이렇게 다르게 보이지?'라고 느끼며, 그 차이를 인물의 불안·혼란·분열 같은 심리 변화로 해석한다.

또한, 렌즈의 활용으로 인물의 캐릭터를 구축할 수도 있다. 예를 들어, 한 인물은 늘 광각으로 담아 그의 왜곡된 시선을 반영하고, 다른 인물은 늘 망원으로 담아 압축된 세계에 갇힌 듯 보이게 하면, 같은 공간에서도 캐릭터별 정서가 확연히 대비된다.

## 객관적 시점

**그림 17-2** 객관적 시점

‘카메라가 누구의 눈으로 세상을 보는가.’ 이 선택이 카메라의 ‘시점’을 결정한다. 인물의 눈을 대신하면 주관적 시점, 제3자의 눈으로 담으면 객관적 시점이다. 시점이 달라지면 시청자가 어떤 입장에서 장면을 바라보게 될지도 달라진다. 우선 객관적 시점을 보자.

객관적 시점은 화면 속 인물과 아무 관련 없는 ‘이야기 밖 관찰자’의 시선이다. 감정을 강요하지도, 해석을 덧붙이지도 않고 장면을 있는 그대로 보여준다. 따라서 시청자는 누구의 눈치도 보지 않고, 장면 속 요소들을 자유롭게 관찰하고 해석하게 된다. 이를 유지하는 핵심은 ‘카메라의 존재를 얼마나 지울 수 있느냐’에 달려 있다. 카메라를 의식하는 순간, 시청자는 다시 누군가의 눈치를 보게 되기 때문이다. 우리는 지금까지 살펴본 모든 카메라 운용 기법을 활용해 카메라의 존재를 지울 수 있다.

## · 카메라 위치

인물과 적당한 거리를 두자. 클로즈업은 감정 개입을 불러오므로 미디엄 샷이나 롱 샷이 적합하다.

## · 카메라 앵글

아이 레벨을 유지하자. 하이 앵글과 로우 앵글은 인물을 약하거나 강한 존재로 보이게 해 객관성을 흐린다.

## · 카메라 무빙

고정 샷, 부드러운 팬, 일정한 거리의 트래킹을 쓰자. 반대로 핸드헬드의 흔들림이나 인위적인 줌은 ‘촬영자’를 드러낸다.

## · 렌즈 선택

광각과 망원은 왜곡과 압축으로 비현실적 풍경을 만들어 눈에 잘 띈다. 인간의 눈과 가장 유사한 표준 렌즈가 자연스러운 현실감을 준다.

이런 선택을 통해 카메라는 점점 '투명해진다.' 연출자가 만든 투명 카메라는 보이지 않는 관찰자처럼 장면을 담아내고, 시청자는 누구의 감정에도 끌리지 않은 채 자유롭게 화면을 해석할 수 있다. 그때 객관적 시점이 완성된다.

---

**┤ Comment ├**

보도·다큐 프로그램에서 객관성을 유지하는 카메라의 기본값은 '표준 렌즈 + 아이 레벨 + 미디엄 샷 + 고정 샷' 조합이다.

---

# 주관적 시점 ┃ POV·OTS

주관적 시점은 특정 인물의 눈을 대신해 장면을 담는 방식이다. 시청자는 강제로 그 인물의 자리에 앉아, 그가 보는 것과 느끼는 것을 함께 경험하게 된다. 이를 구현하는 대표적 방법이 POVPoint Of View 샷과 OTSOver The Shoulder 샷이다.

# 1 POV 샷 Point Of View

그림 17-3 POV 샷

POV 샷은 인물의 눈을 그대로 대신하는 구도다. 흔히 시점 샷이라 부르며, 카메라가 인물의 눈이 되어 사건을 보여준다. 예를 들어, 영화 〈건축학개론〉에선 출사를 나간 승민이 땅바닥에 누워 사진을 찍는 장면이 있다.[5] 곧 이어지는 승민의 POV 샷에서 서연이 카메라를 바라보며 눈을 마주친다. 이 순간 시청자는 승민이 된 듯 똑같이 부끄러움을 느낀다. 왜 이런 걸까?

이는 뇌가 POV 샷을 '자기 경험'으로 처리하기 때문이다. 연구에 따르면, 인간은 타인의 행동이나 시선을 관찰할 때 뇌의 거울신경체계가 활성화되어 마치 자신이 직접 행동하는 것처럼 반응한다(Gallese & Goldman, 1998). 더불어 뇌는 눈앞의 시각 정보를 자기 경험으로 처리하며, 이를 바탕으로 사건을 예측한다(Zacks et al., 2007). 그래서 POV 샷으로 전환되는 순간, 시청자는 '저 인물이 보고 있다.'가 아니라 '내가 지금 보고 있다.'라고 느끼며, 설렘이나 공포를 직접 체험한다.

---

5   영화 〈건축학개론〉 : 약 19분 40초경 장면

이 원리 때문에 POV 샷은 공포물이나 스릴러에서 빠지지 않고 등장한다. 피해자의 눈으로 전환되는 순간, 시청자는 관찰자가 아니라 피해자가 된다. 화면 속에 보이는 것은 곧 '내가 보고 있는 것'이 되고, 어둠 속 그림자나 다가오는 발소리는 '내가 당하는 위협'으로 체험된다.

타인을 이해하는 가장 좋은 방법은, 그 사람이 보고 듣고 행동하는 것을 직접 경험하는 것이다. 영상에서 POV 샷은 바로 그 경험을 가능케 한다. 다만, 지나치게 써버리면 FPS 전투 게임처럼 시청자가 쉽게 피로해진다. 게다가 카메라가 인물의 눈을 흉내 내고 있다는 사실을 의식하는 순간, 인위적인 연출로 느껴져 오히려 몰입이 깨진다. 따라서 POV 샷은 특정 순간, 시청자를 인물과 강제로 동일시시키고 싶을 때만 쓰는 것이 효과적이다. 로맨스물이라면 첫눈에 반한 순간, 공포물이라면 절체절명의 순간이 되겠다. 나머지 장면은 객관적 시점을 유지해 시청자가 자유롭게 관찰하고 해석할 수 있도록 균형을 맞추는 게 좋다.

---

**Comment**

갑작스러운 POV 샷 전환은 어색할 확률이 높다. 직전 컷에서 인물의 시선을 강조하거나, 카메라가 인물 눈높이로 이동하는 과정을 보여준 뒤 POV 샷을 붙이자. 그러면 매끄럽게 이어진다. 시청자의 시선을 인물의 눈에 집중시킨 뒤 붙이는 게 핵심이다.

## 2 OTS 샷 Over The Shoulder

그림 17-4 OTS 샷

OTS 샷은 특정 인물의 어깨 너머로 상대를 바라보는 구도다. 시청자는 인물의 바로 뒤에 서서 상황을 지켜보는 듯한 경험을 한다. 예컨대 두 인물이 대화할 때 OTS 샷을 쓰면, 시청자는 한 인물의 어깨 너머로 상대의 얼굴을 바라보며 대화 속에 끼어 있는 듯한 느낌을 받는다. 이는 '근접성' 원리가 작동하기 때문이다. 화면 속 어깨와 뒷모습이 시청자와 가까이 묶여 하나의 집단처럼 인식되며, 자연스럽게 동일시가 일어난다. 다만 이는 완전한 POV 샷과는 다르다. 어깨와 뒷모습이 화면에 드러나기 때문에, 시청자는 그 뒤에서 관찰자의 거리를 유지할 수 있다. 즉, OTS 샷은 객관적 시점과 주관적 시점의 중간에 놓인, 부분적으로 주관성을 띤 구도다.

이 특징 덕분에 OTS 샷은 POV 샷 없이도 상대와의 친밀한 대화 체험을 가능하게 한다. 반대로 스릴러나 범죄물에서는 불안감을 불러일으킨다. 인물 바로 뒤에 서 있다는 감각이 시청자에게 '누군가를 지켜본다'는 인식을 주기 때문이다. 마치 범죄 현장을 목격하거나 범인을 미행하는 듯한 긴장이 생겨난다.

정리하면, OTS 샷은 POV 샷처럼 '내가 곧 그 인물이다.'라는 강제 동일화 대신, '나는 저 인물 바로 곁에서 지켜보고 있다'는 경험을 하게 한다. 인물의 감정을 공유하면서도 관찰자의 객관성을 유지하는 이 균형 덕분에, OTS 샷은 특히 대화 장면에서 가장 널리 활용되는 기본 구도가 되었다.

**3줄 요약**

렌즈는 카메라의 눈으로, 표준은 안정감, 광각은 과장·낯섦, 망원은 압축·압박을 만든다. 시점 선택은 해석 방식을 바꾼다. 객관적 시점은 자유 관찰을, 주관적 시점은 인물과의 동일시를 이끈다. POV 샷은 인물의 눈을 대신함으로써, OTS 샷은 인물과의 동행감으로 주관성을 만든다.

# 어떻게 움직임을 다룰 것인가

## 움직임

인간의 시선을 뺏는 가장 강력한 시각 요소는 무엇일까? 이미 우리는 앞 장에서 피처의 시선 유도 강도 순위를 매겨본 바 있다(8장 참조). 그중 1위는 단연 **움직임**이다. 아무리 인물이나 얼굴이 강력하게 시선을 끈다 해도, 움직이는 대상을 이길 순 없다. 주인공이 사랑 고백을 하는 순간에도 시청자의 시선은 날아다니는 파리에 빼앗긴다. 온통 녹색으로 가득한 숲에서조차 바람에 흔들리는 나뭇가지 하나가 시선을 독차지한다. 왜냐? 살아남으려면 포식자나 사냥감의 움직임을 즉각적으로 감지해야 하는 것이 당연했으니까. 그래서 인간의 뇌는 다른 어떤 단서보다도 움직임에 먼저 반응하도록 진화해 왔다. 그리고 정지된 사진이나 회화와 달리, 시간을 다루는 매체인 영상은 움직임의 강력한 힘을 온전히 활용할 수 있다. 연출자라면 이 축복을 그냥 놓쳐선 안 된다. 그런 이유로, 지금부터 우리는 움직임을 어떻게 연출에 활용할 수 있을지 살펴볼 것이다.

## 움직임의 네 구간

움직임은 연속적으로 흐른다. 하지만 뇌는 하나의 흐름으로만 인식하지 않는다. 그 안에서 변화를 포착해 구분한다. 이를 연출자가 활용하기 쉽도록 정리하면 네 구간으로 나눌 수 있다.

출발 ➡ 이동 ➡ 전환 ➡ 도착

그림 18-1 **움직임의 네 구간**

예를 들어 인물이 걷는 장면을 생각해 보자. 발을 떼는 순간은 **출발**, 걷는 과정은 **이동**, 갑자기 멈추거나 방향을 바꾸는 순간은 **전환**, 완전히 멈춰 서는 지점은 **도착**이다. 이 구분은 습관이 아니라 진화의 결과다. 원시 환경에서 중요한 것은 단순히 '움직임이 있다'는 사실이 아니었다. 언제 시작됐는지, 언제 멈췄는지, 언제 방향을 바꿨는지가 곧 생존의 관건이었다. 포식자가 달리기 시작하면(출발) 즉각 위협을 감지해야 했다. 사냥감이 계속 움직이면(이동) 추격할지 숨을지 판단해야 했다. 특히 갑작스러운 멈춤이나 방향 전환(전환)은 공격이나 도주 신호일 수 있었다. 움직임이 멈추면(도착) 위협이 끝났거나 새로운 국면이 시작된 것이다. 인간의 뇌는 그래서 연속보다 변화의 순간에 더 민감하게 반응하도록 발달했다. 그리고 각 구간은 인지 과정과 맞물려 서로 다른 감정을 유발한다.

| 표 18-1 | 움직임 구간과 인지 과정 |

| 움직임 구간 | 인지 과정 | 감정 기본값 |
| --- | --- | --- |
| 출발 | 주의 : 감각 수용→지각→주의 | 놀람, 긴장, 기대 |
| 이동 | 해석 : 기억→사고·추론 | 몰입, 집중 |
| 전환 | 판단 : 판단·의사결정 | 충격, 반전, 갈등 |
| 도착 | 행동 : 반응·행동 실행 | 해소, 여운, 체념 |

새로운 움직임이 시작되면 뇌는 '중요한 일이 벌어졌다'고 판단해 즉시 주의를 집중한다*(출발=주의)*. 움직임이 이어지는 동안 시청자는 상황을 파악하고 의미를 추론한다*(이동=해석)*. 멈춤·방향 전환·속도 변화는 '앞 사건이 끝나고 다른 사건이 시작된다'는 신호로 읽히며, 뇌는 다음 행동을 예측한다*(전환=판단)*. 움직임이 멈추거나 목적지에 다다르는 순간, 뇌는 감정을 정리하고 다음 사건을 준비한다*(도착=행동의 완결)*. 실제 연출 사례를 통해 이 흐름을 이해해 보자.

· **영화 〈매트릭스〉** | 네오가 총알을 피하는 장면[1]

요원이 총알을 발사한 순간, 시청자는 놀라며 긴장하고 즉각 주의를 집중한다*(출발/주의)*.→네오가 몸을 젖혀 날아오는 총알들을 피한다. 시청자는 움직임에 몰입하며, 그가 구원자라는 확신을 갖게 된다*(이동/해석)*.→총알이 스치고 네오가 쓰러진다. 확신을 주던 움직임이 멈추며 시청자는 충격을 받는다. 동시에 그가 어떻게 위기에서 벗어날지 예측한다*(전환/판단)*.→쓰러진 네오를 겨누는 요원을 트리니티가 제거한다. 긴장이 해소되며 시청자는 다음 사건을 준비한다*(도착/행동)*.

---

1  영화 〈매트릭스〉 : 약 1시간 46분 20초경 장면

이렇듯 움직임의 네 구간은 인지 과정과 톱니바퀴처럼 맞물려 정교하게 작동한다. 출발을 빠른 움직임으로 채우면 주의 집중이 강해지고, 도착을 느린 움직임으로 채우면 시청자가 감정을 정리할 시간을 갖게 된다. 움직임을 설계한다는 것은 곧 시청자의 인지와 감정을 설계하는 일이다.

> **Comment**
>
> 움직임의 구조를 이해하면 움직임 전체를 하나의 롱테이크로 담는 대신, '출발-이동-전환-도착' 구간별로 나눠 촬영할 수 있게 된다. 그러면 인물의 전체 동선 중에서 어느 구간에 힘을 주고, 어느 구간은 힘을 뺄지 선택하여 촬영·편집할 수 있다.

## 사건의 이해

인간의 뇌가 연속적인 움직임을 구간으로 나누어 지각하듯, 연속적으로 이어지는 사건도 작은 단위로 나뉘어 기억된다. 이를 사건 분할 이론 Event Segmentation Theory이라 하며, 뇌는 변화가 일어나는 순간을 경계로 삼아 사건을 나눈다고 설명한다(Zacks et al., 2007). 예를 들어, 한 인물이 출근하는 과정을 보자. 우리는 이 과정을 하나의 긴 덩어리로 기억하지 않는다. 집을 나서는 순간, 버스를 타는 순간, 직장에 들어서는 순간마다 경계가 그어진다. '집을 나섰다.→버스를 탔다.→직장에 도착했다.'라는 세 개의 에피소드로 분할해 기억하는 것이다. 이러한 사건의 경계는 대부분 행동의 변화와 맞물린다. 집을 나서는 행동, 버스에 오르는

 본능적 연출 │ 시선·감정·몰입의 연출심리학

행동, 문을 열고 들어서는 행동처럼 말이다. 그래서 사건의 지각도 움직임의 지각과 유사한 리듬을 따른다. 움직임이 출발-이동-전환-도착으로 나뉘듯, 사건도 시작-전개-변화-종결의 흐름으로 나뉜다. 이는 '기·승·전·결', '3막 구조'와도 닮았다.

결국 인간은 신체적 움직임의 리듬으로 세상을 이해한다. 연출자가 장면과 이야기를 움직임의 네 구간 구조로 설계하면, 시청자의 뇌가 자연스럽게 받아들이는 인지 흐름과 맞물리게 된다. 따라서 움직임의 네 구간은 시청자가 사건을 이해하고 감정을 느끼도록 돕는 뼈대가 된다. 그러나 의도한 감정을 온전히 느끼게 하려면, 그 뼈대 위에 두 가지 살을 붙여야 한다. 하나는 인물 자체의 동작 속도, 다른 하나는 인물과 카메라 사이의 상대적 속도이다. 이 두 요소의 결합이 시청자가 느낄 감정의 방향을 결정한다. 우선 동작 속도부터 살펴보자.

## 동작 속도 | 빠름과 느림

인간의 뇌는 속도 변화에 민감하게 진화했다. 빠른 움직임은 대개 포식자 같은 위협이었고, 느린 움직임은 상대적으로 안전한 대상이었다. 그래서 빠른 움직임의 기본값은 놀람과 긴장, 느린 움직임의 기본값은 시간의 여유다. 이 여유는 상황에 따라 사고와 추측으로 채워지기도 하고, 때로는 불안으로 변하기도 한다. 기본값은 움직임의 네 구간과 결합해 다양한 감정을 낳지만, 최종적으로 어떤 감정이 될지는 맥락이 결정한다. 인물이나 상황이 위협적이냐 아니냐에 따라, 같은 기본값도 전혀 다른 감정으로 바뀌기 때문이다.

| 움직임 구간 | 빠름 | 느림 |
| --- | --- | --- |
| 출발 | 놀람, 긴장 | 의문, 추측 |
| 이동 | 긴박, 압박 | 정서, 여운 |
| 전환 | 충격, 놀람 | 갈등, 고뇌 |
| 도착 | 단호한 종결 | 체념, 허무 |

## 1 출발·이동 + 빠른 움직임

갑자기 문을 박차고 등장하는 인물처럼 빠른 출발과 이동은 즉각적인 놀람·긴장·압박감을 불러온다. 영화 〈매드 맥스: 분노의 도로〉의 빠른 추격 장면은 심박수를 끌어 올려 긴박감과 압박감을 만들고, 영화 〈쥬라기 공원〉의 티라노사우루스는 갑자기 튀어나와 놀라게 한다. 그리고 빠르게 뒤쫓아오는 순간, 뇌는 '곧 붙잡힌다!'라고 예측하며 공포에 사로잡힌다.

그러나 맥락이 달라지면 감정도 달라진다. 공룡이 아니라 기다리던 연인이 갑자기 달려 나오면 놀람은 환희로 바뀐다. 스포츠 경기에서 결승선을 향한 전력 질주는 긴장과 동시에 해방감과 성취감을 준다. 빠른 움직임은 위협이든 희망이든, 이처럼 감정을 강렬하게 폭발시킨다.

## 2 출발·이동 + 느린 움직임

느린 출발과 이동은 시청자에게 생각할 시간을 준다. 인물이 천천히 걸어서 등장하거나 이동하면, 시청자는 '무엇을 하려는 걸까?'라는 추측을 하게 된다. 느리게 움직일수록 뇌는 급하게 결과를 예측할 필요가 없어, 그만큼 생각을 곱씹을 여유가 생긴다. 그래서 시청자를 기대하거나 추측하게 만들고 싶을 때 효과적으로 사용된다.


· **애니메이션 〈더 퍼스트 슬램덩크〉** | 타이틀 장면[2]
 스케치로 그려진 북산 5인방이 천천히 앞으로 걸어 나오며, '기다렸던 녀석들이 드디어 돌아왔다!'는 기대와 설렘을 서서히 고조시킨다.


· **애니메이션 〈센과 치히로의 행방불명〉** | 물 위 기차 장면[3]
 치히로와 가오나시가 탄 기차의 차창 밖 풍경이 느리고 완만하게 흘러가며, 서정성과 깊은 여운을 자아낸다.


  이처럼 느린 출발과 이동은 기대와 여운을 주기도 하지만, 동시에 약간의 불안을 불러일으킬 수도 있다. 빠르게 결정하고 출발하는 시원시원함 대신 망설임이 느껴지기 때문이다. 게다가 맥락에 따라 공포를 낳기도 한다.


· **영화 〈링〉** | 사다코 등장 장면[4]
 TV 화면 앞으로 천천히 다가오는 사다코. '감당 못 할 재앙이 다가온다!'는 공포와 긴장이 극도로 고조된다. 느리지만 확실하게 다가오는 움직임은 피할 수 없는 위협으로 해석되며, 그 긴장감은 서서히 조여오는 공포로 변한다.

---

2  애니메이션 〈더 퍼스트 슬램덩크〉 : 약 6분경 장면
3  애니메이션 〈센과 치히로의 행방불명〉 : 약 1시간 39분경 장면
4  영화 〈링〉 : 약 1시간 25분 50초경 장면

### 3 전환 + 빠름/느림

전환은 멈춤·방향 전환·속도 변화처럼 흐름을 끊거나 뒤집는 움직임을 뜻한다. 뇌는 이를 '상황이 바뀐다'는 신호로 인식하며, 기본값은 긴장과 압박이다. 그중 인물이 갑자기 고개를 홱 돌리거나 달려드는 빠른 움직임의 전환은 즉각적 위협으로 해석된다. 곧바로 긴장이 고조되며 불안·초조·공포가 일어난다. 그러나 맥락에 따라 환희로 바뀌기도 한다.

· **영화 〈부산행〉** │ 대전역 장면[5]

역 밖으로 나가려는 사람들을 눈치채고, 좀비로 변한 군인이 고개를 홱 돌린다(*전환*). 곧이어 좀비 떼가 달려든다. 시청자는 순식간에 '위협이 다가온다. → 진짜 위협이 닥쳤다!'라는 공포의 흐름을 경험한다.

· **영화 〈미션 임파서블〉** │ CIA 본부 금고 침투 장면[6]

주인공이 천천히 내려오다 와이어가 풀려 추락한다(*빠른 전환*). → 바닥 직전

---

5　영화 〈부산행〉 : 약 43분 30초경 장면
6　영화 〈미션 임파서블〉 : 약 1시간 8분경 장면

에서 멈춘다. 긴장이 해소되며 강렬한 쾌감이 터진다. 이어지는 명장면. 안경을 타고 흐른 땀방울이 떨어지려는 순간→손바닥으로 재빨리 받는다(*빠른 전환*). 전환이 두 번이나 이어져 시청자의 감정은 긴장과 환희의 롤러코스터를 탄다.

**느린 움직임의 전환**은 천천히 멈추거나 방향을 바꾸는 움직임이다. 움직임이 느려질수록 내적 갈등이 크게 드러난다. 그 내적 갈등은 착한 인물이라면 진중한 고뇌로, 악인이라면 불길한 계산으로 받아들여진다. 그리고 약한 인물이 천천히 고개를 돌릴 때는 그 시선 끝에 '무언가 나타날 것 같다'는 불안과 공포가 밀려온다. 앞서 봤던 영화 〈링〉의 예시에서 사다코가 TV 밖으로 기어 나오는 장면은 그 전환 자체가 극도로 느리게 진행된다. 이는 '피할 수 없는 일이 벌어지고 있다! 되돌릴 수 없는 파국이다!'라고 해석된다. 시청자는 압박감을 넘어선 무력감, 체념을 경험하게 된다.

---

**Comment**

인물이 갑자기 멈추거나 고개를 획 돌리는 전환 순간에, 카메라도 함께 멈추거나 움직임을 바꾸면 충격이 배가된다. 예를 들어, 인물을 팬으로 따라가다 인물이 멈추면 패닝을 멈춘다. 고개를 숙인 인물을 돌리 인으로 따라들어가다 고개를 드는 순간 돌리 인을 멈춘다. 이러면 인물의 멈춤과 카메라의 멈춤이 겹치며, 움직임에 대한 시청자의 예측이 동시에 두 번 깨진다. 그래서 놀람과 긴장이 배가되는 것이다.

도착은 사건의 종결을 의미한다. '마침내 일이 벌어졌다'는 인식과 함께 긴장이 해소된다. 그중 빠른 움직임의 도착은 단호한 결론을 만든다. 자리에 벌컥 앉거나 문을 세게 닫는 급격한 움직임은 시청자에게 '사건이 확실히 끝났다'는 신호를 강하게 준다. 하지만 이것도 맥락에 따라 감정이 달라진다. 절체절명의 상황에서 아군이 급히 등장하면 긴장은 안도로 변해 강렬한 쾌감이 된다. 하지만 그게 적군이라면 긴장은 공포와 절망으로 뒤바뀐다. 어쨌든 빠른 도착은 긴장을 강제로 끊어내며 결론을 확정 짓는다.

느린 움직임의 도착은 긴장을 풀어내면서 깊은 감정과 여운을 남긴다. 하지만 뒷맛이 개운하냐 아니냐는 맥락이 결정한다.

### · 영화 〈타이타닉〉[7]

잭이 얼어붙은 바닷속으로 천천히 가라앉는 장면은 잭의 헌신, 로즈의 무력감·체념이 뒤섞이며 슬픔의 여운을 길게 남긴다.

### · 영화 〈양들의 침묵〉, 〈노인을 위한 나라는 없다〉[8]

살인자 한니발 렉터와 안톤 시거가 천천히 퇴장할 때, 시청자는 사건이 끝나지 않았음을 직감한다. 악이 여전히 어딘가에 살아 있다는 불안이 서늘한 잔향으로 남는다.

---

7   영화 〈타이타닉〉 : 약 2시간 56분경 장면
8   영화 〈양들의 침묵〉 : 약 1시간 53분경 장면 ;
     영화 〈노인을 위한 나라는 없다〉 : 약 1시간 53분 40초경 장면

빠른 움직임을 광각으로 촬영하면 원근 과장이 더해져 동작이 과속된 듯 보인다. 그 결과, 긴박감이 강화된다. 반대로 느린 움직임을 망원으로 촬영하면 공간이 압축되어 인물이 갇힌 듯 보인다. 그 결과, 체념·고립·단절의 정서가 강조된다.

편집에서도 같은 원리가 작동한다. 같은 동작도 슬로slow로 늘리면 내적 갈등·고뇌를 표현할 수 있다. 패스트fast로 쪼개면 긴장·공포로 해석될 수 있다. 영화 〈쏘우〉에선 인물들이 탈출을 시도할 때, '광각 + 극단적 클로즈업 + 빠른 패닝·줌'으로 촬영된 화면이, 패스트fast 컷으로 편집된다.[9] 이는 시청자의 감각을 의도적으로 과부하 시켜, 실제 사건보다 훨씬 더 급박하고 폭력적으로 체감하게 만든다.



움직임은 뇌가 가장 먼저 반응하는 강력한 시각 단서이며, 사건의 이해와 감정 몰입을 좌우한다. 뇌는 움직임을 '출발–이동–전환–도착' 네 구간으로 나누어 지각하며, 각 구간은 '주의–해석–판단–행동'의 인지 과정과 맞물린다. 빠름과 느림의 조합은 긴장·쾌감·여운 등 다양한 감정을 일으키며, 연출자는 이를 통해 사건의 리듬과 정서를 조율할 수 있다.

## 상대적 속도 | 커짐·작아짐·그대로

빠름과 느림, 전진과 후퇴, 측면 이동, 대각선 이동…. 인물과 카메라의 조합으로 만들어낼 수 있는 경우의 수는 무궁무진하다. 하지만, 이 모든 걸 일일이 외울 필요는 없다. 중요한 건 원리다. 인물과 카메라가 어떻게 움직이든, 시청자가 실제로 지각하는 건 결국 하나다.

---

9  영화 〈쏘우〉 : 약 25분 40초경 장면

시청자는 영상을 볼 때 단순히 인물과 카메라 사이의 거리만 느끼는 것이 아니다. 뇌가 더 민감하게 반응하는 건, 시간이 흐르면서 그 거리가 변하고 있느냐, 그대로 유지되고 있느냐이다.

· 거리가 좁혀지면 인물은 커진다.
· 거리가 멀어지면 인물은 작아진다.
· 거리가 그대로면 인물의 크기도 변하지 않는다.

그림 18-2  카메라와 인물 사이 거리가 '멀어진다 ↔ 좁혀진다'

따라서 연출자가 주목해야 할 것은 인물과 카메라 사이의 상대적 속도, 즉 '거리 변화'다. 인물이 커지느냐, 작아지느냐, 그대로냐에 따라 시청자가 느끼는 감정이 달라진다. 그 기본값은 다음과 같으며, 최종적으로 어떤 감정이 될지는 맥락이 좌우한다.

표 18-3  상대적 거리 변화와 감정 기본값

| 인물 크기 변화 | 상대적 거리 변화 | 감정 기본값 |
| --- | --- | --- |
| 커진다 | 접근(점점 가까워짐) | 압박, 위협, 개입, 긴장 |
| 작아진다 | 이탈(점점 멀어짐) | 단절, 상실, 체념, 해소 |
| 그대로다 | 정지 | 응축, 긴장, 악센트 |

화면 속 인물이 점점 커진다는 것은 곧 인물과 카메라(=시청자) 사이의 거리가 좁혀진다는 뜻이다. 인간의 뇌는 이 단순한 거리 변화를 매우 민감하게 받아들인다. 연구에 따르면, 사람들은 다가오는 소리를 실제보다 더 크게·빠르게 인식하는 경향이 있으며(Neuhoff, 1998), 시각 자극에서도 같은 경향이 보고됐다(Schiff et al., 1962).

진화적으로도 '다가오는 움직임'은 늘 중요한 의미를 가졌다. 그런 움직임은 대개 포식자 같은 위협이거나 사냥감 같은 기회였기 때문이다. 그래서 뇌는 다가오는 움직임에 자동으로 긴장하고, 경계하며, 싸우거나 도망칠 준비를 하도록 진화했다. 이게 바로 가까워지는 움직임의 기본값이 '압박·개입·위협'인 이유다. 하지만 맥락이 달라지면 같은 '커짐'이 전혀 다른 감정으로 변한다. 실제 연출 사례를 보자.

· **영화 〈여고괴담〉**[10]

어두운 복도에서 여고생 귀신이 앞으로 통통통 튀어나오는 순간, 시청자는 '내게 달려든다!'는 압박감을 체험한다. 화면 속에서 커지는 인물의 움직임을 뇌가 단순한 영상이 아닌 실제 위협으로 해석하기 때문이다. 그래서 시청자는 반사적으로 움찔한다.

· **영화 〈어바웃 타임〉** │ 결혼식 장면[11]

신부가 천천히 결혼식장 안으로 걸어오며 점점 화면 속에서 커질 때, 시청자는 긴장 대신 따뜻한 설렘을 느낀다. 이는 뇌가 '좋은 존재가 다가온다!'라

---

10 영화 〈여고괴담〉 : 약 1시간 33분 40초경 장면
11 영화 〈어바웃 타임〉 : 약 1시간 10분경 장면

고 재해석하기 때문이다. 다가옴 자체는 언제나 주의를 끌고 긴장을 만들지만, 그 대상이 연인이나 가족처럼 긍정적인 인물이라면 압박은 친밀감으로, 위협은 기대와 환희로 바뀐다.

즉, 가까워짐은 언제나 중요한 사건으로 처리되지만, 그 의미는 맥락에 따라 달라진다. 위협적인 존재라면 압박과 공포로, 사랑하는 존재라면 친밀과 기대, 환희로 변한다. 이렇게 연출자는 '다가오는 사람은 반드시 중요하다'는 본능적 반응 하나만으로도, 맥락을 얹어 다양한 감정을 설계할 수 있다.

## 2 작아진다(멀어지는 움직임)

화면 속 인물이 점점 작아진다는 것은 카메라와 인물 사이의 거리가 멀어진다는 뜻이다. 지각심리 연구에 따르면, 사람들은 멀어지는 물체에 덜 민감하게 반응하며, 보통 위험이 해소된 상황으로 해석한다(Franconeri & Simons, 2003).

진화적으로도 '멀어짐'은 대체로 좋은 신호였다. 달려오던 포식자가 멀어지면 위험이 사라지고 긴장이 풀렸기 때문이다. 그래서 멀어짐의 기본값은 '위험 해소와 안도감'이다. 그러나 이야기 속에서 이 움직임은 자주 '상실·단절·이별'로 읽힌다. 가까워짐이 개입과 연결을 뜻한다면, 멀어짐은 반대로 관계의 끊김과 닿을 수 없는 거리를 의미하기 때문이다. 실제 연출 사례를 보자.

· **영화 〈라라랜드〉** ┃ 마지막 이별 장면[12]

미아와 세바스찬은 서로의 꿈을 위해 헤어진 뒤 우연히 재회하지만, 결국 각자의 길을 택한다. 화면 속 두 사람은 점점 멀어진다. 시청자가 느끼는 것은 단순한 안도가 아니라 '이제 정말 끝났구나.'라는 체념과 상실이다. 물리적 거리가 멀어지는 동시에 정서적 거리도 멀어지기 때문이다.

연출자는 인물과 카메라의 움직임을 조절해, 다양한 이별을 그릴 수 있다.

· **고정 샷 + 인물 멀어짐**

점점 작아지는 인물을 지켜볼 수밖에 없다. 뇌는 무력감과 함께 관계의 단절을 체험한다.

· **카메라가 인물을 따라가며 크기를 일정하게 유지**

이별 대신 '함께하고 싶다'는 동행의 의지를 느낄 수 있다.

· **카메라가 인물보다 더 빠르게 물러남**

인물이 더 빨리 작아지며, '관계를 스스로 끊어낸다'는 단호한 결별의 인상이 생긴다.

앞서 본 영화 〈라라랜드〉 예시도 멀어짐의 변주다. 두 사람의 거리는 멀어지지만, 미아는 카메라 쪽으로 다가와 점점 커진다. 덕분에 시청

---

12   영화 〈라라랜드〉 : 약 1시간 58분 40초경 장면

자는 미아의 감정에 깊이 이입하면서 동시에 세바스찬과의 이별을 체험하게 된다. 연출자는 이렇게 가까워짐과 멀어짐을 결합해 더 큰 효과를 만들 수 있다.

## 3 그대로다(변하지 않는 움직임)

화면 속 인물이 커지지도, 작아지지도 않고 같은 크기로 유지될 때가 있다. 이는 곧 인물과 카메라 사이의 거리가 변하지 않는다는 뜻이다. 이때 시청자가 느끼는 감정은 크게 두 가지로 갈린다. 첫째는 정지 상태에서 오는 긴장이다. 생존 상황에서 인간과 동물의 첫 반응은 대개 정지다. 정지는 위험 앞에서 판단 시간을 벌려는 본능적 반응이기 때문이다. 그래서 인물이 움직임을 멈추는 순간, 시청자도 무의식적으로 긴장을 느끼며 그 정적을 위험 신호로 해석한다. '무슨 일이 벌어질까?'라는 두려움이 고조되는 것이다.

· 드라마 〈브레이킹 배드〉 | "Say my name." 장면[13]
월터가 마약상과 대치한 채, 한 발짝도 움직이지 않고 "Say my name."이란 대사를 내뱉는다. 멈춤이 극도의 긴장으로 이어진다. 움직임이 없을 때 오히려 감정은 응축되고, 긴장은 절정으로 치솟는다.

둘째는 동행이 주는 몰입감이다. 카메라가 인물과 같은 속도와 방향으로 움직여 상대적 거리를 유지할 때, 인물의 크기는 변하지 않는다.

---

13  드라마 〈브레이킹 배드〉 시즌5, 7화 : 약 5분경 장면

이때 시청자는 인물 곁에 나란히 걷거나 달리는 듯한 체험을 한다. 거울 신경체계가 활성화되면서 인물의 움직임이 곧 시청자의 움직임처럼 느껴진다.


· **영화 〈버드맨〉** ｜ 브로드웨이 질주 장면[14]
리건이 반나체로 브로드웨이 거리를 달릴 때, 카메라는 그의 속도를 그대로 따라가며 긴 롱테이크로 촬영한다. 시청자는 그와 함께 달리며 군중의 시선을 맞받는 압박과 수치심을 생생히 체감한다.


· **영화 〈1917〉**[15]
두 병사가 참호를 빠져나와 전장을 가로지르는 동안, 카메라는 끝까지 그들과 함께 걸으며 상대적 거리를 유지한다. 덕분에 시청자는 마치 직접 전장에 투입된 듯한 몰입과 현장감을 경험한다.


같은 '변하지 않는 크기'라도 맥락에 따라 효과는 전혀 달라진다. 인물이 정지하면 긴장의 장치가, 카메라가 따라가면 동행의 장치가 된다. 연출자가 이 차이를 이해하면 의도에 맞게 인물과 카메라의 움직임을 설계할 수 있다.

---

14　영화 〈버드맨〉 : 약 1시간 14분경 장면
15　영화 〈1917〉 : 약 33분 30초경 장면

# 예외 이동

동작 속도와 상대적 속도의 원리만 알아도 대부분의 움직임은 설명할 수 있다. 그러나 모든 경우가 이 두 공식에 들어맞는 것은 아니다. 인물의 크기 변화와 직접적으로 연결되지 않거나, 맥락에 따라 효과가 달라지는 움직임들이 있기 때문이다. 대표적인 예외가 측면 이동, 대각선 이동, 원형(회전) 이동이다.

표 18-4 예외적 이동 유형과 효과

| 움직임 방향 | 감정 기본값 | 효과 기본값 |
| --- | --- | --- |
| 측면 이동(좌→우) | 안정, 균형 | 자연스러운 진행 |
| 측면 이동(우→좌) | 긴장, 저항 | 대립·불협화 |
| 대각선 이동 | 불안, 위태로움 | 혼란, 불안정한 흐름 |
| 원형·회전 이동 | 혼란, 강박 | 갇힘·순환적 긴장 |

## 1 측면 이동lateral

그림 18-3 '좌→우' 이동과 '우→좌' 이동

인간의 눈은 좌우로 움직이는 대상을 추적하는 데 특히 익숙하다. 원시의 숲과 평원에서 포식자와 사냥감이 좌우로 움직이는 경우가 많았기 때문이다. 실제 연구에서도 사람은 상하보다 좌우 움직임에 더 빠르고 정확하게 반응한다(Werkhoven, Snippe, & Toet, 1992). 그래서 측면 이동은 비교적 안정된 추적감을 준다. 그러나 이동 방향에 따라 뉘앙스는 달라진다.

- **'좌→우' 이동**은 대체로 '앞으로 나아가는 진행감'을 준다(서구권 기준).
- **'우→좌' 이동**은 읽기·쓰기 습관을 거슬러 '저항·대립'의 느낌을 만든다.

이 효과는 본능적이라기보다 문화적 학습의 결과다. 글을 수천, 수만 번 읽고 쓰며 체득된 경험 덕분이다. 서구권에서는 '좌→우'가 진행의 방향으로 받아들여지지만, 일본이나 아랍권처럼 반대 방향으로 읽는 문화권에서는 반대로 해석될 수 있다(12장 참조).

· **영화 〈올드보이〉** | 복도 싸움 롱테이크[16]
주인공 오대수가 수많은 적들과 싸워나가며 '좌→우'로 이동하는 동선은, 복수를 향한 전진이라는 집념으로 읽힌다. 만약 이 장면이 '우→좌'로 촬영됐다면, 시청자는 어딘가 불리하거나 역행하는 싸움으로 인식했을 것이다. 즉, 측면 이동의 방향은 인물의 여정을 전진으로 볼지, 대립으로 볼지를 가른다.

---

16　영화 〈올드보이〉 : 약 43분 30초경 장면

그림 18-4 대각선 이동

대각선 이동은 화면 속에서 비스듬하게 그려지는 동선을 뜻한다. 게 슈탈트 심리학자 아른하임(1974)은 수평과 수직 구도가 안정감을 주는 반면, 대각선은 불안정과 긴장감을 유발한다고 설명했다. 그래서 영상 속 대각선 이동은 시청자에게 위태롭고 불균형한 긴장감을 만들어낸다.

· **영화 〈라이언 일병 구하기〉** │ 노르망디 전투 장면[17]

병사들이 총알과 폭탄을 피해 대각선으로 돌격한다. 이 장면은 단순히 달리기가 아니라 '언제 쓰러질지 모른다'는 불안으로 체험된다. 안정된 프레임을 깨뜨리고 혼란과 위기를 강조하고 싶을 때 자주 사용된다.

---

17  영화 〈라이언 일병 구하기〉 : 약 13분경 장면

그림 18-5  원형(회전) 이동

게슈탈트 심리학에서 '원circle'은 완결성과 안정감을 주는 구조로 해석된다. 그러나 움직임이 원을 그리며 반복되면 의미는 달라진다. 직선적 이동은 시작과 끝이 뚜렷해 '앞으로 나아감'을 암시하지만, 원형 반복은 끝이 없는 순환으로 인식된다. 출구 없는 반복은 긴장을 해소하지 못하고, 시청자에게 혼란과 강박을 유발한다. 영화 〈인셉션〉의 회전 복도 장면에서 시청자가 강한 혼란을 체험하는 것도, 원형의 움직임이 방향 감각을 무너뜨리며 불안을 자극하기 때문이다.[18] 더 극단적인 사례는 이토 준지 원작 애니메이션 〈소용돌이〉다. 이야기 전체가 '소용돌이'라는 원형 모티프를 중심으로 전개되며, 모든 인물이 출구 없는 마을 안을 끝없이 원을 그리며 맴돈다. 시청자는 순환의 강박을 체험하며 공포에 사로잡힌다.

---

18　영화 〈인셉션〉 : 약 1시간 39분경 장면

**3줄 요약**

상대적 속도는 인물이 화면 속에서 커지면 압박·위협, 작아지면 단절·상실, 그대로면 긴장·동행감을 만든다. 하지만 같은 변화라도 맥락에 따라 감정은 정반대로 바뀐다. 예외 이동인 측면 이동은 전진·저항, 대각선 이동은 불안, 원형(회전) 이동은 끝없는 긴장과 혼란을 불러온다.

# 어떻게 안 튀게 할 것인가
## 편집 1

러닝타임 10분, 1시간, 2시간…. 모든 영상은 시간의 흐름에 묶인 매체다. 따라서 지금까지 살펴본 모든 원리는 결국 시간 속에서 조율되어 하나의 흐름으로 이어져야 한다. 이 과정을 가능케 하는 것이 바로 편집이다. 즉, 편집은 단순한 컷 연결이 아니라 설계된 감정을 하나의 이야기로 엮어내는 마지막 과정이다. 그런데 정작 실제 편집에서 연출자들의 신경을 긁어대는 건 따로 있다. 바로 '컷이 튄다'는 현상이다. 지금이야 컷 튀는 거 뭐 그리 대수인가 싶지만, 나 역시 예전에는 컷의 튐을 없애려 무던히 애썼다. 사소한 튐 하나로 편집 무능력자처럼 보일까 싶어서였다. 물론 컷이 튄다고 해서 무능력자인 건 아니다. 하지만 매끄러운 영상이 시청자의 몰입 유지에 도움이 되는 것도 사실이다. 시청자는 같은 공간과 시간 속에서 이야기가 이어지고 있다고 느껴야 몰입을 지속하기 때문이다. 그런데 화면이 어색하게 끊기면 시청자는 이야기보다 '편집이 어색하다'는 사실을 먼저 의식하게 되고, 그 순간 몰입이 깨진다. 따라서 이번 장에서는 튐 없는 영상, 즉 연속성 편집을 다뤄보려 한다.

영상에서 '컷이 튄다'는 것은 두 장면이 이어질 때 뇌가 이를 자연스럽게 연결하지 못하고, 부자연스럽게 끊겼다고 느끼는 현상이다. 연속된 사건으로 이어져야 하는데 갑자기 어색하게 바뀌어 보이는 것이다. 원인은 인간의 뇌가 장면을 처리하는 방식에 있다.

### · 예상 불일치

뇌는 장면이 이어질 때 앞 장면과 자연스럽게 연결되리라 기대한다. 그런데 예상과 달리 인물의 위치, 크기, 카메라의 방향, 밝기 같은 단서가 갑자기 달라지면 뇌는 이를 연속된 하나의 사건으로 묶지 못한다. 그 순간 '연속성'이 끊긴다.

그림 19-1  '예상 불일치'로 컷이 튄다

### · 시선의 단절

전 컷에서 인물의 얼굴을 보고 있었는데, 다음 컷에서 갑자기 전혀 다른 구도의 얼굴이 나타나면 시선은 공중에 떠버린다. 뇌가 이어볼 길을 놓친 순간, '연속성' 원리가 깨진다. '순간'처럼 잠시라도, 또 툭 끊긴 듯한 느낌이 생긴다.

 '시선의 단절'로 컷이 튄다

· **지각적 불일치**

같은 장소를 찍었더라도 빛의 방향이나 색감이 컷마다 조금이라도 달라지면, 뇌는 이를 같은 공간으로 인식하지 못한다. 결국 두 장면이 서로 다른 장소처럼 보인다.

 '지각적 불일치'로 컷이 튄다

컷의 튐을 줄이려면 위에서 언급한 원인들을 해결해야 한다. 그중에서도 가장 기본적이고 효과적인 방법은 인물의 눈 위치와 시선 방향을 부드럽게 이어주는 것이다. 시청자의 시선은 본능적으로 인물의 눈과 시선 방향을 따라가기 때문이다. 이를 구현하는 대표적인 기법이 아이라인 레벨과 아이라인 매치다. 우선 '아이라인 레벨'을 알아보자.

## 아이라인 레벨eyeline level ▮ 시선의 일관성 유지 1

시청자가 화면 속 인물을 볼 때 가장 먼저 주목하는 곳은 눈이다. 뇌의 'FFA방추상 얼굴 영역'와 'STS상측두고랑'는 인물이 어디를 보고 있는지, 어떤 의도가 있는지를 실시간으로 추적한다(8장 참조). 핵심은 바로 이 실시간 추적이다. 시청자는 계속해서 화면 속 인물의 눈을 따라가고 있다는 뜻이다. 예를 들어, 한 인물을 클로즈업으로 잡다가 롱 샷으로 전환한다고 해보자. 만약 클로즈업에서는 눈이 화면 상단에 있고, 롱 샷에서는 화면 하단으로 내려가 있다면 어떻게 될까? 시청자의 뇌는 컷이 바뀐 순간 잠깐 멈칫하며, '이게 같은 인물인가?'라는 확인 과정을 거친다. 이때 툭 끊긴 느낌이 발생한다. 반대로, 두 샷에서 눈의 위치가 비슷한 높이에 유지된다면 이야기는 달라진다. 시청자는 인물의 눈을 실시간으로 추적하고 있었기 때문에, 크기나 구도가 달라져도 동일 인물이라고 자연스럽게 인식한다. 공식적인 용어는 아니지만, 편의상 이 책에서는 '눈의 위치를 화면에서 일관되게 이어주는 것'을 아이라인 레벨eyeline level이라 부르겠다.

촬영과 편집 시 아이라인 레벨을 맞추면, 장면이 컷으로 끊겨도 시청자는 하나의 연속된 흐름으로 인식한다. 가장 실용적인 방법은 가이드선인 그리드를 활용하는 것이다(12장 참조). 카메라 모니터에 그리드를 켜고, 대체로 인물의 눈을 프레임 상단 1/3 지점에 두는 것이 가장 안정적이다.

- 클로즈업에서 눈이 상단 1/3 지점에 있었다면, 롱 샷에서도 눈을 같은 지점 근처에 맞춘다.
- 삼각대를 세울 때도 인물의 키가 아니라 눈 위치가 상단 1/3에 오도록 카메라 높이를 조정한다.
- 짐벌이나 지미집을 운용할 때도 상단 1/3 기준으로 인물의 눈을 따라가면, 다른 샷으로 넘어가도 눈 위치 변화가 크지 않아 안정감을 유지할 수 있다.

**그림 19-4** 아이라인 레벨 ｜ '눈의 위치'를 맞춘다

## 2 편집에서의 활용

편집에서도 기준은 같다. 구도 자체보다 눈의 위치를 맞추는 것이 튐을 줄이는 핵심이다.

- 전후 컷에서 눈의 위치가 비슷한 샷을 골라 붙인다.
- 적절한 샷이 없다면, 프레임 크기나 위치를 조정해 눈 위치를 맞춘다. 4K로 촬영해서 HD로 마스터링 한다면 화질 열화도 별로 없으니 걱정 말자.

정리하면, 전후 컷에서 인물의 눈 위치를 일관되게 유지하는 것만으로도 시청자는 같은 인물, 같은 사건을 보고 있다고 자연스럽게 인식한다. 그 결과 컷의 튐은 크게 줄어든다.

## 아이라인 매치eyeline match | 시선의 일관성 유지 2

아이라인 매치란 인물의 시선 방향을 컷 사이에서 일관되게 이어주는 기법이다(Bordwell & Thompson, 2016). 시청자는 단순히 인물의 눈만 보는 것이 아니라, 그 눈이 어디를 향하는지도 실시간으로 추적한다. 그리고 뇌는 시선 너머에 '무언가 있을 것'이라고 자동으로 예측한다. 문제는 이 예측이 빗나갈 때다. 인물이 오른쪽을 바라봤는데, 다음 컷에서 대상이 왼쪽에 나타나면 뇌는 혼란을 겪는다. 시선은 방향성을 가진 단서이기 때문이다. '연속성' 원리에 따르면, 선과 방향이 부드럽게 이어질 때 인간은 이를 하나의 사건으로 지각하지만, 어긋나는 순간 단절로 받아들인다. 따라서 인물이 오른쪽을 보고 있다면, 다음 컷에서 대상 역시 화면의 오른쪽에 있어야 한다. 그래야 두 컷이 하나의 연속된 사건으로 자연스럽게 이어진다. 이 아이라인 매치를 구현하는 가장 실용적인 방법이 바로 180도 법칙180-degree rule이다.

### · 180도 법칙180-degree rule

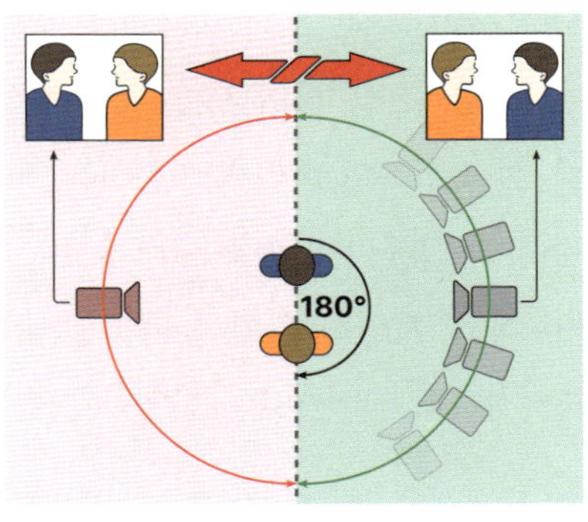



**그림 19-5** 180도 법칙

180도 법칙은 이름과 달리 절대적 규칙이 아니다. 시청자를 혼란에 빠뜨리는 것이 연출자의 의도라면 과감히 깨뜨려도 된다. 그러나 특별한 의도가 없다면, 시선의 일관성을 유지하기 위한 유용한 도구가 된다. 핵심은 세 가지로 정리된다. 이제 이것만 기억하자.

❶ 머릿속으로 두 인물을 관통하는 선을 긋는다.
❷ 그 선을 넘지 않고 한쪽에서만 촬영한다.
❸ 인물의 위치와 시선 방향을 고정한다.

　우선 1번. 두 인물을 관통하는 선은 　그림 19-5 　의 점선이다. 2번. 그 선을 넘지 말자는 건, 녹색 영역에서만 촬영하자는 것이다. 이 영역에서 투 샷을 찍으면 주황색 인물이 왼쪽, 파란색 인물이 오른쪽에 놓인다. 그런데 카메라가 선을 넘어가서 빨간색 영역에서 찍으면 인물의 위치가 뒤집힌다. 주황색 인물이 오른쪽, 파란색 인물이 왼쪽에 놓이는 것이다. 시청자는 인물들이 갑자기 자리를 바꿔 앉은 것처럼 인식하고, 몰입도 순간적으로 끊긴다. 그리고 3번. 인물의 위치와 시선 방향을 고정하자는 건, 인물의 원 샷이나 OTS 샷을 찍기 위해서다. 예를 들어 주황색 인물이 화면의 왼쪽에서 오른쪽을 바라보도록 설정했다면, 끝까지 그 구도를 유지해야 한다. 그렇게 하면 파란색 인물의 위치와 시선 방향도 자동으로 결정된다. 주황색 인물이 오른쪽을 바라보니, 파란색 인물은 화면 오른쪽에 있어야 하고, 자연히 왼쪽을 바라보게 되는 것이다. 촬영 현장에서 이 원칙만 지켜도 원 샷이든 OTS 샷이든 시선의 일관성을 유지할 수 있다.

## 매치 온 액션match on action ｜ 동작의 연속성 보장 1

　시청자는 컷이 달라져도 인물의 행동이 끊김 없이 이어지길 기대한다. 이를 가장 자연스럽게 구현하는 방법이 매치 온 액션이다. 인간의 뇌는 움직임을 네 구간(출발-이동-전환-도착)으로 나누어 지각한다(18장 참조). 이 가운데 특히 중요한 것은 전환이다. 멈춤이나 방향 바꾸기처럼 변화가 뚜렷하게 드러나는 순간이며, 이때 뇌는 앞 사건을 정리하고 새로운 사건이 시작됐다고 인식한다(Zacks et al., 2007). 즉, 전환은 뇌가 리셋되는 지점이다. 이 리셋 지점을 활용하는 편집 방식이 '매치 온 액션'이다. 인물이 멈추거나 방향을 바꾼 전환 직후에 컷을 두면, 장면은 매끄럽게 이어진다. 예를 들어 인물이 컵을 들어 물을 마시는 장면을 두 컷으로 나눠 보자.

손을 든다(출발). → 컵으로 손을 뻗는다(이동). → 컵을 잡는다(전환). → 물을 마신다(도착).

전환 직후, 즉 컵을 잡은 직후에 컷을 끊으면, 다음 컷에서 인물이 곧바로 물을 마셔도 시청자는 하나의 연속된 행동으로 인식한다. 컵을 입에 가져가는 과정이 생략돼도 어색하지 않은 이유는, 뇌가 전환에서 이미 사건을 갈라놓았고, 빈틈은 '폐쇄성' 원리로 자연스럽게 메우기 때문이다. 반대로 '컵을 잡는다.'라는 전환 지점을 생략하면 컷이 튈 가능성이 높다. 움직임의 변화가 뚜렷한 순간은 빈틈이 너무 커서 폐쇄성 원리만으로 메우기 어렵기 때문이다. 결국 매치 온 액션은 폐쇄성 원리를 전략적으로 활용해, 컷의 연속성을 유지하는 편집 기법이다.

## 1 변주와 응용

물론 매치 온 액션도 반드시 지켜야 할 규칙은 아니다. 컷이 좀 튀더라도, 끊는 지점에 따라 효과가 달라지므로 연출 의도에 맞게 선택하면 된다.

· **'전환 도중'** 컷을 끊으면 동작이 단절되어 점프컷 효과로 충격을 줄 수 있다.

· **'전환 직전'** 컷을 끊으면 '무엇이 일어날까?'라는 불안이 다음 장면으로 이어
져 서스펜스를 강화하기도 한다. 유령의 집 문을 열려는 순간 화면이 끊기
면, 그 뒤에 무엇이 나올지 궁금해지듯 말이다.

## ② 촬영에서의 활용

같은 이유로 전환 지점은 강력한 촬영 포인트가 된다. 발이 멈추는 순
간, 고개가 돌아가는 순간 같은 전환 지점을 별도의 클로즈업이나 다른
앵글로 확보해 두면, 편집 과정에서 감정의 흐름까지 섬세하게 설계할
수 있다. 현장에서 전환 지점을 얼마나 확보했는지가, 편집실에서 감정
리듬을 얼마나 자유롭게 다룰 수 있을지를 좌우한다. 편집으로 밤을 새
우다 보면 찍어둬서 다행이라는 생각이 절로 들 것이다.

## 시점의 변화 | 동작의 연속성 보장 2

같은 인물을 같은 자리, 같은 각도에서 찍은 두 샷을 붙이면 어떻게
될까? 시청자는 이를 새로운 장면으로 받아들이지 않고, 단순히 화면이
툭 끊긴 것처럼 느낀다. 왜 그럴까? 사건 분할 이론에 따르면, 뇌는 공
간·시간·행동의 변화가 일어나는 순간을 '사건 경계'로 인식한다. 그런데
컷은 화면을 강제로 끊고 다른 화면을 보여준다. 컷은 본질적으로 강제
적인 변화인 것이다. 그래서 뇌는 컷을 사건 경계, 즉 '새 사건의 시작'으
로 해석한다. 그런데 다음 화면이 이전과 거의 같다면? 뇌는 해석이 어

긋난 순간 멈칫하게 된다. 시청자는 그 짧은 지연을 '컷이 튄다'는 어색함으로 느낀다.

이 어색함을 줄이는 데 필요한 최소한의 변화가 약 30도다. 카메라 위치나 앵글을 30도 이상 바꾸면 뇌는 이를 새로운 시점 변화로 인식한다. 동시에 동작의 연속성도 깨지지 않아 두 컷이 자연스럽게 이어진다. 이 경험적 기준을 30도 법칙30-degree rule이라 부른다.

### · 30도 법칙의 활용

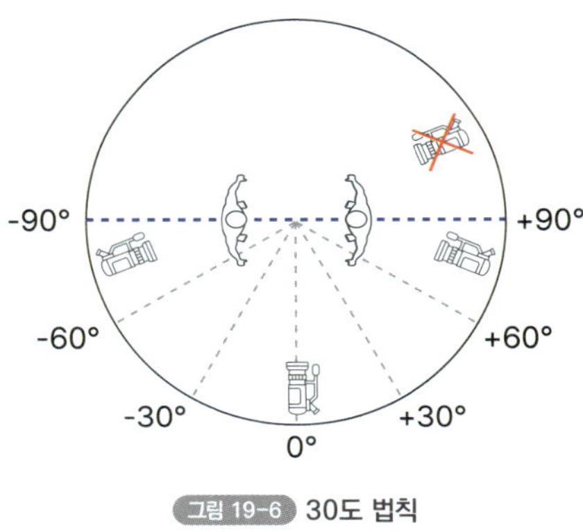


그림 19-6 30도 법칙

30도 법칙을 적용하는 방법도 의외로 단순하다. 우선 촬영에서는

❶ '같은 인물'을 반복 촬영할 때는 카메라 위치를 최소 30도 이상 이동한다.

❷ 인물과 카메라의 사이의 거리가 멀수록 더 큰 각도 변화가 필요하다.

❸ 클로즈업에서는 30도보다 적은 이동만으로도 충분히 다른 시점으로 인식된다.

　편집에서도 원리는 같다. 같은 인물을 다른 샷으로 붙일 때는 30도 이상 차이 나는 샷을 고르면 매끄럽다. 같은 인물을 클로즈업과 미디엄 샷으로 연결할 때, 단순히 줌만 당긴 화면을 쓰면 튀지만, 30도 이상 다른 앵글에서 찍은 샷은 매끄럽게 붙는다.

그림 19-7 **30도 법칙의 활용**

　결국 시점 변화의 핵심은 뇌가 이를 '새로운 변화'로 받아들이는가에 달려 있다. 그래서 30도 법칙은 '같은 인물이나 사물을 반복해 붙일 때' 필요하다. 다른 인물을 붙일 때는 이미 새로운 변화로 인식되므로 굳이 고려하지 않아도 된다. 이때는 아이라인 매치와 180도 법칙이 더 중요하다. 따라서 30도 법칙은 한 인물을 팔로우하거나 인터뷰할 때 기억하면 된다. 만약 촬영에서 30도 이상 차이 나는 샷을 찍지 못했다면? 인서트 컷이나 리액션 컷을 사이에 넣으면 튀지 않는다. 중요한 건 뭐가 됐든 '새로운 변화가 일어났다!'라고 뇌를 속이는 것이다.

그림 19-8 **중요한 건 뇌를 속이는 것이다**

## 유사성 원리 활용

컷이 달라져도 화면을 매끄럽게 잇는 또 다른 방법은, 서로 비슷한 것을 이어 붙이는 것이다. 인간의 뇌는 모양·패턴·구조가 닮아 있으면 '유사성' 원리가 작동해 그것들을 하나의 그룹으로 묶는다. 영상에서도 똑같이 적용된다.

### · 영화 〈에브리씽 에브리웨어 올 앳 원스〉[1]

에블린의 눈동자와 검은 베이글은 모두 '원형circle'이다. 닮은 모양의 두 컷은 매끄럽게 연결될 뿐 아니라, '허무와 직면한 뒤 어떤 의미를 선택할 것인가?'라는 영화의 주제를 상징적으로 보여준다. 이처럼 형태적 유사성을 활용해 단순한 매끄러움을 넘어 상징적 의미까지 만들어내는 기법을 '그래픽 매치'라 한다.

---

1  영화 〈에브리씽 에브리웨어 올 앳 원스〉 : 약 1시간 33분 30초경 장면

그림 19-9 그래픽 매치

'패턴이나 리듬의 반복'도 같은 효과를 낸다. 한 장면에서 원형으로 회전하는 물체가 등장하고, 다음 장면에서 또 다른 회전 운동(바퀴, 소용돌이 등)이 나타나면, 뇌는 이를 충돌 없는 하나의 흐름으로 묶어버린다.

그림 19-10 패턴·리듬의 반복

또한 '환경의 유사성' 역시 장면을 매끄럽게 이어준다. 같은 창문, 같은 벽지 무늬, 같은 책상처럼 비슷한 환경 단서가 반복되면 시청자는 컷이 달라져도 같은 장소에서 사건이 이어지고 있다고 믿는다. 따라서 편집 시 배경에 유사한 환경 단서가 담긴 컷을 선택하면 컷이 튀어 보일 가능성을 줄일 수 있다. 반대로 촬영 시 실제로 같은 장소에서 찍을 수 없는 경우라면, 유사한 환경 단서를 의도적으로 배치함으로써 시청자가 그 장면을 같은 장소로 인식하게 만들 수 있다.

그림 19-11 환경의 유사성 활용



불안·혼란·단절을 표현하고 싶다면, 오히려 '튐'을 적극적으로 활용하자. 위에서 다룬 연속성 기법들을 반대로 적용해, 시선·위치·밝기 단서를 일부러 어긋나게 배치하면 된다. 시청자는 연속성을 놓치는 순간 안정감을 잃고, 그 불연속이 곧 의도한 감정을 불러일으킬 것이다.

**3줄 요약**

컷이 튄다는 건 뇌가 앞뒤 장면을 하나로 잇지 못할 때 생기는 현상이며, 몰입이 깨진다. 매끄러운 편집을 위해선 시선(아이라인 레벨·아이라인 매치·180도 법칙), 동작(매치 온 액션·30도 법칙), 유사성(그래픽 매치·반복·환경 단서)을 활용해야 한다. 결국 연속성 편집은 뇌의 지각 원리에 맞춰 컷을 이어, 시청자가 같은 시간·공간·사건으로 받아들이게 하는 과정이다.

# 어떻게 흐름을 만들 것인가
## 편집 2

튀지 않게 편집하려고 밤을 지새우다 보면 깨닫게 되는 것이 있다. '그런다고 몰입이 되는 건 아니구나…' 매끄럽게 이어진 영상은 몰입을 유지하는 데 분명 도움이 된다. 그러나 그것이 곧 몰입 자체를 만들어내는 것은 아니다. 앞서 언급했듯, 몰입은 시청자 스스로 '다음에 무슨 일이 벌어질까?'를 예측하고, 이어지는 장면들 속에서 그 해답을 찾을 때 발생한다. 이 과정에서 편집은 시청자의 예측을 충족시킬 수도, 깨뜨릴 수도, 새로운 방향으로 재구성할 수도 있다. 한마디로, 편집은 시청자의 **예측 처리**를 설계하는 기술이다.

## 예측 처리 predictive processing

> *"뇌는 예측하는 기계다."*
>
> *Andy Clark, 2013, p. 181*

우리의 뇌는 항상 '곧 이런 자극이 들어올 것이다!'라고 예측하고, 실제 정보와 비교하며 업데이트한다. 예측이 맞으면 뇌는 에너지를 절약하

고 안정감을 얻지만, 어긋나면 놀람과 긴장이 발생한다. 그리고 설명할
수 없는 정보가 들어오면 예측을 재구성해 새로운 해석을 만들어낸다.
이 과정은 세 단계로 정리할 수 있다.

❶ **예측 유지** ┊ 안정된 리듬 속에서 몰입 유지
❷ **예측 위반** ┊ 리듬이 깨질 때 충격·긴장 고조
❸ **예측 재구성** ┊ 새 패턴으로 안착하며 의미 형성

이 세 단계에는 리듬, 맥락, 이야기, 시선 단서 등 여러 요인이 개입한
다. 하지만 그중에서도 가장 직관적이고 무의식적으로 작동하는 단서가
바로 리듬이다. 영상은 시간 기반의 매체이고, 인간은 시간을 인식할 때
리듬 같은 반복 패턴을 단서로 삼기 때문이다. 이야기와 맥락은 문화와
언어에 따라 달라지지만, 리듬은 거의 모든 인간이 유사하게 처리한다.
따라서 리듬은 보편적인 예측 단서이며, 그 조절만으로도 예측 처리의
세 단계를 설계할 수 있다. 이를 위해서는 먼저 '리듬'과 '호흡'의 구분이
필요하다.

· **리듬**

컷 길이와 전환 간격 같은 물리적 패턴이다. 컷이 '3초, 3초, 3초'로 반복된
다면 그것이 리듬이다.

· **호흡**

리듬을 체감하는 심리적 속도다. 같은 3초짜리 컷이라도 추격 장면에서는
숨 가쁘게, 사색 장면에서는 느긋하게 느껴지는 것이 호흡이다.

음악에 비유하면, 리듬은 악보에 적힌 박자이고, 호흡은 청자가 실제로 느끼는 연주의 속도와 분위기다. 따라서 중요한 건 '리듬의 길이' 자체가 아니라 **호흡의 대비**다. 빠른 호흡 뒤의 느린 호흡은 안정감을, 긴 호흡 뒤의 짧은 호흡은 예측 위반의 충격을 만든다. 깨진 예측은 새로운 리듬 속에서 재구성되며, 단순한 장면 연결을 넘어 새로운 의미를 만들어낸다. 이것이 편집의 가장 기본적인 원리다. 정리하면 다음과 같다.

**표 20-1** 예측 처리 단계와 리듬·호흡

| 예측 처리 단계 | 리듬·호흡 | 감정 기본값 | 효과 기본값 |
| --- | --- | --- | --- |
| 예측 유지 | 일정·안정 | 안정, 몰입 | 에너지 절약, 집중 지속 |
| 예측 위반 | 리듬 붕괴 | 충격, 긴장 | 놀람 유도, 주의 전환 |
| 예측 재구성 | 새 패턴 정착 | 해소, 반전 인식 | 새로운 의미 생성, 재맥락화 |

**⊢ Comment ⊢**

'호흡의 대비'를 만들 땐, 컷 하나하나의 길이를 다룬다기보다, 대략 5~10컷 묶음의 리듬 덩어리를 다룬다고 생각하자. 음악이 한 음표가 아니라 마디 단위로 흐름을 형성하듯, 영상도 일정 컷들이 모여야 비로소 하나의 리듬 덩어리로 체감된다. 중요한 것은 이 리듬 덩어리를 어떻게 배치하느냐이다.

예를 들어 추격 장면을 편집한다고 치자. 추격 동작을 짧은 컷들로만 계속 쪼개 붙이면, 금세 익숙해져 빠르게 느껴지지 않는다. 여러 컷으로 쪼개놔도 하나의 리듬 덩어리로 느껴지기 때문이다. 그래서 중간에 긴 호흡의 리듬 덩어리를 넣어 대비를 준 뒤, 다시 빠른 리듬 덩어리로 돌아와야 한다. 즉, '추격(짧은 호흡)→잠시 숨 고르는 정적(긴 호흡)→다시 추격(짧은 호흡)' 구조로 붙일 때 긴장감과 속도감이 배가된다. 모든 추격과 액션 장면이 이 호흡의 대비 구조를 활용한다.

먼저 예측 유지 단계를 살펴보자. 인간의 뇌는 일정한 리듬을 만나면 그다음도 비슷하게 이어질 것으로 예측한다. 음악에서 규칙적인 박자가 계속될 때, 다음 박자를 자연스럽게 예상할 수 있는 것과 같다. 심리학자 에드워드 라지와 마리 존스(1999)는 이를 시간적 기대temporal expectancy라고 불렀다. 이 원리는 영상 편집에도 그대로 적용된다. 예측 유지 단계에서는 컷 길이와 전환 간격을 일정하게 반복해, 시청자가 다음 전환을 예측할 수 있도록 한다. 이때 호흡은 안정되고, 편집은 눈에 띄지 않아 시청자는 방해받지 않고 사건 전개에 몰입하게 된다.

예를 들어, 대화 장면에서는 인물 간 대화가 비슷한 길이의 컷으로 반복되며 일정한 박자를 만든다. 시청자가 안정된 상태에서 대화에 집중할 수 있도록 하기 위함이다. 다큐멘터리나 강연 같은 설명 장면도 같은 방식으로 안정된 리듬 속에 차분히 정보를 전달한다. 가족 식사나 풍경 같은 평범한 일상 장면 역시 예측 가능한 리듬으로 편안함과 여유를 준다. 롱테이크는 예측 유지의 극단적 형태다. 편집 전환이 없어서 시청자는 '계속 이대로 이어질 것'이라고 예측하며, 안정된 호흡 속에서 몰입하게 된다.

· **영화 〈그래비티〉** | 오프닝 롱테이크 장면[1]

10분이 넘게 이어지는 오프닝 롱테이크에서 시청자는 고요한 우주에 떠 있는 듯 안정된 호흡으로 장면에 몰입하게 된다. 그리고 '계속 이 호흡이 지속

---

1  영화 〈그래비티〉 : 약 12분경 장면

되리라'고 예측한다. 그러나 갑자기 우주 잔해가 날아와 우주선을 박살 낸
다! 안정된 호흡에 완벽 적응한 시청자의 예측도 박살 나며, 긴장과 혼란은
극적으로 강화된다. 이것이 바로 다음에 살펴볼 예측 위반 단계다.

## 예측 위반

그렇다면 왜 굳이 예측을 깨뜨려야 할까? 예측이 맞아떨어질 때 뇌는
안정과 에너지 절약을 얻지만, 안정만 계속되면 주의는 느슨해지고 긴
장은 풀린다. 반대로 예측이 깨지는 순간, 뇌는 놀람과 충격을 경험하며
새로운 설명을 찾기 시작한다. 심리학자 소콜로프(1963)는 이를 신기성
반응orienting response이라고 불렀다. 익숙한 자극 속에 낯선 변화가 들
어오면, 뇌는 자동으로 주의를 집중하고 새로운 정보를 처리한다는 것
이다. 이 과정에서 감정은 크게 고조되고 몰입은 더 깊어진다. 다시 말
해, 예측 위반은 몰입을 깨뜨리는 장치가 아니라 강화하는 장치다.

예측 위반은 여러 차원에서 일어난다. 앞서 살펴본 영화 〈그래비티〉
사례는 리듬 차원에서 발생한 예측 위반이지만, 뇌는 리듬만으로 예측
하지 않는다. 인물의 시선, 몸짓, 소리의 방향 같은 단서를 바탕으로 이
야기·맥락 차원의 예측도 한다. 이러한 기대가 무너질 때 역시 놀람과
긴장이 발생한다. 심리학에서는 이를 기대 위반 효과violation of expec-
tancy라고 부른다. 연구에 따르면, 성인의 뇌는 물리적 사건뿐 아니라 사
회적·심리적 사건에서도 이러한 기대 위반에 특히 민감하게 반응한다
(Liu et al., 2024).

· **물리적 기대 위반**

문을 열면 당연히 복도가 이어질 것으로 예측한다. 그러나 복도 대신 전혀 다른 세계가 펼쳐지면 뇌는 충격을 받는다. 이는 공간·인과 규칙이 동시에 깨진 순간이다. 애니메이션 〈주술회전〉에서는 '영역 전개'가 발동될 때 현실과는 전혀 다른 차원의 공간이 눈앞에 펼쳐지며 주인공들조차 경악한다.[2]

· **사회적 기대 위반**

문을 열면 사람들이 자연스럽게 대화하거나 움직일 것으로 예측한다. 그러나 모두 등을 돌린 채 침묵한다면, 뇌는 사회적 규범이 깨졌다고 인식한다. 영화 〈올드보이〉에서 복도 롱테이크 액션 직후, 엘리베이터 문이 열리며 깡패들이 가득 서 있는 장면이 그렇다.[3] '싸움이 끝나면 안전하다.'라는 관습이 뒤집히는 순간, 시청자는 당혹과 긴장을 동시에 경험한다.

· **심리적 기대 위반**

문을 열면 지금까지의 이야기 맥락과 맞는 인물이 있어야 한다. 그런데 죽은 줄 알았던 인물이 불현듯 등장한다면, 그 순간 예측은 무너지고 반전이 발생한다. 애니메이션 〈진격의 거인〉에서는 거인에게 잡아먹힌 줄 알았던 에렌이 거인으로 부활해 나타난다.[4] 시청자는 충격과 동시에 '에렌의 부활'에 대한 새로운 가설을 세우며 이야기를 재구성한다. 이것이 예측 위반에서 예측 재구성으로 이어지는 과정이다.

---

2  애니메이션 〈주술회전〉 4화 : 약 5분경 장면
3  영화 〈올드보이〉 : 약 46분 20초경 장면
4  애니메이션 〈진격의 거인〉 시즌1, 8화 : 약 19분 30초경 장면

리듬이 안정된 상태가 오래가면 지루해진다. 몰입을 유지하려면 작은 위반이 필요하다. 방법은 간단하다. 컷 전환 직전, 인물의 시선·손짓·소리 같은 단서를 던져 시청자가 '다음 장면'을 예측하게 만든다. 그리고 살짝 어긋난 화면을 보여주는 것이다. 예컨대 인물이 오른쪽을 바라보면 시청자는 다음 컷 오른쪽에 뭔가 있을 거라 기대한다. 그런데 아무것도 없거나 다른 방향에서 사건이 발생하면, 작은 위반이 생기며 긴장이 발생한다.

이 위반이 발생하는 시점을 사건의 전환점에 맞추면 효과는 더욱 커진다. 사건의 전환점이란 인물이 충격을 받는 순간, 장소가 바뀌는 순간 등 사건 예측이 위반되는 지점이다. 리듬 예측 위반과 사건 예측 위반이 겹치며, 시청자의 예측이 동시에 두 번 깨진다. 그래서 충격도 배가된다.

## 예측 재구성

그렇다면 왜 뇌는 깨진 예측을 굳이 재구성할까? 뇌는 불확실성에서 오는 긴장과 불안을 싫어하고, 안정된 질서를 선호하기 때문이다. 그래서 혼란을 그냥 두지 않고, 새로운 틀을 세워 스스로 질서를 회복한다. 이 과정에서 시청자는 새로운 정보를 받아들이며 더 넓은 맥락 속에서 사건을 이해하게 된다.

예측 재구성의 대표적인 장치가 바로 리듬과 호흡이다. 리듬이 깨져 예측 위반이 생기더라도, 새로운 리듬이 이어지면 시청자는 그 호흡을 '새로운 질서'로 받아들이며 몰입을 회복한다. 실제 연출 사례를 보자.

· **영화 〈위플래쉬〉** │ 마지막 공연 장면[5]

주인공 앤드류는 첫 곡의 악보를 받지 못해 오케스트라와 불협화음을 내며 시청자에게 혼란을 준다. 그러나 다음 곡부터는 연주의 주도권을 쥐며 불안정하던 드럼 리듬을 명확히 정착시킨다. 시청자 역시 그 호흡에 적응하며 예측 재구성이 일어나고, 혼란을 넘어 그의 연주에 몰입하게 된다.

액션 장르에서도 마찬가지다. 혼란스러운 리듬의 컷 전환이 이어지다가 어느 순간 일정한 리듬이 형성되면, 시청자는 그것을 '새로운 질서'로 받아들이며 감정을 다시 정착시킨다.

그러나 예측 재구성의 진짜 힘은, 서로 다른 컷이 만나면서 전혀 새로운 의미를 낳는 데 있다. '쿨레쇼프 실험'이 대표적인 예다. 같은 표정의 배우 얼굴도 앞에 어떤 장면을 붙이느냐에 따라 의미가 달라진다. 음식 장면을 붙이면 '배고픔'으로, 장례식 장면을 붙이면 '슬픔'으로 해석되는 것이다. 이것이 몽타주montage로 잘 알려진 병치 효과다.

뇌는 예측이 어긋난 장면을 해석할 때, 정보가 부족해 충분히 의미를 만들지 못할 때가 있다. 이때 연합 기억associative memory이 과거 경험을 불러오고, 맥락 효과context effect가 그것을 상황에 맞게 조정해 가장 타당한 해석을 선택한다. 즉, 기억과 맥락을 결합해 새로운 예측 모델로 재구성하는 것이다. 이런 병치 효과는 두 컷의 만남을 넘어 여러 컷, 여러 장면, 나아가 사건 전체에도 적용된다.

---

5　영화 〈위플래쉬〉: 약 1시간 28분 30초경 장면

· 애니메이션 〈진격의 거인〉

'에렌의 죽음'과 '에렌의 부활' 사건이 병치되면서 시청자는 '거인화'라는 새로운 예측을 받아들이게 된다.

· 애니메이션 〈사카모토 데이즈〉

'평범한 외모'와 '잡화점의 일상'이 병치되면서 '평범한 가장'이라는 예측이 유지된다. 여기에 '암살자를 제압하는 장면'이 병치되면서 '전설의 킬러'라는 새로운 예측이 재구성된다.

뮤직비디오나 광고 편집에서도 병치는 강력하게 작동한다. 블랙핑크의 〈Kill This Love〉 뮤직비디오는 전사 복장의 멤버, 폐허 같은 스튜디오, 폭발, 군악대 백댄서, 거대한 덫 등 전투적 이미지들을 병치해 '사랑=전쟁'이라는 상징적 의미를 만들어낸다. 광고 역시 웃는 얼굴 장면과 제품을 병치해서 시청자에게 '제품=행복'이라는 연결을 무의식적으로 심는다.

보도나 다큐멘터리에서도 병치는 자주 쓰인다. 시위 장면 뒤에 지친 시민의 얼굴을 병치하면 '시민의 피로감'이라는 해석이 생기고, 웃고 떠드는 장면을 붙이면 '시위가 가볍다'는 전혀 다른 해석이 형성된다. 즉, 같은 사실도 병치 방식에 따라 여론을 자극하거나 왜곡할 수 있는 것이다. 병치의 힘이 이렇게나 강력하다. 게슈탈트 심리학이 주장하듯, 부분의 합을 넘어 새로운 전체를 창조하는 것이 뇌의 본능이기 때문이다.

편집하다 보면 원하는 인물의 표정을 끝내 찾지 못할 때가 있다. 그럴 땐 최후의 수단으로 무표정한 인물 컷을 두고, 그 앞뒤 컷을 바꿔 붙였다. 잘만 되면 병치 효과로 원했던 인물의 표정이 느껴진다. 같은 원리로 행동의 결과를 시청자가 어떻게 받아들일지 리액션 컷을 활용해 유도할 수 있다. 예를 들어, 환호하는 리액션 컷을 붙이면 '승리', 좌절하는 컷을 붙이면 '패배'의 의미가 자연스럽게 형성된다.



편집은 시청자의 뇌가 가진 예측 처리 과정(유지-위반-재구성)을 설계하는 기술이다. 리듬과 호흡으로 예측을 유지하고, 변화를 줘서 예측을 위반하면 긴장과 몰입이 강화된다. 이어서 새로운 리듬과 병치로 예측을 재구성하면, 새로운 의미와 감정이 형성된다.

# 어떻게 감정을 움직일 것인가
## 예측

앞 장에서 우리는 편집이란 시청자의 뇌 속에서 일어나는 예측 처리 과정을 다루는 일이라고 정리했다. '예측 유지-예측 위반-예측 재구성' 의 단계를 거쳐 새로운 의미를 만들어내는 것이다. 하지만 여기서 끝이 아니다. 이 과정을 따라 감정이 움직이는 길까지 설계할 수 있다.

## 예측 처리 전략

인간은 세상을 그대로 받아들이지 않는다. 앞서 살펴봤듯, 뇌는 언제나 '다음에 무슨 일이 일어날까?'를 짐작한다. 그리고 그 짐작이 맞거나 어긋나는 순간, 우리는 특정한 감정을 경험한다.

· **예측이 맞아떨어질 때(예측 유지)** | 안정과 몰입
· **예측이 어긋날 때(예측 위반)** | 놀람과 긴장
· **어긋난 예측이 새로운 맥락으로 설명될 때(예측 재구성)** |
  해소와 카타르시스

물론 감정을 불러일으키는 장치는 예측만 있는 것은 아니다. 공포 영화의 돌발음처럼 편도체를 직접 자극하는 본능적 반응, 로우 앵글을 권위의 상징으로 해석할 때 생기는 인지적 감정, 인물의 표정을 따라가며 감정이 전염되는 거울신경의 작동…. 모두 감정을 일으키는 강력한 장치이지만 순간적이고 통제하기 어렵다. 반면 예측은 편집, 리듬, 구도, 플롯 같은 연출의 언어로 설계할 수 있다. 따라서 예측 처리 전략은 감정을 움직이는 가장 '연출적인' 방법이 된다. 대표적인 것은 다음 두 가지다.

❶ **기대**(*예측 유지*)→ **긴장**(*예측 위반*)→ **해소**(*예측 재구성*)
❷ **예측**(*예측 유지*)→ **오해**(*예측 위반*)→ **반전**(*예측 재구성*)

이 두 전략은 예측 처리 과정의 핵심인 예측 오류prediction error를 가장 선명하게 보여준다. 다른 응용도 많지만, 대부분 이 두 전략의 변주로 설명할 수 있다. 무엇보다 영화·드라마·광고 등 거의 모든 연출 현장에서 기본처럼 쓰인다. 먼저 '기대-긴장-해소' 전략을 살펴보자.

## 기대-긴장-해소

가장 보편적인 전략은 기대-긴장-해소다. 뇌의 예측 처리 과정을 가장 전형적으로 보여주는 흐름으로, 음악·서사·편집 리듬까지 모든 매체에서 반복된다. 영화 〈죠스〉를 예로 들어 보자.

## 1 기대

기대 단계에서 뇌는 반복적 단서 ─ 음악, 리듬, 시각 패턴 ─ 를 통해 '곧 무언가 일어날 것이다.'라는 예측을 세운다. 불길한 음악이나 가까워지는 발소리 같은 단서가 시청자를 예측하게 하고, 그 순간을 기다리게 만드는 것이다. 〈죠스〉에서는 상어가 나오기 전 반복되는 테마 음악이 '이제 상어가 나타난다!'라는 기대를 심어준다.

## 2 긴장

그러나 사건이 바로 드러나지 않으면 예측 오류가 발생한다. 이것이 긴장 단계다. 화면은 텅 비어 있는데 발소리만 커지거나, 문 앞에서 기척이 들리지만 문은 열리지 않는 상황이 그렇다. 예측과 실제 자극이 어긋나면 뇌는 불안과 초조를 키운다. 〈죠스〉에서도 음악은 계속되지만, 상어는 좀처럼 모습을 드러내지 않는다. 바로 그 지연 속에서 긴장은 점점 쌓여간다.

## 3 해소

마침내 사건이 드러나면 뇌는 오류를 수정해 새로운 예측 모델로 재구성한다. 이때 시청자는 긴장이 풀리며 안도를 느끼거나, 반대로 충격과 공포를 경험한다. 이것이 해소 단계다. 〈죠스〉에서 상어의 지느러미가 드디어 수면 위로 튀어나올 때, 지연으로 쌓였던 긴장이 한순간에 풀린다. 반면, 위반을 활용한 해소도 있다. 수면 위 지느러미가 사실 아이들이 장난으로 만든 가짜였던 것이다.[1] 시청자의 예측이 빗나가며 긴장은 허탈함으로 바뀌지만, 어쨌든 해소는 이뤄진다. 다른 연출 사례도 있다.

· **애니메이션 〈더 퍼스트 슬램덩크〉** | 산왕전 마지막 장면[2]

경기 종료 4초 전, 서태웅이 공을 잡자 시청자는 '마지막 슛은 그가 쏠 것'이라 예측한다*(기대/예측 유지)*.→그러나 그는 공을 강백호에게 패스한다. 예측이 깨지며 긴장이 발생한다*(긴장/예측 오류)*.→ 종료까지 2초도 남지 않은 상황. 시청자는 불안 속에서 '강백호가 마지막 슛을 성공시킬 것'이라는 새로운 예측을 세운다*(기대/예측 재구성)*.→ 종료 직전, 강백호가 슛을 쏘지만, 공이 림에 닿기 전까지 여러 컷과 슬로우로 시간이 멈춘 듯 지연된다. 시청자의 긴장은 극에 달한다*(긴장/예측 오류)*.→그리고 공이 림을 통과하는 순간, 모든 긴장이 폭발적으로 해소되며 시청자는 카타르시스를 경험한다*(해소)*. 이 짧은 장면에 '기대-긴장-해소' 전략이 두 번 반복된다. 명장면이 된 건 다 이유가 있다.

**4 연출 지침**

'기대-긴장-해소' 전략은 시간을 늘리고, 사건을 지연시키며, 타이밍을 조절하는 기술이다. 연출자는 단서를 심고, 시청자를 기다리게 만들고, 그 기다림을 터뜨려야 한다.

---

1   영화 〈죠스〉 : 약 59분 20초경 장면
2   애니메이션 〈더 퍼스트 슬램덩크〉 : 약 1시간 51분경 장면

## ① 기대 심기

시청자가 곧 무언가 일어날 것이라 예측하도록 만드는 단계다. 반복된 단서를 통해 뇌가 패턴을 학습하거나, 시선 유도를 통해 특정 지점에서 사건을 기다리게 할 수 있다.

**표 21-1** 기대 심기 기법

| 기법 | 설명 |
| --- | --- |
| 단서 심기 | 음악·반복 동작·소품으로 예측을 강화한다 |
| 리듬 설계 | 반복되는 소리·편집 패턴으로 '다음도 이어진다'는 기대를 만든다 |
| 시선 유도 | 클로즈업·프레임 배치로 특정 지점에 주의를 집중시킨다 |

**Comment**

조명이나 공간을 활용해 '기대'를 키울 수 있다. 예를 들어, 어둠 속에 한 인물이 있는데 빛이 늦게 따라오면, 시청자는 '곧 나타난다'는 기대 속에서 긴장을 키운다. 마찬가지로 비어 있는 공간에 발소리만 울리면, 시청자는 곧 누군가 등장하리라 기대하며 불안감을 느낀다.

## ② 긴장 쌓기

예측이 충족되지 않거나 빗나갈 때 뇌는 불안을 크게 느낀다. 사건이 지연되거나 어긋나면 긴장이 증폭된다. 인물의 시선이나 호흡을 따라가는 주관적 시점은 이 불안을 직접 체험하게 만든다.

**표 21-2** 긴장 쌓기 기법

| 기법 | 설명 |
| --- | --- |
| 지연 | 사건을 바로 드러내지 않고 시간을 늘려 긴장을 축적한다 |
| 어긋남 | 기대한 순간에 사건을 빼버려 불안을 증폭시킨다 |
| 주관적 시점 | 인물의 시선·호흡을 따라가며 시청자가 긴장을 공감하도록 만든다 |

---

**Comment**

'기대-긴장-해소' 전략은 슬로slow 기법과 특히 잘 어울린다. 클라이맥스 직전 컷을 느리게 늘리면 긴장이 극대화되고, 정상 속도로 돌아오는 순간 억눌렸던 긴장이 폭발한다.

---

### ③ 해소 주기

'해소 주기'의 핵심은 쌓인 긴장이 사건의 드러남과 함께 풀리며 강한 감정을 일으킨다는 것이다. 뇌는 예측 오류를 수정하며 안도·충격·카타르시스를 경험한다. 이때 음악과 편집 리듬은 해소의 톤을 바꾸는 핵심 도구다. 음악을 끊으면 충격이, 키우면 카타르시스가, 잦아들게 하면 여운이 강화된다. 편집 리듬 또한 빠르게 끊으면 폭발적 해소가, 길게 끌면 서정적 해소가 된다.

**표 21-3** 해소 주기 기법

| 기법 | 설명 |
| --- | --- |
| 타이밍 | 긴장이 최고조일 때 사건을 드러내 카타르시스를 만든다 |
| 강도 조절 | 해소를 안도나 충격 중 어느 쪽으로 설계할지 결정한다 |
| 감각적 강화 | 편집 리듬과 음향 강도·전환을 활용해 해소의 체감을 조절한다 |

두 번째 전략은 예측-오해-반전이다. 시청자가 이미 장면의 의미를 파악했다고 믿게 만든 뒤, 그것을 완전히 뒤집는 방식이다. 영화 〈유주얼 서스펙트〉를 예로 들어 보자.

## 1 예측

시청자는 영상을 보며 늘 '다음에 무슨 일이 일어날까?'를 추측한다. 그리고 연출자가 어떤 단서를 배치하느냐에 따라 스스로 결말을 예측한다. 이것이 첫 단계인 예측이다. 영화 〈유주얼 서스펙트〉에서도 마찬가지다. 초반부터 전설적인 범죄자 카이저 소제가 언급되지만, 정체는 끝까지 드러나지 않는다. 대신 취조를 받는 절름발이 버벌이 중심에 놓인다. 왜소하고 위축된 모습에 시청자는 자연스럽게 '이 인물은 단순히 이용당한 핫바리일 것'이라 예측한다.

## 2 오해

연출자는 시청자가 잘못된 결론에 빠지도록 일부 정보를 감추고, 다른 단서를 강조한다. 이것이 오해다. 시청자는 자신이 본 것과 들은 것에 확신을 가지지만, 사실은 연출자가 설계한 착각 속에 빠져 있는 것이다. 〈유주얼 서스펙트〉에서 버벌은 자신이 본 사건들을 떠올리며 설명한다. 시청자는 수사관과 똑같이 그의 증언을 바탕으로 추리한다. 하지만 그 증언 자체가 덫이다. 중요하지 않은 인물이 부각되고, 핵심 단서는 교묘히 감춰지면서 시청자는 점점 '진짜 카이저 소제는 키튼'이라고 오해하게 된다.

### 3 반전

마지막 순간, 숨겨둔 진실이 드러나면서 상황은 완전히 뒤집힌다. 이것이 반전이다. 반전은 단순한 사건의 전환이 아니다. 시청자의 머릿속에서 견고하게 세워진 예측 모델이 무너지고, 새로운 모델이 재구성되는 순간이다. 〈유주얼 서스펙트〉의 마지막 장면에서 경찰서를 나서는 버벌의 다리가 곧게 펴진다. 이 한 컷만으로 시청자는 '무언가 크게 잘못됐다!'는 충격을 받는다(1차 반전). 곧이어 취조실 벽의 단서가 회수되며(2차 반전), 커피잔이 깨지는 순간(3차 반전), 시청자는 버벌의 진술이 모두 즉흥적으로 꾸며낸 것임을 알게 된다. 결국 '버벌은 핫바리'라는 예측은 무너지고, '그가 바로 카이저 소제'라는 새로운 모델이 재구성된다. 지금까지의 모든 장면은 전혀 다른 의미로 바뀌며, 시청자는 자세를 고쳐 앉고 영화를 처음부터 리플레이하며 이야기 전체를 재해석하게 된다. 이렇듯 반전 설계의 진짜 힘은 복선의 단서가 줄줄이 회수되고, 해소가 누적될 때 폭발한다. 즉, 반전은 단 한 번의 컷이 아니라, 여러 단서가 연쇄적으로 해소될 때 가장 강력하다. 그 전율이 얼마나 강렬했는지, 아직도 '절름발이가 범인이다!'라는 밈이 떠돈다.

### 4 연출 지침

'예측-오해-반전' 전략은 정보를 어떻게 보여주고 감출 것인가의 문제

다. 시청자 스스로 잘못된 결론을 내리게 만들고, 마지막 순간 그 모든
결론을 뒤집어야 한다.

### ① 예측 심기

시청자가 사건의 결말을 스스로 예상하도록 단서를 배치한다. 뇌는 단
서가 주어지면 곧 다음을 추측하고, 그 예상이 맞아떨어질 거라 믿는다.
연출자는 이 본능을 활용해 특정한 방향으로 예측 모델을 심어야 한다.

**표 21-4** 예측 심기 기법

| 기법 | 설명 |
|---|---|
| 단서 배치 | 인물 성격·소품·상황 단서를 강조해 시청자가 특정 결말을 예측하게 만든다 |
| 프레임 강조 | 특정 인물이나 사건을 비중 있게 보여줘 핵심 단서로 믿게 한다 |
| 리듬·반복 | 반복되는 행동·대사로 시청자의 기대 모델을 강화한다 |

---

**Comment**

예측을 심을 때는 카메라 시점을 제한하는 것이 효과적이다. 특정 인물의 시
선만 따라가면, 시청자는 그 인물이 가진 정보와 해석에 갇혀 어긋난 예측을
세운다. 이후 반전이 드러날 때, 제한된 시점이 곧 강렬한 충격의 기반이 된다.

---

### ② 오해 유도

핵심 정보를 감추고, 특정 요소를 편향적으로 강조해 시청자가 잘못
된 모델을 스스로 강화하게 만든다. 이 과정이 길수록 반전의 충격은
커진다.

| 기법 | 설명 |
| --- | --- |
| 정보 감추기 | 핵심 단서를 숨겨 결말에 필요한 정보가 보이지 않게 한다 |
| 편향 강조 | 특정 인물을 반복적으로 의심스럽게 보여주어 잘못된 믿음을 강화한다 |
| 제한된 시점 | 한 인물의 시점만 따라가며 부분적·왜곡된 세계를 보게 한다 |

---
**Comment**

오해를 유도할 때는 편집에서 특정 인물의 리액션 샷을 반복하자. 특정 인물의 반응이 계속 강조되면, 시청자는 무의식적으로 '그가 핵심 인물일 것'이라 착각한다. 반복 노출은 중요성을 강화하는 심리 효과를 만들기 때문이다.

---

## ③ 반전 설계

마지막에는 잘못된 모델을 무너뜨리고, 모든 사건을 새롭게 재구성하게 만든다. 뇌는 기존 예측이 깨지는 순간 충격을 받고, 동시에 숨겨졌던 단서를 맞춰가며 의미를 새로 구성한다. 이때 시청자는 전율과 카타르시스를 경험한다.

표 21-6 반전 설계 기법

| 기법 | 설명 |
| --- | --- |
| 복선 심기 | 반전 직후 떠올릴 수 있도록 사소한 단서를 미리 심어둔다 |
| 전환 장치 | 한 컷·한 대사로 기존 모델을 붕괴시키고 새 모델을 열어준다 |
| 재구성 유도 | 반전 뒤 이전 장면들을 다시 떠올리며 전체 이야기를 재해석하게 한다 |

촬영 현장에서는 '쓸모없어 보이는 컷'도 확보해 두자. 편집에서 복선 회수용 인서트로 쓰일 수 있다. 편집에서는 반전 직후, 단서를 하나만 터뜨리지 말고, 2~3개 단서가 줄줄이 연결되도록 편집하자. 하나만 터지면 순간의 충격에 그치지만, 줄줄이 터지면 퍼즐이 연속해 맞춰지듯 강한 쾌감이 생긴다. 단서를 모두 보여준 뒤에는 정적·슬로·롱테이크를 활용해 여운을 주자. 시청자가 방금 일어난 반전을 충분히 소화할 시간을 주는 것이다.



감정은 예측이 맞고, 빗나가고, 다시 재구성되는 과정 속에서 발생한다. 연출자의 역할은 이 예측의 흐름을 정교하게 설계하는 것이다. 기대를 심고, 긴장을 쌓고, 해소를 주거나 반전을 던지는 순간, 시청자는 깊은 감정을 체험하게 된다.

# 어떻게 들리게 할 것인가
소리

지금까지 우리는 '보는 방식'에 집중해 왔다. 영상은 본질적으로 시각 정보에 기반한 매체이기 때문이다. 그러나 시청자는 영상을 단순히 '보는 것'에 그치지 않는다. '시청視聽'이란 말대로 언제나 보고, 동시에 듣는다. 그래서 연출자는 '듣는 방식' 또한 이해할 필요가 있다. 소리는 단순한 효과음이나 배경음이 아니라, 예측을 흔들고, 감정을 뒤집으며, 의미를 확장해 장면 전체의 해석을 바꾸는 힘이 있기 때문이다. 이번 장에서는 이 강력한 힘을 네 가지 원리로 나누어 살펴보겠다.

## 생존의 단서

인간의 생명을 지켜온 것은 눈보다 귀가 먼저였다. 시각은 앞만 볼 수 있지만, 청각은 360° 전방위에서 다가오는 위험을 감지한다. 뒤에서 다가오는 발자국, 어둠 속의 낯선 기척, 풀숲에서 스치는 소리…. 모두 눈보다 귀가 먼저 알아챘다. 무엇보다 속도가 다르다. 시각 정보는 대뇌 피질을 거쳐 해석되기까지 시간이 걸리지만, 청각은 달팽이관을 거쳐 뇌간과 중뇌를 통과해 곧장 편도체에 닿는다. 연구에 따르면, 편도체는 청각 자극에 대해 약 0.01∼0.02초 만에 반응할 수 있다(LeDoux, 1996). 눈으로 확인하기도 전에 이미 놀람과 긴장이 시작되는 것이다. 이처럼 넓은 감지 범위와 빠른 반응 속도 덕분에, 청각은 시야가 제한된 상황에서도 생존의 경보 시스템 역할을 해왔다. 연출자가 이 본능을 활용해 소리로 먼저 위험을 알리면, 시청자는 의식하기도 전에 긴장감에 휩싸인다. 그 뒤 시각적 정보가 더해지면 그 긴장은 폭발적으로 증폭된다.

### · 영화 〈할로윈〉[1]

화면 밖에서 들려오는 발자국과 거친 숨소리만으로도, 보이지 않는 존재에 대한 공포가 밀려온다. 그리고 살인마가 등장하는 순간, 그 공포는 극에 달한다.

### · 영화 〈덩케르크〉[2]

하늘 위 전투기의 엔진음이 먼저 들려온다. 시청자는 아직 보이지 않는 폭격기를 상상하며 '언제, 어디서 공격할까?'를 예측한다. 긴장은 점점 고조된다.

소리는 단지 위협만을 알리는 것이 아니다. 장면의 경계를 넘어 공간을 확장하며, 화면에 드러나지 않은 이야기까지 암시한다. 대표적인 기법은 세 가지다.

### ① 오프스크린 사운드off-screen sound | 화면 밖 소리

프레임 밖에서 들려오는 소리를 통해, 시청자는 보이지 않는 존재를 상상한다. 이 상상은 실제로 보는 것보다 더 강한 긴장을 유발한다.

---

1   영화 〈할로윈〉 : 약 1시간 23분경 장면
2   영화 〈덩케르크〉 : 약 6분 30초경 장면

② **앰비언스**ambience ｜ 환경음

숲의 바람 소리, 도시의 소음처럼 공간을 채우는 배경음으로, 공간의 정체성과 분위기를 형성한다(Schafer, 1994).

③ **리버브**reverb ｜ 잔향

같은 목소리라도 지하실과 강당에서는 전혀 다르게 울린다. 잔향은 공간의 크기와 성질을 감각적으로 알려줄 뿐 아니라, 웅장함이나 따뜻함 같은 정서적 반응도 강화한다(Berg & Rumsey, 2000). 앰비언스와 결합하면 시청자는 공간 안으로 들어간 듯한 경험을 하게 된다.

정리하면, 소리는 장면 속에서 두 가지 중요한 역할을 한다. 첫째, 위협을 알리는 경보로 즉각적인 긴장을 유도한다. 둘째, 공간을 확장하는 단서로 장면을 더 넓은 세계와 연결한다. 연출자가 이 원리를 의도적으로 설계할 때, 시청자는 보이지 않는 것을 상상하며 긴장하고, 그 상상을 통해 더 깊은 몰입을 경험하게 된다.

---

**Comment**

공간감을 살리려면 새로운 효과음을 덧붙이는 것보다, 현장에서 직접 녹음한 앰비언스를 활용하는 것이 더 자연스럽다. 촬영 시에는 현장 앰비언스를 충분히 길게 녹음해 두자. 공간감 전달은 물론, 편집 과정에서 튀는 것을 매끄럽게 이어주는 등 의외로 활용할 곳이 많다.

## 시간의 연결

　　영상 속 시간은 늘 연속해서 흘러야 한다. 하지만 화면은 컷마다 잘려나가고, 장면은 순간순간 단절된다. 그럼에도 이야기가 자연스럽게 이어진다고 느끼는 이유는 뇌가 예측으로 빈틈을 메우기 때문이다. 이때 뇌가 가장 직관적으로 사용하는 단서가 바로 리듬이다(20장 참조). 소리는 리듬 그 자체다. 발소리, 심장 박동, 파도 소리처럼 규칙적인 소리는 시간을 '순간들의 나열'이 아니라 '흐름'으로 바꾼다(Large & Jones, 1999). 이 흐름 속에서 반복되는 리듬은 안정과 몰입을, 갑작스러운 끊김이나 변주는 놀람과 긴장을 만든다. 결국 소리를 어떻게 설계하느냐에 따라 장면의 시간은 자연스럽게 이어지거나, 한순간에 끊겨 감정을 폭발시킬 수 있다.


### · 영화 〈컨저링〉[3]

어두운 지하실의 정적 속에서 갑자기 박수 소리가 터진다. 이어지던 시간의 흐름이 한순간 끊기며, 뇌의 예측이 무너지고 즉각적인 공포가 발생한다.


### · 영화 〈덩케르크〉[4]

초침 소리와 '셰퍼드 톤'이 겹치면서, 시간이 멈추지 않고 계속 고조되는 듯한 착각을 만든다. 시청자는 시간의 흐름을 예측할 수 없게 되고, 영화를 끊임없는 위기처럼 느낀다.

---

3　영화 〈컨저링〉 : 약 40분 30초경 장면
4　영화 〈덩케르크〉 : 약 11분 20초경 장면

이처럼 소리는 장면의 시간을 끊어내기도 하지만, 반대로 끊어진 시간을 매끄럽게 이어주는 장치가 되기도 한다. 그 대표적인 기법이 바로 사운드 브리지sound bridge다. 화면이 전환되는 순간에도 같은 소리를 이어 붙이면, 시청자는 시간과 공간이 끊기지 않고 자연스럽게 이어진다고 인식한다.

· 여러 장면에 하나의 음악이나 내레이션을 깔면, 떨어진 사건들이 하나의 이야기로 묶인다.
· 화면보다 소리가 먼저 들리거나 늦게 끊기도록 배치하는 'L컷·J컷' 편집도 같은 원리다.

연출자는 소리의 템포를 조절해 시간의 흐름과 함께 감정의 흐름까지 설계할 수 있다.

❶ **빠른 템포** ｜ 사건이 압축되어 빠르게 진행되는 듯한 긴박감을 만든다.
❷ **느린 템포** ｜ 시간이 늘어진 듯한 여유와 사색을 만든다.
❸ **정지** ｜ 시간의 흐름이 멈춘 듯한 착각을 주며,
　　　　　　예측이 무너지고 긴장이 고조된다.

정리하면, 뇌는 소리의 리듬과 템포를 단순 정보로만 처리하지 않는다. 그것을 시간이 이어지는지, 끊겼는지를 판단하는 핵심 단서로 삼는다. 따라서 연출자가 소리를 정교하게 설계하면 사건은 하나의 시간으로 연결되어, 시청자는 감정의 고조를 경험하게 된다.

청각은 시각보다 빨리 지각된다. 그래서 컷이 바뀌기 전에 다음 컷의 소리가 먼저 들리면, 시청자는 이미 소리만으로 다음 장면을 받아들일 준비를 한다. 덕분에 화면 전환이 자연스럽게 이어지고, 컷의 튐이 줄어든다. 이것이 바로 L컷·J컷 편집의 원리다.

같은 원리로 대화 장면이나 인터뷰에서 컷 전환 시 숨소리나 '음…' 같은 추임새를 남겨둬도 컷이 매끄럽게 이어진다.

## 정서의 단서

인간은 특정한 소리에 본능적으로 민감하다. 그 민감성을 활용하면, 화면에 아무 변화가 없어도 소리 하나만으로 시청자의 감정을 흔들 수 있다. 대표적인 기법은 다음과 같다.

### ① 레이트모티프leitmotif

특정 인물이나 상황에 반복적으로 붙는 소리를 뜻한다. 반복은 조건 반사처럼 작동해 자동으로 감정을 불러낸다. 영화 〈죠스〉에서 "따-단, 따-단" 하고 이어지는 단 두 음만으로도 시청자는 '상어가 다가온다!'라는 공포를 느낀다.[5]

### ② 주파수 활용

저주파는 묵직한 압박감을, 고주파는 날카로운 불안을 자극한다. 특

---

5  영화 〈죠스〉 : 약 16분 50초경 장면

히 칠판이나 접시를 긁는 듯한 2~5kHz 영역의 날카로운 음색은 뇌의
편도체를 직접 자극해 강한 불쾌감과 긴장을 유발한다(Arnal et al., 2015).
왜 하필 이 주파수 구간일까? 인류는 수십만 년 동안 비명, 울음, 포효
같은 소리를 생존 신호로 사용해 왔다. 울음소리나 비명은 곧 위기를
알리는 경보였고, 즉각 반응해야만 살아남을 수 있었다. 그래서 지금도
날카롭고 불안정한 고주파 소리를 들으면, 머리로 이해하기 전에 몸이
먼저 긴장하고 불안을 느낀다. 영화 〈다크 나이트〉의 조커 테마 음악에
흐르는 불안정한 고주파 스트링은, 듣기만 해도 조커의 혼돈과 위협이
느껴진다.[6]

### ③ 침묵

리듬과 무관하게, 청각 단서 자체를 없앤다. 모든 소리가 갑자기 사라
지는 순간, 시청자는 감정을 둘 곳을 잃고 극도의 긴장 속에 놓이게
된다. 이는 기대된 소리가 사라졌을 때 발생하는 예측 위반 때문이다
(Huron, 2006). 침묵은 때로 음악보다 더 강력하게 작동한다.

---

**Comment**

주인공의 내적 긴장을 드러내려면, 전체 BGM을 줄이고 시계 초침·물방울
같은 작은 생활 소음만 남겨두자. 본래 작아야 할 소리가 과도하게 들리면, 뇌
는 그 자극에 강하게 집중한다. 이때 시청자는 그것을 객관적 소리라기보다
인물의 내적 감각으로 받아들이며, '지금 뭔가 중요한 순간'이라고 해석한다.

---

6　영화 〈다크 나이트〉 : 약 1시간 30분경 장면

인지과학 연구에 따르면 인간의 뇌는 시각과 청각을 독립적으로 처리하지 않고, 서로 결합해 하나의 의미로 구성한다(Murray & Wallace, 2012). 대표적인 사례가 '맥거크 효과McGurk effect'다. 같은 소리(청각)라도 입 모양(시각)에 따라 전혀 다른 음절(새로운 의미)로 들리게 되는 현상이다. 반대로 청각이 우세하게 작동해 해석을 주도하기도 한다(벤트릴로퀴스트 효과ventriloquism effect). 즉, 같은 장면이라도 어떤 소리를 덧입히느냐에 따라 시청자의 해석이 완전히 달라진다. 같은 걸음걸이라도 경쾌한 발소리는 활기찬 분위기를, 무겁고 둔탁한 발소리는 위협적인 분위기를 만든다. 이러한 시청각 통합 원리를 활용하는 대표적인 기법은 다음과 같다.

### ① POV 사운드Point Of View sound

특정 인물의 청각 경험을 그대로 들려주어 감각을 공유하게 만든다. 장면의 시각 정보와 인물의 청각 경험이 합쳐지면, 마치 자기 귀에서 직접 들리는 것처럼 인식된다. 이로 인해 시청자는 타인의 감각을 자신의 감각처럼 받아들이고, 인물의 내면 상태를 함께 체험하게 된다.

· **영화 〈라이언 일병 구하기〉** | 노르망디 전투 장면[7]
총성과 폭발음이 사라지고, 밀러 대위의 이명 소리만 남는다. 시청자는 전장의 혼란과 공포를 몸으로 체감한다.

---

7 영화 〈라이언 일병 구하기〉 : 약 8분 30초경 장면

· **영화 〈익스트랙션 2〉** ｜ 교도소 탈옥 장면[8]

주인공이 머리를 맞는 순간, 주변 소리가 왜곡되고 귀 먹먹한 소리만 남는다. 시청자는 마치 자신이 충격을 당한 것처럼 인물의 감각에 몰입하게 된다.

이처럼 타인의 소리를 대리 체험하는 순간, 시청자는 단순한 관찰자가 아니라 그 인물이 된다. 동시에, 복잡한 주변 소리가 차단되면서 시각 정보에 더욱 집중하게 된다.

### ② **사운드 매치**sound match

'사운드 브리지'의 의미적 확장이다. 서로 다른 장면에 같은 소리를 덧입혀, 시청자가 하나의 연속된 의미로 해석하게 만든다. 이는 뇌가 동일한 음향 단서를 만나면 같은 사건으로 통합하려 하기 때문이다(Bregman, 1990). 영화 〈인터스텔라〉에서는 우주선 발사 카운트다운 소리가 주인공이 가족과 헤어지는 장면에 미리 깔린다. 이 소리는 곧바로 이어지는 우주선 발사 장면과 자연스럽게 연결되며, '이별=출발'이라는 의미로 확장된다.[9]

### ③ **아이러니 사운드**irony sound

화면의 정서와 반대되는 음악을 붙여 의미를 비틀고 긴장을 강화한다. 예를 들어, 비극적인 장면에 밝은 음악을 얹으면, 시청자는 불편함과 긴장을 동시에 느끼게 된다.

---

8　영화 〈익스트랙션 2〉 : 약 34분 40초경 장면
9　영화 〈인터스텔라〉 : 약 41분 40초경 장면

④ **바이노럴 사운드**binaural sound

이어폰을 통해 실제 공간감 그대로 소리를 재현, 시청자가 현장 안에 있는 듯한 체험을 주는 방식이다. 예를 들어, 자동차가 왼쪽에서 오른쪽으로 이동할 때, 소리도 머리 옆을 스쳐 지나가는 것처럼 들린다.

⑤ **객체 기반 서라운드**

Dolby Atmos 같은 입체 음향 시스템을 활용해 사방에서 소리가 울리도록 설계, 시청자가 장면 속 한가운데 서 있는 듯한 몰입을 만든다.

---

**Comment**

POV 사운드의 힘은 소리의 대비에서 나온다. 단순히 인물의 청각 경험만 들려주면 효과가 약하다. 정상적인 앰비언스를 먼저 들려준 뒤, 인물의 주관적 사운드로 전환하거나 교차 편집해야 체험 몰입이 극대화된다.

---

**3줄 요약**

소리는 눈보다 빠르고 넓게 감지되어 위협을 알리고, 시간을 잇고, 감정을 흔들고, 의미를 바꾼다. 연출자가 소리를 전략적으로 설계하는 순간, 시청자는 단순한 관찰자가 아니라 장면 속을 살아가는 체험자가 된다.

본능적 연출

시선·감정·몰입의 연출심리학

# 빨간 약

연출은 어렵지 않다. 사실 지금까지 다룬 내용 가운데 새로 배우고 익혀야 할 것은 하나도 없다. 이미 우리 모두가 가지고 태어난 본능이기 때문이다. PD를 꿈꾸는 학생들도, 현장을 뛰는 실무자도, 초등학생인 내 두 딸도, 이 글을 쓰는 나도 모두 같은 원리와 방식으로 세상을 본다. 아직 깨어나지 않았을 뿐, 우리는 모두 잠재적 연출자다.

이 책이 〈매트릭스〉의 빨간 약이 됐으면 좋겠다. 네오가 빨간 약을 먹고 매트릭스에서 깨어났듯, 본능의 원리를 알게 되면 연출자로 새롭게 눈을 뜰 거라 믿는다. 그리고 깨달은 자인 네오가 매트릭스 안을 자유롭게 날아다녔듯, 실무 현장에서도 본능을 깨달은 자로서 원하는 대로 연출에 응용할 수 있을 거라 믿는다. 연출자가 아니더라도, 본능의 원리를 알게 된 후에 보는 영상은 이전과는 다를 것이다. 연출자가 왜 이런 샷을 선택했는지, 빛과 색은 어떤 의도로 쓰였는지, 배우의 움직임은 무엇을 의미하는지. 여러 가지가 이전과는 새롭게 다가올 거라 믿는다.

마지막으로, 이렇게 책 한 권 털고 나니 감상에 빠져봐야겠다. 그래도 되겠지. 다들 '나 같은 분노의 시행착오를 피할 수 있었으면 좋겠다…' 싶어서 이 책을 썼는데, 이제 와 생각해 보면 꼭 나빴던 것도 아니다. 늘 그렇게 아팠다면 이렇게 오랜 시간 같은 일을 해올 수는 없었겠지. 그런 시간은 긴 제작 과정의 한 점일 뿐, 나머진 그리울 만큼 좋았다. 그리고 그런 시간이 있어서 감이 아닌 기준을 고민하고, 본능을 찾고, 전공도 아닌 심리학 문헌들을 떠들어 볼 수 있었다. 잠잘 시간도 부족한데, 분노가 아닌 지적 호기심으로 움직일 만큼 녹록한 생활은 아니었다. 하지만 그런 경험들 덕분에 생각한 적도 없는 세 번째 책의 에필로그까지 쓴다. 견디기 힘들었던 그 모든 일들이 다 이렇게 되려고 존재한 것만 같다. 행운이었다. 시간이 흐를수록 운명이란 게 있다는 것도 조금씩 느낀다. 그리고 이 무거운 책을 읽어주신 여러분과도 함께 연결되었음을 느낀다. 지금이 아니더라도 분명 겨울에 피는 꽃도 있다는 것을, 좋은 시간이든 힘든 시간이든 눈처럼 쌓여 결국 반짝반짝 빛나리란 것을 믿는다. 모두 행운을 빕니다.

**부록 1**

# 장면 설계 7단계 체크리스트

| 단계 | 체크리스트 |
|---|---|
| **STEP 1**<br>장면의<br>역할<br>설정 | ❶ 이 장면은 전체 이야기 몰입에 꼭 필요한가? (불필요 시 삭제) ☐ |
|  | ❷ 장면의 역할은 한 문장으로 정의되는가? ☐ |
|  | ❸ 다음 장면에 필요한 감정·정보를 정확히 전달하는가? ☐ |
|  | ❹ 팀 전원이 장면의 역할을 공유하고 있는가? ☐ |
| **STEP 2**<br>감정<br>설정 | ❶ 시청자가 느낄 핵심 감정을 명확히 설정했는가? ☐ |
|  | ❷ 핵심 감정을 유도하는 흐름을 설계했는가? (예: 긴장→ 폭발→ 해소) ☐ |
|  | ❸ 감정 흐름은 시청자의 인지 흐름과 일치하는가? (예: 몰입→ 공감→ 해소) ☐ |
|  | ❹ 감정을 유발하는 장치는 명확한가? (행동·사건·대사 등) ☐ |
|  | ❺ 감정의 강도는 감정 흐름과 어울리는가? (과하거나 약하지 않은가?) ☐ |
|  | ❻ 감정은 다음 장면으로 자연스럽게 이어지는가? ☐ |
| **STEP 3**<br>시선<br>설계 | ❶ 첫 시선이 가야 할 지점이 명확한가? ☐ |
|  | ❷ 바텀업 피처로 시선을 붙잡았는가? (움직임·명암·색 등) ☐ |
|  | ❸ 탑다운 피처로 시선을 머물게 했는가? (맥락·의미) ☐ |
|  | ❹ 인물의 얼굴·눈·움직임은 시선을 끄는 위치에 있는가? ☐ |
|  | ❺ 시선 경로는 끊김 없이 이어지도록 설계했는가? ☐ |
|  | ❻ 이 설계로 시청자의 인지 과정 초반에 감정을 유도했는가? ☐ |
| **STEP 4**<br>프레이밍 | ❶ 구도가 주제 전달에 적합한가? (대칭·비대칭, 여백 등) ☐ |
|  | ❷ 인물·중요 단서가 시선 경로 위에 있는가? ☐ |
|  | ❸ 인물·단서 간 관계나 감정이 드러나는가? ☐ |
|  | ❹ 이를 위해 게슈탈트 원리로 요소들을 하나로 묶었는가? ☐ |
|  | ❺ 시선을 뺏는 프레임 내 잡음 요소를 최소화했는가? ☐ |
|  | ❻ '전경-중경-후경'의 비율 조절로 해석 흐름을 설계했는가? ☐ |

| 단계 | 체크리스트 | |
| --- | --- | --- |
| STEP 5<br><br>빛과<br>색 | ❶ '대비'로 인물·중요 단서를 분리·강조했는가? (명암·색·심도 대비) | ☐ |
| | ❷ 빛과 색의 활용이 장면의 감정과 어울리는가? | ☐ |
| | ❸ 이를 위해 조명의 비율·방향은 적절히 조정했는가? | ☐ |
| | ❹ 빛과 색의 설계가 다음 샷과 연속되는가? | ☐ |
| STEP 6<br><br>카메라<br>운용 | ❶ 샷 사이즈가 상황·행동·감정을 적절히 담는가? (롱·미디엄·클로즈업) | ☐ |
| | ❷ 앵글이 시점·관계를 효과적으로 표현하는가? (하이·로우·POV·OTS) | ☐ |
| | ❸ 무빙이 시선 경로와 감정 흐름을 강화하는가? (연속성·근접성) | ☐ |
| | ❹ 렌즈 선택·카메라 속도에 의도가 있는가? | ☐ |
| | ❺ 카메라 위치·앵글·무빙의 실행 계획은 구체적인가? (동선·마킹·포커스풀) | ☐ |
| STEP 7<br><br>움직임과<br>편집 | ❶ 인물, 단서, 카메라 중 무엇의 움직임이 핵심인가? | ☐ |
| | ❷ 움직임의 시작·정지 타이밍에 의미가 있는가? | ☐ |
| | ❸ 컷 길이·편집 리듬은 감정 흐름과 어울리는가? | ☐ |
| | ❹ 컷 전환 타이밍은 적절한가? (연속성 편집) | ☐ |
| | ❺ 소리 타이밍은 편집 리듬과 맞는가? (대사·음악·효과음·침묵) | ☐ |
| | ❻ 장면 끝에 다음 장면을 기대시킬 에너지가 남는가? (감정·의문·행동) | ☐ |

## 마지막 체크 포인트

| 점검 항목 | YES | NO |
| --- | --- | --- |
| 장면의 역할과 핵심 감정이 설정됐고, 팀이 공유하고 있다. | ☐ | ☐ |
| 감정 흐름이 시청자의 인지 흐름과 일치한다. | ☐ | ☐ |
| 첫 시선과 시선 경로가 명확하고 자연스럽게 연속된다. | ☐ | ☐ |
| 프레이밍이 인물 중심이며, 게슈탈트 원리가 적용됐다. | ☐ | ☐ |
| 빛과 색이 피사체를 선명히 드러내고 감정을 강화한다. | ☐ | ☐ |
| 카메라가 시선과 감정을 일관되게 전달한다. | ☐ | ☐ |
| 움직임·편집·소리가 리듬과 감정 흐름을 강화한다. | ☐ | ☐ |

# 다양한 원형들

**인물 원형**

## · 아니마·아니무스Anima·Animus

아니마는 남성 내면의 여성성, 아니무스는 여성 내면의 남성성을 뜻하며, 인물의 내적 갈등이나 변화를 촉발하는 요소로 작용한다. 〈진격의 거인〉의 에렌과 미카사의 관계가 이에 해당한다.

## · 순수한 아이Innocent

세상에 대한 순수한 시각과 희망을 지닌 인물이다. 타락하지 않은 시선을 통해 도덕적 기준을 제시하고, 시청자가 쉽게 감정 이입할 수 있는 지점을 만든다. 〈귀멸의 칼날〉의 네즈코가 이에 해당한다.

## · 현자Sage

지식과 통찰을 가진 인물로, 주인공에게 중요한 조언이나 방향성을 제시하지만 직접 개입하지 않고 관찰자적 입장을 유지한다. 멘토와 달리 거리를 두고 사건을 바라보며 깊이를 더한다. 〈매트릭스〉의 오라클이 이에 해당한다.

## · 지혜로운 바보Wise Fool

겉으로는 어리석어 보이지만, 순수함이나 엉뚱함 속에서 진실을 드러내는 인물이다. 극의 긴장을 환기하거나 예기치 않은 반전을 만들어낸다. 〈진격의 거인〉의 사샤 브라우스, 〈나루토〉의 록 리가 이에 해당한다.

· **탐색자**Seeker

새로운 진실이나 세계를 찾아 나서는 인물이다. 목표 달성보다 탐구 자체에 의미를 두며, 세계를 확장시키는 역할을 한다. 〈원피스〉의 루피, 〈진격의 거인〉의 한지 조에가 이에 해당한다.

· **반역자**Rebel

기존 질서나 권위에 저항하며 새로운 방향을 제시하는 인물이다. 파괴자이자 개혁자로서, 변화의 양면성을 보여준다. 〈주술회전〉의 게토 스구루, 〈진격의 거인〉 후반부의 에렌이 이에 해당한다.

· **창조자**Creator

새로운 세계·도구·아이디어를 만들어내는 인물이다. 창조 욕망이 강하며, 때로는 그로 인해 파괴적인 결과를 초래하기도 한다. 〈나루토〉의 오로치마루, 〈원피스〉의 Dr. 베가펑크가 이에 해당한다.

· **통치자**Ruler

질서와 규율을 상징하는 인물로, 세계의 균형과 안정을 유지하려 한다. 하지만 권위가 무너지면 혼란을 야기할 수 있다. 〈원피스〉의 샬롯 링링(빅맘), 〈진격의 거인〉의 히스토리아가 이에 해당한다.

· **간병인**Caregiver

타인을 보호하고 돌보며 헌신하는 인물이다. 이타성과 희생정신이 강하지만, 과보호나 자기 소멸의 위험도 내포한다. 〈귀멸의 칼날〉의 탄지로, 〈원피스〉의 쵸파가 이에 해당한다.

· **일반인**Everyman

특별한 능력은 없지만 평범함으로 보편적인 공감대를 형성하는 인물이다. 시청자가 쉽게 자신을 투영할 수 있는 존재다. 〈진격의 거인〉의 아르민이 이에 해당한다.

· **연인**Lover

사랑과 열정을 통해 성장하거나 변화를 겪는 인물이다. 관계 속에서 핵심적인 감정선을 형성한다. 〈나루토〉의 히나타, 〈귀멸의 칼날〉의 칸로지 미츠리가 이에 해당한다.

· **사냥꾼·전사**Hunter·Warrior

목표 달성을 위해 싸우는 인물이다. 용기와 힘, 헌신을 상징하며 이야기의 긴장과 활력을 담당한다. 〈귀멸의 칼날〉의 렌고쿠 쿄쥬로가 이에 해당한다.

· **파괴자**Destroyer

기존 체계를 무너뜨리고 새로운 전환점을 만들어내는 인물이다. 반역자와 비슷하지만 더 극단적이고 본질적인 붕괴를 추구한다. 〈주술회전〉의 료멘스쿠나, 〈진격의 거인〉의 지크 예거가 이에 해당한다.

· **미치광이**Madman

예측 불가능한 행동과 비합리적 사고로 극에 긴장과 혼돈을 주는 인물이다. 위협적이면서도 매혹적인 존재로 그려진다. 〈주술회전〉의 마히토, 〈원피스〉의 돈키호테 도플라밍고, 〈다크 나이트〉의 조커가 이에 해당한다.

사건 원형

· **시련과 시험**Trials & Tests

주인공이 성장하거나 자격을 증명하기 위해 겪는 도전이다. 이야기 초반 혹은 중반에 배치되어 주인공의 내적 혹은 외적 변화의 계기가 된다 〈나루토〉의 중급 닌자 시험, 〈귀멸의 칼날〉의 최종 선별 시험이 이에 해당한다.

· **금기의 위반**Forbidden Act

해서는 안 될 행동을 저지름으로써 파국을 초래하는 사건이다. 이 위반은 질서를 흔들고, 이야기를 급격히 전환시킨다. 〈주술회전〉에서 이타도리가 스쿠나의 손가락을 삼킨 사건, 〈나루토〉에서 오로치마루의 금술 연구가 이에 해당한다.

· **추방과 귀환**Exile & Return

인물이 사회에서 추방된 뒤, 다시 돌아와 변화를 일으키는 사건이다. 귀환이 반드시 구원이나 회복을 뜻하진 않으며, 파괴적 귀환으로 이어지기도 한다. 〈나루토〉의 오로치마루가 추방 후 돌아와 마을을 파괴하는 사건이 이에 해당한다.

· **이중 정체성·변신**Metamorphosis

인물의 정체가 드러나거나 초자연적 변신을 겪는 사건이다. 내면의 갈등과
외적 충돌이 동시에 증폭되며, 이야기의 중대한 분기점이 된다. 〈주술회전〉
에서 이타도리와 스쿠나의 공존, 〈나루토〉에서 구미로 변신하는 나루토가
이에 해당한다.


· **발견·인식**Discovery·Recognition

숨겨진 진실, 혈통, 정체성이 드러나며 전환을 유발하는 사건이다. 이야기
의 구조를 재구성하고, 인물의 동기나 행동을 새롭게 이해하게 만든다. 〈나
루토〉에서 나루토가 호카게의 아들임을 깨닫는 사건, 〈진격의 거인〉에서 벽
속 거인을 발견하는 사건이 이에 해당한다.


· **운명적 대결**Fated Confrontation

주인공과 적대자가 반드시 맞붙는 클라이맥스형 사건으로, 축적된 긴장과
감정을 폭발시킨다. 〈나루토〉에서 나루토와 사스케, 〈귀멸의 칼날〉에서 탄지
로와 무잔의 대결이 이에 해당한다.


· **사랑과 이별**Love & Separation

만남과 단절을 통해 감정의 폭을 확장시키는 사건이다. 관계의 고조와 단절은
이야기의 정서적 중심축이 된다. 〈나루토〉에서 사스케와 사쿠라, 나루토와 히
나타의 서사, 〈진격의 거인〉에서 에렌과 미카사의 이별이 이에 해당한다.

· **금단의 지식**Forbidden Knowledge

알면 안 되는 진실에 접근해 세계관 전체가 흔들리는 사건이다. 진리의 발견이 파국을 부른다. 〈진격의 거인〉에서 바다 너머 세계를 알게 되는 사건이 이에 해당한다.

· **부활**Resurrection

죽음을 넘어 다시 살아나는 사건으로, 의미의 재구성을 동반한다. 죽음과 재생과는 차별적으로 개인 부활에 집중한다. 〈귀멸의 칼날〉에서 혈귀에 치명적인 햇빛을 쬐고도 부활한 네즈코, 〈나루토〉에서 죽은 자를 부활시키는 예토전생 술법이 이에 해당한다.

· **거짓 정체**False Identity

인물의 위장 신분이 드러나며 극적인 갈등을 유발하는 사건이다. 신뢰와 배신이 핵심 갈등으로 부상한다. 〈진격의 거인〉에서 라이너와 베르톨트의 이중 신분, 〈주술회전〉에서 게토 스구루의 몸을 갈취한 켄자쿠가 이에 해당한다.

· **경계 넘기**Crossing the Boundary

생과 사, 현실과 비현실, 인간과 신 등 존재의 경계를 넘는 사건이다. 세계가 바뀌고, 이야기의 규모가 확장된다. 〈나루토〉에서 나루토가 생사의 경계에서 부모를 만나는 사건, 〈진격의 거인〉에서 바다 너머 세계로 향하는 조사병단이 이에 해당한다.

· **귀환 거부**Refusal of Return

시련이나 진실을 마주한 인물이 본래 세계로 돌아가기를 거부하는 사건이
다. 기존 질서의 거부이자, 새로운 존재방식의 선택이다. 〈나루토〉에서 나뭇
잎 마을로 돌아가기를 거부하는 사스케, 〈진격의 거인〉에서 진실을 깨닫고,
벽 안 세계의 일상으로 돌아가기를 거부하는 에렌이 이에 해당한다.

· **우연한 만남**Chance Encounter

예기치 못한 인물이나 사건과의 조우를 통해 서사가 전환되는 계기다. 구조
적인 필연 없이 감정적 에너지를 부여한다. 〈귀멸의 칼날〉에서 탄지로와 기
유의 첫 만남, 〈나루토〉에서 나루토와 스승 지라이야와의 첫 만남이 이에
해당한다.

· **경쟁과 대회**Competition & Contest

승부를 통해 인물의 능력, 신념, 감정을 드러내는 사건이다. 극적 갈등과 팀
간 구조 형성에 효과적이다. 〈주술회전〉에서 자매 학교 교류회가 이에 해당
한다.

· **몰락**Downfall

교만·탐욕·실수로 인해 추락하거나 파멸하는 사건이다. 권력과 이상, 자아
의 붕괴가 핵심이다. 〈나루토〉에서 구미를 회수하기 위해 나뭇잎 마을을 침
공하는 나가토(페인)의 몰락, 〈진격의 거인〉에서 권력을 지키려는 허위 왕정
의 붕괴가 이에 해당한다.

· **기적·구원**Miracle·Salvation

초자연적 개입이나 설명 불가능한 구원이 이야기를 반전시키는 사건이다.
극적 희망과 감정의 해방을 유도한다. 〈진격의 거인〉에서 조사병단의 기적
적인 탈출, 〈주술회전〉에서 위기의 순간마다 등장하는 고죠 사토루가 이에
해당한다.


· **집단 광기**Collective Madness

군중의 히스테리와 폭력으로 세계가 붕괴하는 사건이다. 이성의 마비, 개인
이 아닌 집단이 만드는 파괴가 중심이다. 〈주술회전〉에서 켄자쿠 일당이 일
으킨 시부야 사변의 폭력과 혼돈, 〈진격의 거인〉에서 권력을 장악하려는 예
거파의 광기가 이에 해당한다.

<h1 style="text-align:center">참고문헌</h1>

## · 학술서적


· Albers, J. (1963). *Interaction of color.* Yale University Press.

· Allison, T., Puce, A., & McCarthy, G. (2000). Social perception from visual cues: Role of the STS region. *Trends in Cognitive Sciences, 4(7),* 267-278.

· American Psychological Association. (2007). *APA dictionary of psychology.* American Psychological Association.

· Amirshahi, S. A., Hayn-Leichsenring, G. U., Denzler, J., & Redies, C. (2014). Evaluating the rule of thirds in photographs and paintings. *Art & Perception, 2(1-2),* 163-182.

· Argyle, M., & Cook, M. (1976). *Gaze and mutual gaze.* Cambridge University Press.

· Arnal, L. H., Flinker, A., Kleinschmidt, A., Giraud, A. L., & Poeppel, D. (2015). Human screams occupy a privileged niche in the communication soundscape. *Current Biology, 25(15),* 2051-2056.

· Arnheim, R. (1974). *Art and visual perception: A psychology of the creative eye* (New version). University of California Press.

· Berg, J., & Rumsey, F. (2000). Correlation between emotional attributes and perceptual audio attributes. In Proceedings of the 108th Convention of the *Audio Engineering Society.*

· Berlyne, D. E. (1960). *Conflict, Arousal, and Curiosity.* McGraw-Hill.

· Bordwell, D., & Thompson, K. (2016). *Film art: An introduction* (11th ed.). McGraw-Hill Education.

· Bregman, A. S. (1990). *Auditory scene analysis: The perceptual organization of sound.* MIT Press.

· Buss, D. M. (2019). *Evolutionary psychology: The new science of the mind* (6th ed.). Routledge.

· Cahill, L., & McGaugh, J. L. (1995). A novel demonstration of enhanced memory associated with emotional arousal. *Consciousness and Cognition, 4(4),* 410-421.

· Carleton, R. N. (2016). Into the unknown: A review and synthesis of contemporary models involving uncertainty. *Journal of Anxiety Disorders, 39,* 30-43.

· Clark, A. (2013). *Surfing uncertainty: Prediction, action, and the embodied mind.* Oxford University Press.

· Corbetta, M., & Shulman, G. L. (2002). Control of goal-directed and stimulus-driven attention in the brain. *Nature Reviews Neuroscience, 3,* 201-215.

· Cutting, J. E., & Vishton, P. M. (1995). Perceiving layout and knowing distances. In W. Epstein & S. Rogers (Eds.), *Perception of space and motion* (pp. 69-117). Academic Press.


 본능적 연출 | 시선·감정·몰입의 연출심리학

· Damasio, A. R. (1994). *Descartes' error: Emotion, reason, and the human brain*. Avon Books.

· Ekman, P. (1992). *An argument for basic emotions*. Cognition & Emotion, 6, 169-200.

· Elder, J. H., & Zucker, S. W. (1993). The effect of contour closure on the rapid discrimination of shapes. *Vision Research, 33*, 981-991.

· Fessler, D. M. T., Holbrook, C., & Snyder, J. K. (2012). Weapons make the man (larger). *PLOS ONE, 7(3)*, e32751.

· Franconeri, S. L., & Simons, D. J. (2003). Moving and looming stimuli capture attention. *Perception & Psychophysics, 65*, 999-1010.

· Friesen, C. K., & Kingstone, C. (1998). Reflexive orienting is triggered by gaze. *Psychonomic Bulletin & Review, 5(3)*, 490-495.

· Frith, C. D., & Frith, U. (2006). The neural basis of mentalizing. *Neuron, 50*, 531-534.

· Gallese, V., & Goldman, A. (1998). Mirror neurons and the simulation theory of mind-reading. *Trends in Cognitive Sciences, 2*, 493-501.

· Gibson, J. J. (1979). *The ecological approach to visual perception*. Houghton Mifflin.

· Goldstein, E. B. (2014). *Cognitive psychology* (4th ed.). Cengage Learning.

· Goldstein, E. B. (2019). *Sensation and perception* (10th ed.). Cengage Learning.

· Gombrich, E. H. (1960). *Art and illusion*. Phaidon Press.

· Grupe, D. W., & Nitschke, J. B. (2013). Uncertainty and anticipation in anxiety. *Nature Reviews Neuroscience, 14(7)*, 488-501.

· Haidt, J. (2003). The moral emotions. In R. J. Davidson, K. R. Scherer, & H. H. Goldsmith (Eds.), *Handbook of affective sciences* (pp. 852-870). Oxford University Press.

· Hall, E. T. (1966). *The hidden dimension*. Doubleday.

· Henderson, J. M., & Hayes, T. R. (2018). Meaning guides attention in real-world scene images. *Journal of Vision, 18(6)*, Article 10.

· Howard, D., & Mabley, E. (1999). *The tools of screenwriting*. St. Martin's Griffin. (한국어판: 심산 옮김, 『시나리오 가이드』, 한겨레출판, 1999)

· Huron, D. (2006). *Sweet anticipation: Music and the psychology of expectation*. MIT Press.

· Itier, R. J., & Batty, M. (2009). Neural bases of eye and gaze processing. *Neuroscience & Biobehavioral Reviews, 33(6)*, 843-863.

· Johansson, G. (1973). Visual perception of biological motion. *Perception & Psychophysics, 14(2)*, 201-211.

· Jörges, B., & López-Moliner, J. (2017). Gravity as a strong prior. *Frontiers in Human Neuroscience, 11, Article 203*.

· Jung, C. G. (1959). *The archetypes and the collective unconscious* (R. F. C. Hull, Trans., 2nd ed.). Princeton University Press. (Original work published 1934)

· Kahneman, D. (1973). *Attention and effort*. Prentice-Hall.

· Kaya, N., & Epps, H. H. (2004). Relationship between color and emotion. *College Student Journal, 38*, 396-405.

· Kolb, H. (2003). How the retina works. *American Scientist, 91*, 28-35.

· Küller, R., Ballal, S., Laike, T., Mikellides, B., & Tonello, G. (2006). The impact of light and colour on mood. *Ergonomics, 49*, 1496-1507.

· Lakoff, G., & Johnson, M. (1980). *Metaphors we live by.* University of Chicago Press.

· Large, E. W., & Jones, M. R. (1999). The dynamics of attending. *Psychological Review, 106*, 119-159.

· LeDoux, J. E. (1996). *The emotional brain.* Simon & Schuster.

· Liu, S., Lydic, K., Mei, L., & Saxe, R. (2024). Violations of physical and psychological expectations in the human adult brain. *Imaging Neuroscience, 2*, Article 00068.

· McCullough, M. E., Kurzban, R., & Tabak, B. A. (2013). Cognitive systems for revenge and forgiveness. *Behavioral and Brain Sciences, 36*, 1-15.

· Mithen, S. (1996). *The prehistory of the mind.* Thames & Hudson.

· Mori, M. (1970). The uncanny valley. *Energy, 7*, 33-35. (K. F. MacDorman & N. Kageki, Trans., 2012, *IEEE Robotics & Automation Magazine, 19*, 98-100)

· Murray, M. M., & Wallace, M. T. (Eds.). (2012). *The neural bases of multisensory processes.* CRC Press/Taylor & Francis.

· Neuhoff, J. G. (1998). Perceptual bias for rising tones. *Nature, 395(6698)*, 123-124.

· Osorio, D., & Vorobyev, M. (1996). Colour vision as an adaptation to frugivory in primates. *Proceedings of the Royal Society B, 263*, 593-599.

· Palmer, S. E. (1999). *Vision science: Photons to phenomenology.* MIT Press.

· Proffitt, D. R. (2006). Embodied perception and the economy of action. *Perspectives on Psychological Science, 1*, 110-122.

· Qiu, F. T., & von der Heydt, R. (2005). Figure and ground in the visual cortex. *Neuron, 47*, 155-166.

· Reber, R., Schwarz, N., & Winkielman, P. (2004). Processing fluency and aesthetic pleasure. *Personality and Social Psychology Review, 8*, 364-382.

· Regan, B. C., Julliot, C., Simmen, B., Viénot, F., Charles-Dominique, P., & Mollon, J. D. (2001). Fruits, foliage and primate colour vision. *Philosophical Transactions of the Royal Society B, 356*, 229-283.

· Rhodes, G., Proffitt, F., Grady, J. M., & Sumich, A. (1998). Facial symmetry and beauty. *Psychonomic Bulletin & Review, 5*, 659-669.

· Rizzolatti, G., & Craighero, L. (2004). The mirror-neuron system. *Annual Review of Neuroscience, 27*, 169-192.

· Rizzolatti, G., & Sinigaglia, C. (2010). The functional role of the parieto-frontal mirror circuit. *Nature Reviews Neuroscience, 11*, 264-274.

· Schafer, R. M. (1994). *The soundscape: Our sonic environment and the tuning of the world.* Destiny Books.

· Schank, R. C., & Abelson, R. P. (1977). *Scripts, plans, goals, and understanding*. Lawrence Erlbaum Associates.

· Schiff, W., Caviness, J. A., & Gibson, J. J. (1962). Persistent fear responses to looming. *Science, 136*, 982-983.

· Schultz, W. (1997). Dopamine neurons and reward mechanisms. *Current Opinion in Neurobiology, 7*, 191-197.

· Shepard, R. N. (1981). Psychological relations and psychophysical scales. *Journal of Mathematical Psychology, 24*, 21-57.

· Sokolov, E. N. (1963). *Perception and the conditioned reflex*. Pergamon Press.

· Tatler, B. W. (2007). The central fixation bias in scene viewing. *Journal of Vision, 7(14)*, 4.

· Tomasello, M. (2009). *Why we cooperate*. MIT Press.

· Treisman, A., & Gelade, G. (1980). A feature-integration theory of attention. *Cognitive Psychology, 12*, 97-136.

· Vecera, S. P., Vogel, E. K., & Woodman, G. F. (2002). Lower region: A new cue for figure-ground assignment. *Journal of Experimental Psychology: General, 131*, 194-205.

· Werkhoven, P., Snippe, H. P., & Toet, A. (1992). Visual processing of optic acceleration. *Vision Research, 32*, 2313-2329.

· Wertheimer, M. (1923). Untersuchungen zur Lehre von der Gestalt. *Psychologische Forschung, 4*, 301-350.

· Whalen, P. J., Rauch, S. L., Etcoff, N. L., McInerney, S. C., Lee, M. B., & Jenike, M. A. (1998). Masked emotional faces modulate amygdala activity. *Journal of Neuroscience, 18(1)*, 411-418.

· Zacks, J. M., Braver, T. S., Sheridan, M. A., Donaldson, D. I., Snyder, A. Z., Ollinger, J. M., Buckner, R. L., & Raichle, M. E. (2001). Brain activity time-locked to event boundaries. *Nature Neuroscience, 4(6)*, 651-655.

· Zacks, J. M., Speer, N. K., Swallow, K. M., Braver, T. S., & Reynolds, J. R. (2007). Event perception: A mind-brain perspective. *Psychological Bulletin, 133(2)*, 273-293.

· Zaidel, D. W. (2005). *Neuropsychology of art*. Psychology Press.

· Zeki, S. (1999). *Inner vision: An exploration of art and the brain*. Oxford University Press.

## · 영화

· Anderson, W. (Director). (2014). *The Grand Budapest Hotel (그랜드 부다페스트 호텔)*. Fox Searchlight Pictures.

· Aster, A. (Director). (2019). *Midsommar (미드소마)*. A24.

· Cameron, J. (Director). (1997). *Titanic (타이타닉)*. Paramount Pictures.

· Carpenter, J. (Director). (1978). *Halloween (할로윈)*. Compass International Pictures.

· Chazelle, D. (Director). (2014). *Whiplash (위플래쉬)*. Sony Pictures Classics.

· Chazelle, D. (Director). (2016). *La La Land (라라랜드)*. Summit Entertainment.

· Chow, S. (Director). (2004). *Kung Fu Hustle (쿵푸 허슬)*. Columbia Pictures.

· Coen, J., & Coen, E. (Directors). (2007). *No Country for Old Men (노인을 위한 나라는 없다)*. Miramax Films.

· Columbus, C. (Director). (2001). *Harry Potter and the Sorcerer's Stone (해리 포터와 마법사의 돌)*. Warner Bros. Pictures.

· Cuarón, A. (Director). (2013). *Gravity (그래비티)*. Warner Bros. Pictures.

· Curtis, R. (Director). (2013). *About Time (어바웃 타임)*. Universal Pictures.

· Daniels, D., & Kwan, D. (Directors). (2022). *Everything Everywhere All at Once (에브리씽 에브리웨어 올 앳 원스)*. A24.

· De Palma, B. (Director). (1996). *Mission: Impossible (미션 임파서블)*. Paramount Pictures.

· Demme, J. (Director). (1991). *The Silence of the Lambs (양들의 침묵)*. Orion Pictures.

· Derrickson, S. (Director). (2016). *Doctor Strange (닥터 스트레인지)*. Marvel Studios.

· Eastwood, C. (Director). (2014). *American Sniper (아메리칸 스나이퍼)*. Warner Bros. Pictures.

· Fincher, D. (Director). (1995). *Se7en (세븐)*. New Line Cinema.

· Fukunaga, C. J. (Director). (2021). *No Time to Die (007: 노 타임 투 다이)*. Universal Pictures.

· Glazer, J. (Director). (2023). *The Zone of Interest (존 오브 인터레스트)*. A24.

· Gondry, M. (Director). (2004). *Eternal Sunshine of the Spotless Mind (이터널 선샤인)*. Focus Features.

· Greengrass, P. (Director). (2007). *The Bourne Ultimatum (본 얼티메이텀)*. Universal Pictures.

· Hargrave, S. (Director). (2023). *Extraction 2 (익스트랙션 2)*. Netflix.

· Iñárritu, A. G. (Director). (2014). *Birdman (버드맨)*. Fox Searchlight Pictures.

· Iñárritu, A. G. (Director). (2015). *The Revenant (레버넌트)*. Regency Enterprises.

· Inudo, I. (Director). (2003). *Josee, the Tiger and the Fish (조제, 호랑이 그리고 물고기들)*. Shochiku.

· Iwai, S. (Director). (1995). *Love Letter (러브레터)*. Rockwell Eyes.

· Jackson, P. (Director). (2001-2003). *The Lord of the Rings (반지의 제왕)*. New Line Cinema. [Film series]

· Jonze, S. (Director). (2013). *Her (그녀)*. Annapurna Pictures.

· Krasinski, J. (Director). (2018). *A Quiet Place (콰이어트 플레이스)*. Paramount Pictures.

· Kubrick, S. (Director). (1980). *The Shining (샤이닝)*. Warner Bros. Pictures.

· Mendes, S. (Director). (2019). *1917*. Universal Pictures.

· Miller, G. (Director). (2015). *Mad Max: Fury Road (매드맥스: 분노의 도로)*. Warner Bros. Pictures.

· Nakata, H. (Director). (1998). *Ring (링)*. Toho.

· Nolan, C. (Director). (2008). *The Dark Knight (다크 나이트)*. Warner Bros. Pictures.

· Nolan, C. (Director). (2010). *Inception (인셉션)*. Warner Bros. Pictures.

· Nolan, C. (Director). (2014). *Interstellar (인터스텔라)*. Paramount Pictures.

· Nolan, C. (Director). (2017). *Dunkirk (덩케르크)*. Warner Bros. Pictures.

· Ogigami, N. (Director). (2006). *Kamome Diner (카모메 식당)*. Nippon TV.

· Oshii, M. (Director). (1995). *Ghost in the Shell (공각기동대)*. Production I.G.

· Peli, O. (Director). (2007). *Paranormal Activity (파라노말 액티비티)*. Paramount Pictures.

· Phillips, T. (Director). (2019). *Joker (조커)*. Warner Bros. Pictures.

· Reed, P. (Director). (2015). *Ant-Man (앤트맨)*. Marvel Studios.

· Rodriguez, R., Miller, F., & Tarantino, Q. (Directors). (2005). *Sin City (씬 시티)*. Dimension Films.

· Russo, A., & Russo, J. (Directors). (2016). *Captain America: Civil War (캡틴 아메리카: 시빌 워)*. Marvel Studios.

· Sánchez, D. M., & Myrick, E. (Directors). (1999). *The Blair Witch Project (블레어 윗치)*. Artisan Entertainment.

· Scott, R. (Director). (1979). *Alien (에이리언)*. 20th Century Fox.

· Scott, R. (Director). (2000). *Gladiator (글래디에이터)*. DreamWorks Pictures.

· Shyamalan, M. N. (Director). (1999). *The Sixth Sense (식스 센스)*. Hollywood Pictures.

· Singer, B. (Director). (1995). *The Usual Suspects (유주얼 서스펙트)*. PolyGram.

· Spielberg, S. (Director). (1975). *Jaws (죠스)*. Universal Pictures.

· Spielberg, S. (Director). (1982). *E.T. the Extra-Terrestrial (E.T.)*. Universal Pictures.

· Spielberg, S. (Director). (1993). *Jurassic Park (쥬라기 공원)*. Universal Pictures.

· Spielberg, S. (Director). (1993). *Schindler's List (쉰들러 리스트)*. Universal Pictures.

· Spielberg, S. (Director). (1998). *Saving Private Ryan (라이언 일병 구하기)*. DreamWorks Pictures.

· Tarantino, Q. (Director). (2003). *Kill Bill: Vol. 1 (킬 빌)*. Miramax.

· Vaughn, M. (Director). (2014). *Kingsman: The Secret Service (킹스맨: 시크릿 에이전트)*. 20th Century Fox.

· Wachowski, L., & Wachowski, L. (Directors). (1999). *The Matrix (매트릭스)*. Warner Bros. Pictures.

· Wan, J. (Director). (2004). *Saw (쏘우)*. Lions Gate Films.

· Wan, J. (Director). (2013). *The Conjuring (컨저링)*. New Line Cinema.

· Weir, P. (Director). (1998). *The Truman Show (트루먼 쇼)*. Paramount Pictures.

· Wong, K. (Director). (1994). *Chungking Express (중경삼림)*. Jet Tone Production.

· Zemeckis, R. (Director). (1994). *Forrest Gump (포레스트 검프)*. Paramount Pictures.

· 강형철 (Director). (2011). *Sunny (써니)*. CJ Entertainment.

· 김지운 (Director). (2010). *I Saw the Devil (악마를 보았다)*. Showbox.

· 김태균 (Director). (2004). *Romance of Their Own (늑대의 유혹)*. Sidus Pictures.

· 나홍진 (Director). (2008). *The Chaser (추격자)*. Showbox.

· 박기형 (Director). (1998). *Whispering Corridors (여고괴담)*. Cine2000.

· 박찬욱 (Director). (2003). *Oldboy (올드보이)*. Show East.

· 박훈정 (Director). (2013). *New World (신세계)*. Next Entertainment World.

· 봉준호 (Director). (2003). *Memories of Murder (살인의 추억)*. Sidus Pictures.

· 봉준호 (Director). (2006). *The Host (괴물)*. Showbox.

· 봉준호 (Director). (2019). *Parasite (기생충)*. CJ Entertainment.

· 연상호 (Director). (2016). *Train to Busan (부산행)*. Next Entertainment World.

· 이용주 (Director). (2012). *Architecture 101 (건축학개론)*. Myung Films.

· 이정범 (Director). (2010). *The Man from Nowhere (아저씨)*. CJ Entertainment.

· 조성희 (Director). (2021). *Space Sweepers (승리호)*. Netflix.


· 드라마

· Benioff, D., & Weiss, D. B. (Creators). (2011-2019). *Game of Thrones (왕좌의 게임)*. HBO.

· Darabont, F. (Creator). (2010-2022). *The Walking Dead (워킹 데드)*. AMC.

· Druckmann, N., & Mazin, C. (Creators). (2023- ). *The Last of Us (더 라스트 오브 어스)*. HBO.

· Duffer, M., & Duffer, R. (Creators). (2016- ). *Stranger Things (기묘한 이야기)*. Netflix.

· Gilligan, V. (Creator). (2008-2013). *Breaking Bad (브레이킹 배드)*. AMC.

· Moffat, S., & Gatiss, M. (Creators). (2010-2017). *Sherlock (셜록)*. BBC.

· Padilha, J. (Creator). (2015-2017). *Narcos (나르코스)*. Netflix.

· Zuiker, A. E. (Creator). (2000-2015). *CSI: Crime Scene Investigation (CSI: 과학수사대)*. CBS.

· 김가람 외 (Director). (2021). *Nevertheless (알고있지만,)*. JTBC.

· 김원석 (Director). (2019). *Arthdal Chronicles (아스달 연대기)*. tvN.

· 이태곤 외 (Director). (2016). *Age of Youth (청춘시대)*. JTBC.

· 정지현 (Director). (2022). *Twenty-Five Twenty-One (스물다섯 스물하나)*. tvN.

· 황동혁 (Director). (2021). *Squid Game (오징어 게임)*. Netflix.

· **애니메이션**

· Akutami, G. (Writer), & Park, S. H. (Director). (2020-2023). *Jujutsu Kaisen (주술회전)*. MAPPA.

· Anno, H. (Director). (1995-1996). *Neon Genesis Evangelion (신세기 에반게리온)*. Gainax.

· Fujimoto, T. (Writer), & Nakayama, R. (Director). (2022- ). *Chainsaw Man (체인소 맨)*. MAPPA.

· Gotouge, K. (Writer), & Sotozaki, H. (Director). (2019-2023). *Demon Slayer: Kimetsu no Yaiba (귀멸의 칼날)*. Ufotable.

· Hosoda, M. (Director). (2006). *The Girl Who Leapt Through Time (시간을 달리는 소녀)*. Madhouse.

· Inoue, T. (Writer), & Yasuda, T. (Director). (2022). *The First Slam Dunk (더 퍼스트 슬램덩크)*. Toei Animation.

· Isayama, H. (Writer), Araki, T., & Hayashi, Y. (Directors). (2013-2023). *Attack on Titan (진격의 거인)*. Wit Studio / MAPPA.

· Ito, J. (Writer), & Nagahama, H. (Director). (2023- ). *Uzumaki (소용돌이)*. Production I.G.

· Kishimoto, M. (Writer), & Date, H. (Director). (2002-2007). *Naruto (나루토)*. Studio Pierrot.

· Miyazaki, H. (Director). (2001). *Spirited Away (센과 치히로의 행방불명)*. Studio Ghibli.

· Oda, E. (Writer), & Uda, K. (Director). (1999- ). *One Piece (원피스)*. Toei Animation.

· Shinkai, M. (Director). (2016). *Your Name (너의 이름은.)*. CoMix Wave Films.

· Sotozaki, H. (Director). (2020). *Demon Slayer: Mugen Train (극장판 귀멸의 칼날: 무한열차 편)*. Ufotable.

· Suzuki, Y. (Creator). (2025). *Sakamoto Days (사카모토 데이즈)*. TMS Entertainment.

· Urasawa, N. (Writer), & Kojima, M. (Director). (2004-2005). *Monster (몬스터)*. Madhouse.


· **방송·뮤직비디오**

· 김태호 (Director). (2005-2018). *Infinite Challenge (무한도전)*. MBC.

· 남규홍 (Director). (2021- ). *I Am Solo (나는 솔로)*. SBS Plus & ENA.

· 정종연 (Director). (2013-2015). *The Genius (더 지니어스)*. tvN.

· BLACKPINK. (2019). *Kill This Love* [Music video]. YG Entertainment.

· *Bloody Game (피의 게임)*. (2021). MBC.

· *Produce 101 (프로듀스 101)*. (2016-2019). Mnet.

· *Show Me the Money (쇼미더머니)*. (2012- ). CJ ENM, Mnet.

· *SNL Korea (SNL 코리아)*. (2011-2017; 2021- ). tvN / Coupang Play.

· *Street Woman Fighter (스트릿 우먼 파이터)*. (2021- ). Mnet.

· *You Quiz on the Block (유 퀴즈 온 더 블럭)*. (2018- ). CJ ENM, tvN.

**그림 13-4**    Photo by Hrant Khachatryan on Unsplash; SincoHR. (2019, October 31). Blue corner [Photograph]. Wikimedia Commons. https://commons.wikimedia.org/wiki/File:Blue_corner.jpg; Konevi. (2019). [Untitled photograph 1182889] [Photograph]. PxHere. https://pxhere.com/en/photo/1182889

**그림 13-5**    Photo by Jakob Owens/Circling Sea on Unsplash

**그림 13-6**    Photo by Getty Images/Evelyn Verdín/Curated Lifestyle on Unsplash

**그림 13-7**    Photo by Getty Images/Mariela Ferbo/Getty Images on Unsplash

**그림 13-8**    Photo by Getty Images/Getty Images/Andrej Lišakov on Unsplash

**그림 13-9**    Photo by Getty Images on Unsplash

**그림 13-10**    Photo by Getty Images/beyza yurtkuran on Unsplash

**그림 14-1**    Photo by Meg Aghamyan/Adolfo Félix on Unsplash

**그림 14-2**    Photo by Fellipe Ditadi/Brooke Cagle on Unsplash

**그림 14-3**    Photo by A. C./Getty Images on Unsplash

**그림 14-4**    Photo by Andrew Petrischev/Getty Images on Unsplash

**그림 14-5**    Photo by Frank Flores/Getty Images on Unsplash

**그림 14-6**    Photo by Getty Images/Toa Heftiba on Unsplash

**그림 14-7**    Photo by Getty Images/Natalia Blauth on Unsplash

**그림 14-8**    Photo by Getty Images on Unsplash

**그림 15-1**    Photo by laura adai/Joshua Earle on Unsplash

**그림 15-2**    Photo by Andrej Lišakov/Getty Images on Unsplash

**그림 15-3**    Photo by Frank Flores/Getty Images/Getty Images on Unsplash

**그림 15-4**    Photo by Getty Images on Unsplash

**그림 15-5**    Photo by insung yoon on Unsplash

**그림 16-1**    Photo by Getty Images on Unsplash

**그림 16-2**    Photo by Getty Images on Unsplash

**그림 16-3**    Photo by Getty Images/Josué Sánchez/Andrej Lišakov on Unsplash

**그림 17-1**    Photo by A. C./Frank Flores/Getty Images on Unsplash

**그림 17-2**    Photo by Getty Images on Unsplash

**그림 17-3**    Photo by Getty Images/Andrej Lišakov on Unsplash

**그림 17-4**    Photo by Kateryna Hliznitsova/Marko Brečić on Unsplash

**그림 18-1**    Photo by Frank Flores on Unsplash

**그림 18-2**    Photo by A. C. on Unsplash

**그림 18-3**    Photo by Getty Images on Unsplash

**그림 18-4**  Photo by Getty Images/Fellipe Ditadi on Unsplash

**그림 18-5**  Photo by Andrej Lišakov/Getty Images on Unsplash

**그림 19-1**  Photo by Getty Images on Unsplash

**그림 19-2**  Photo by A. C. on Unsplash

**그림 19-3**  Photo by Getty Images on Unsplash

**그림 19-4**  Photo by Getty Images on Unsplash

**그림 19-5**  Grm wnr. (n.d.). 180 degree rule [Vector image]. Wikimedia Commons. https://commons.wikimedia.org/wiki/File:180_degree_rule.svg

**그림 19-6**  Sørup, J. (2024, September 23). What is the 30-degree rule in film? Film-Daft. https://filmdaft.com/what-is-the-30-cegree-rule-in-film/

**그림 19-7**  Photo by Getty Images on Unsplash

**그림 19-8**  Photo by Getty Images/Karolina Grabowska/Getty Images on Unsplash

**그림 19-9**  Photo by Andrej Lišakov/Danielle Suijkerbuijk on Unsplash

**그림 19-10**  Photo by Yunus Tuğ/Roberta Sant'Anna on Unsplash

**그림 19-11**  Photo by Leire Cavia on Unsplash